Frank Schäfer

Heavy Kraut

Wie der Metal nach Deutschland kam

Reiffer

Frank Schäfer
Heavy Kraut
Wie der Metal nach Deutschland kam

Umschlaggestaltung von Marcel Pollex
unter Verwendung eines Fotos von Michael Foedrowitz

Lektorat: Martin Willems

Hergestellt mit Materialien aus verantwortungsvollen Quellen (FSC® C107574)

ISBN 978-3-910335-72-1

Verlag Andreas Reiffer, Hauptstr. 16 b, D-38527 Meine
www.verlag-reiffer.de

»Von allem kontemporären Rock ist Heavy Metal das Genre, das am ehesten mit Gewalt und Aggression, Plünderung und Gemetzel gleichgesetzt wird ... Als Eric Burdon in Monterey von ›zehntausend Gitarren‹ sang, die ›alle zusammenspielen‹, war er unabsichtlich ein Prophet des Heavy Metal, dessen Lärm durch elektrische Gitarren erzeugt wird, durch eine stattliche Anzahl von Verzerrungshilfsmitteln, vom Fuzz hin zum Wah-Wah, gefiltert und auf etliche Dezibel oberhalb der Schmerzgrenze aufgedreht, laut genug, um noch von den Wänden der größten Stadien zurückgeworfen zu werden. Man füge noch das akustische Bild eines Rammbocks hinzu und erhält einen ziemlich guten Eindruck davon, wie Heavy Metal klingt.«

Lester Bangs (1976)

Inhalt

Dramatis Personae 8

Intro: Die Anlage ist kaputt 10
Eins der am häufigsten übersehenen Meisterwerke 40
Mich hat die Revolution schon noch gepackt 50
Der Pferdefuß des deutschen Rock-Alltags 62
Da gab es gute Verbindungen zwischen den Bands 76
Leben konnten wir davon nicht 92
Der Grundwiderspruch: Kommerziell vs. Progressiv 116
Die Plattenfirma hat uns nicht reingeredet 126
Jede Platte war ein Quantensprung 138
Härte hat mich nicht interessiert 150
Am Kassenhäuschen hängt das Schild »Ausverkauft« 162
Kein Mensch hat von Heavy Metal gesprochen 176
»Breaker« war ein Kulturschock 194
Man wollte einfach dazugehören 210
Die nicht für möglich gehaltene Steigerung 232
Die haben nicht mehr dran geglaubt 246
Outro: Es gibt gute und schlechte Zeiten 262

Nachwort 280
Danksagung 285
Zitierte Literatur 287
Diskografie 289

Bildnachweis 297
Über Frank Schäfer 299

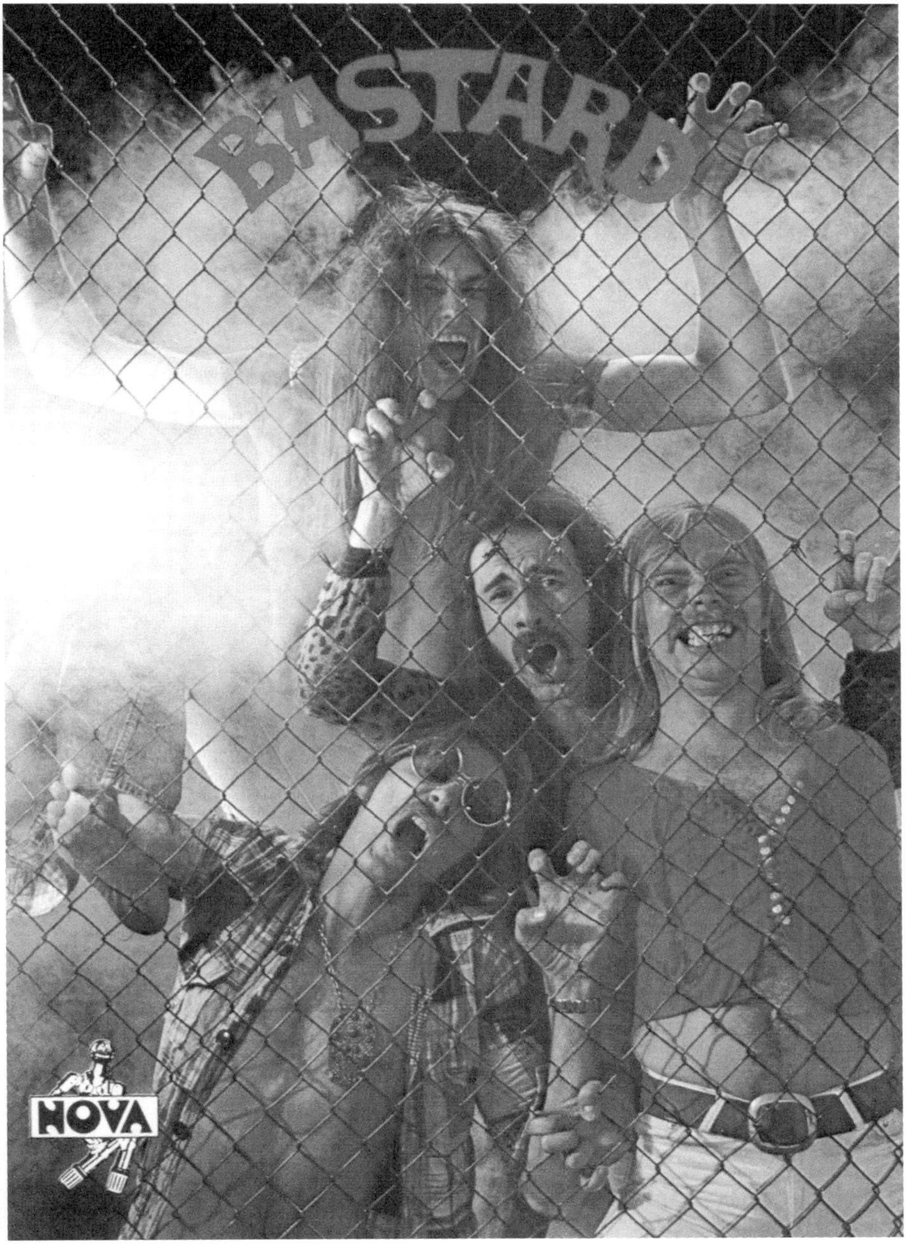
BASTARD
NOVA

Dramatis personae

Lester Bangs, Kritikerlegende

Wolfgang Bauduin, »Musikexpress«-Kritiker

Norbert Maria Berger, Sänger bei Cindy & Bert

Dieter »Maschine« Birr, Sänger bei den Puhdys

Rainer Blome, »Sounds«-Kritiker

»Cat« the Cat, »Musikexpress«-Kritiker(in?)

Udo Dirkschneider, Sänger bei Accept

Günter Ehnert, Deutschrock-Lexikograf

Tom Gabriel Fischer, Sänger/Gitarrist u.a. bei Celtic Frost

Peter Föller, Bassist und Sänger bei Birth Control

Alex Gernandt, »Shock Power«-Herausgeber

Christian von Grumbkow, Gitarrist bei Hölderlin

Jörg Gülden, »Sounds«-Kritiker

Peter Hesslein, Gitarrist bei Lucifer's Friend

Ernst Hofacker, Musikhistoriker

Heinz Peter Hofmann, DDR-Lexikograf

Charly Hübner, Schauspieler

Manni Hüther, Kritiker bei »Rocktimes«

Tony Jasper, Moderator der »Heavy Metal Show«

Stefan Josefus, Schlagzeuger bei Franz K.

Uwe Kalwar, Konzertveranstalter, DJ, Fan

Stefan Kaufmann, Schlagzeuger bei Accept

Tibor Kneif, Musikgelehrter

Fargopeter Knorn, Bassist bei Fargo

Götz Kühnemund, Fan der ersten Stunde, Metaljournalist

Matthias Mader, Metalhistoriker

Ulli Meißner, Gitarrist bei Bastard

Andreas Neuderth, Schlagzeuger u.a. bei Trance

Axel Rudi Pell, Gitarrist bei Steeler und Solo

Günther V. Radny, Bassist bei (Black) Mass

Michael Rauhut, Ostrock-Experte

Ilja Richter, »Disco«-Moderator

Uli Jon Roth, Gitarrist bei den Scorpions

Frank Schäfer, Stichwortgeber

Ingeborg Schober, »Sounds«-Kritikerin

Holger Stratmann, »Rock Hard«-Herausgeber

Klaus Walter, Radiomoderator und Journalist

Jutta Weinhold, Sängerin u.a. bei Breslau

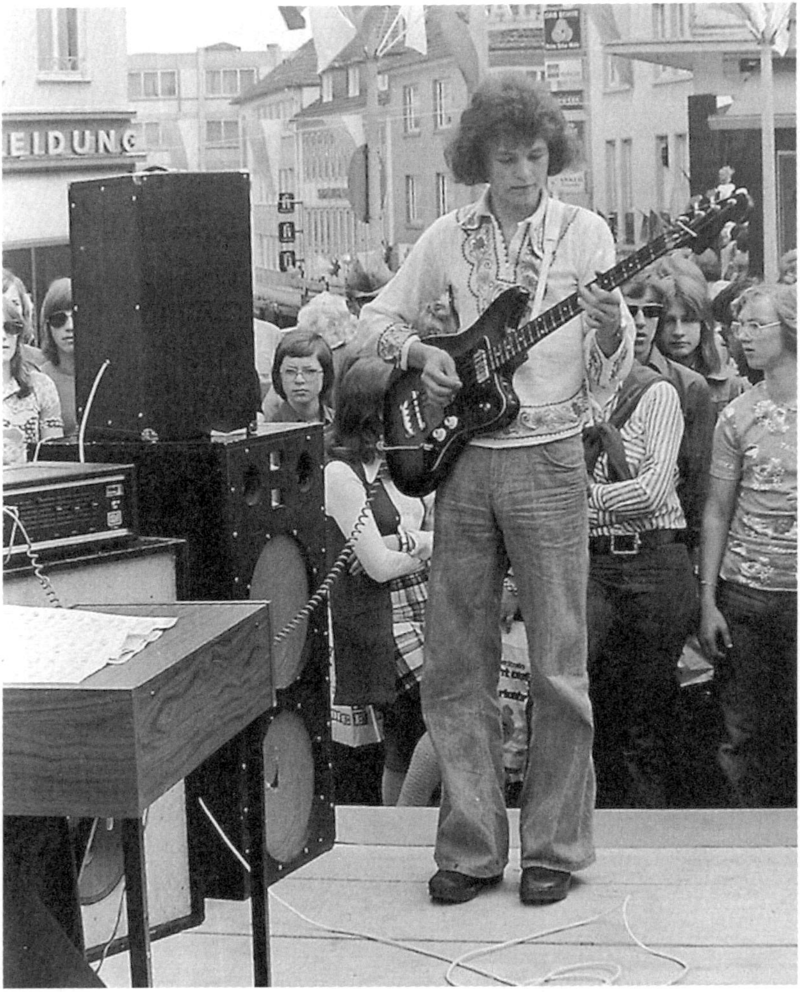

Peter Baltes (Anfang/Mitte der Siebziger)

Intro: Die Anlage ist kaputt

Tibor Kneif: Heavy Metal oder, nach seinem Oberbegriff, Hardrock ist nach landläufiger Einschätzung primitives und musikalisch nichtiges Dröhnen. Spricht man vom sturen Viervierteltakt und dem ärmlichen Vorrat dreier Akkorde in der Rockmusik, dann meint man gewöhnlich diese Stilrichtung, und kunstsinnige Freunde von Pink Floyd oder Genesis zwinkern über sie verächtlich. Da es dem Hardrock an musikalischer Qualität angeblich mangele, bescheinigt man ihm hämisch »Ehrlichkeit«. In Wirklichkeit dürfte der Hardrock – außer dass er künstlerische Meriten besitzt – sozialpsychologisch verwickelter sein als die kunstvollste Yes-Komposition. Das Gewalttätige, das in ihm unreflektiert bejubelt oder ihm umgekehrt naserümpfend nachgetragen wird, weist eine spielerische Struktur auf, die sich auch in der musikalischen Setzart auswirkt und somit verdient, benannt zu werden.

Lester Bangs: Von Chuck Berry an hat der Rock Hymnen an die Teenagerzeit geschaffen, sich mit der Teenager-Frustration beschäftigt, und es existiert vielleicht keine Musik, die die aufschreienden Nerven pubertärer Frustration besser begleitet als Heavy Metal.

»Cat« the Cat: Heavy Metal ist nicht Musik, die von Idioten für Idioten gemacht wird. Heavy Metal kann deinen Hoffnungen und Ängsten Ausdruck verleihen, sie kann dir für eine Zeit lang ein berauschendes Gemeinschaftserlebnis verschaffen. Sie kann dich über den Ärger und die Sorgen des Alltags hinwegtragen.

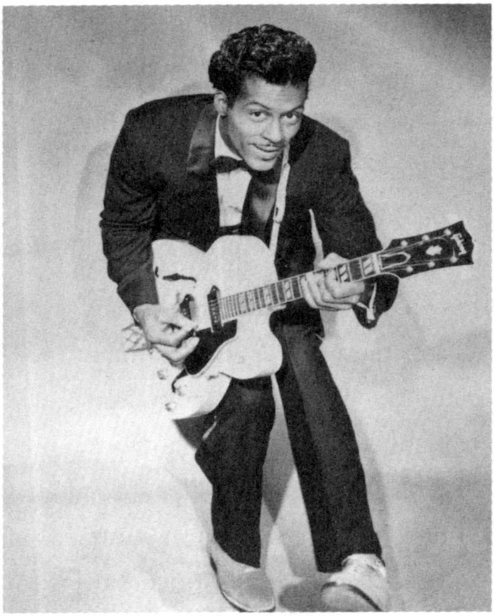

Chuck Berry

TIBOR KNEIF: Während Cream noch zu sehr in der Bluestradition wurzelt und Jimi Hendrix Experience zu sehr einen Sonderfall des psychedelischen Blues bildet, um als Vorbild angesehen werden zu können …

STEFAN JOSEFUS: Ich habe die Entwicklung von der Beat- zur Rockmusik live erlebt. Ich war in Paderborn in einem Internat und habe ab 1965 eine Schülerband gehabt. Und ich habe mit dieser Schülerband im Mai 1967 im Vorprogramm von Jimi Hendrix gespielt. Hendrix ist im Jaguar Club in Herford aufgetreten. Der Jaguar Club hatte mit dem Auto nichts zu tun, das war ein umgebautes Kino und neben dem Star Club der wichtigste Club in ganz Deutschland. Da ist Jimi Hendrix aufgetreten, übrigens am Tag vorher Cream, um nur mal zu zeigen, wie angesagt der Laden war. Da passten 400 Leute rein. Wir durften im Vorprogramm auftreten, weil wir im Raum Bielefeld, Paderborn schon einen kleinen Namen hatten. Wir kommen da also rein und haben die Marshall-Verstärker bemerkt. So etwas hatten wir noch nicht gesehen. Zur gleichen Zeit waren die Rolling Stones in der Münsterlandhalle. Das kann man sich bei YouTube ansehen: Charlie Watts hatte keinen Drumriser, da war ein Teppich auf dem Boden, und die Gitarristen spielten kleine Fender-Kofferverstärker. Der Unterschied von der Beat- zur Rockmusik, das war Jimi Hendrix mit seinen Marshalls, weil da unheimliche Power rauskam. Das ist eben nicht nur eine Sache der Quantität gewesen, sondern auch der Qualität. Denn dadurch, dass es lauter wurde, konntest du ganz andere Sounds erzeugen. Und darin war Hendrix natürlich der Weltmeister. Als er im Star Club losgelegt hat, ist ein Techniker auf die Bühne gerannt, weil er dachte, die Anlage ist kaputt. Das waren auf einmal ganz andere Klänge.

Uli Jon Roth: Hendrix war von Natur aus ganz weit draußen, das verstehen die Leute immer nicht. Ein Künstler durch und durch, extrem inspiriert an allen Fronten. Der hätte Drogen gar nicht gebraucht, im Gegenteil, die Drogen waren wahrscheinlich eher hinderlich für ihn. Er hat Drogen genommen, weil er schwach war, aber er war einer der inspiriertesten Künstler, die überhaupt jemals gelebt haben. Ich kenne mich in der Kunst- und Musikgeschichte ziemlich gut aus, glaube ich. Es sind sehr wenige Künstler so originell gewesen und vor allem so schöpferisch wie Hendrix. Die meisten haben aufgebaut auf dem, was vorher da war, geschult und gelehrt wurde, aber der Typ war einfach ein Originalgenie. Eine ganz seltene Erscheinung. Das werden die Leute in 100 Jahren noch mehr begreifen als heute. Viele Kids verstehen den

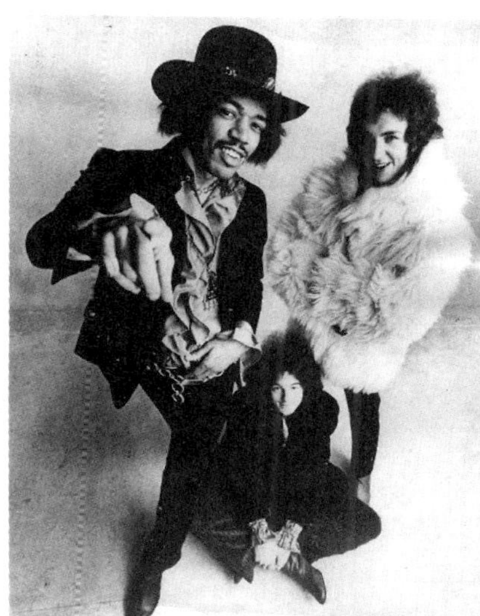

The Jimi Hendrix Experience

ja überhaupt nicht. Die hören die Gitarre und denken, och, das kann ich ja viel besser. Weit gefehlt. Weil sie nicht verstehen, worum es da geht.

Tibor Kneif: Während Cream noch zu sehr in der Bluestradition wurzelt und Jimi Hendrix Experience zu sehr einen Sonderfall des psychedelischen Blues bildet, um als Vorbild angesehen werden zu können, verkörpert Led Zeppelin exemplarisch alle wichtigen Hardrock-Merkmale. Das szenisch Eingesetzte und dramaturgisch Durchdachte, das bereits die frühesten Konzerte des Quartetts kennzeichnete, erscheint noch einmal auf den ersten beiden, 1969 erschienenen Alben. Ihre ausgetüftelte Regie von schwingenden Klangmassen lässt sich auch heute noch

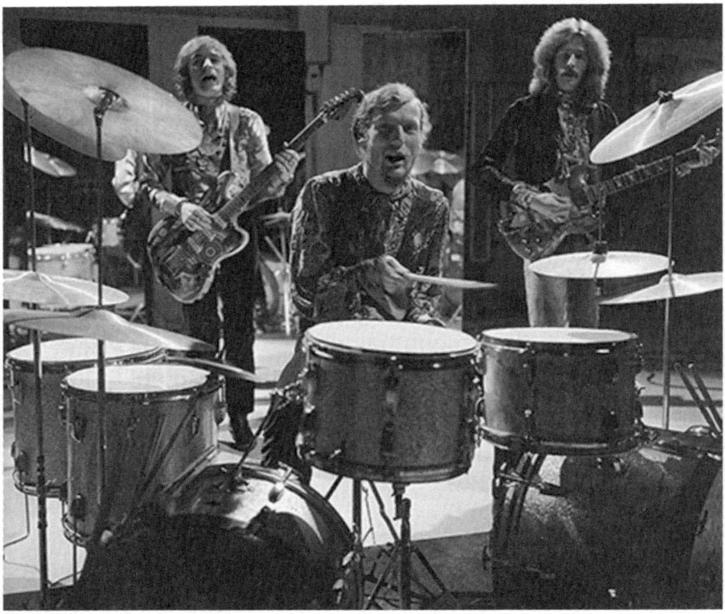

Cream

mit Gewinn nachvollziehen, vorausgesetzt man hört die Platten nicht gerade mit einem Kopfhörer: Der Zugang – bei Pink Floyd oder Dire Straits adäquat – wäre gänzlich unangemessen, da man grobe Umrisse nicht mit einer Lupe betrachtet. Heavy Rock mit seinen Erschütterungen spricht schon hier den ganzen Körper an, vor allem die Bauchregion, und letztere Eigenschaft erklärt die viel gepriesene sexuelle Stimulation, die von ihm ausgeht.

Wolfgang Bauduin: Meisterhaft für Heavy Metal sind immer noch die beiden ersten LPs von Led Zeppelin. Keineswegs Nostalgie, liebe HM-Jünger! Wie Jimmy Page einen da zunächst einlullt, umherschlawänzelt und mit der Gitarre liebkost, um dann unvermittelt die härtesten und gnadenlosesten Gitarrenriffs abzuschießen – das ist prächtigster Heavy Metal. Nehmt Euch ruhig mal den Song »What Is And What Should Never Be« zur Brust und sperrt die Ohren auf!

Tibor Kneif: Der Schlagzeuger betont mit unerbittlich einförmiger Härte die Taktzeiten, und Jimmy Page, ein fähiger Gitarrist, setzt Musik ein, als wäre sie ein Mittel zur Schocktherapie. Sein Spiel kennt kaum Vorbereitungen und Übergänge; die Einsätze geschehen vielmehr plötzlich und mit voller Lautstärke. Er liebt es, im Duett mit dem Sänger den Klangvordergrund zu besetzen und in der Form von Rede und Antwort, in gegenseitiger Aufwiegelung, zu immer intensiverer Lautstärke und zu steigender Tonhöhe vorzudringen. Seine Gitarre singt sich nicht aus, sondern stachelt an, unterbricht sich grundlos und gießt sich über dem Hörer gerade dann in brausenden Kaskaden aus, wenn er es am wenigsten erwartet. Hardrock gibt sich hier als das zu erkennen, was er insgeheim ist: Eine Musik des ästhetisch verklärten Terrors, der sein Opfer mit der Seelenkenntnis des behandelnden Psychiaters immer wieder ins Schaudern zu versetzen weiß.

GÜNTHER V. RADNY: Das ging ja alles schon früh los, in der zweiten Hälfte der Sechziger. Ich nenne dir mal zwei Beispiele. Erst mal »You Really Got Me«, aber jetzt kommt's, was nie erwähnt wird, was aber ganz ganz wichtig war, ist »My Generation« von The Who. Das ist Heavy Metal. Oder » In-A-Gadda-Da-Vida« von Iron Butterfly, reinster Heavy Metal. Black Sabbath klar, die waren heavy, aber die erste moderne Metal-Band war Judas Priest. Das ist eine andere Art von Metal. Heavy waren Black Sabbath, ohne Wenn und Aber, Metal waren Judas Priest. Und dann Saxon natürlich.

PETER FÖLLER: Die US-Amerikaner hatten ja eigentlich kaum Bands in dem Stil, das kam tatsächlich alles eher über Led Zeppelin, Black Sabbath, Deep Purple, und ich weiß jetzt auch gar nicht mehr, wer eigentlich die erste Band hier in Deutschland war, außer uns vielleicht.

UWE KALWAR: Oben in der Mansarde vom kleinen Klausi war unsere Hörwelt, »Deep Purple In Rock«, Led Zeppelin und Black Sabbath wurden rauf und runter gespielt. Und nun hielten wir ein Cover mit einem Ganoven und einem Kleinwüchsigen in der Hand: Die Erste von Lucifer's Friend. Play it loud. Welch druckvoller Sound, diese kraftstrotzende Schweineorgel

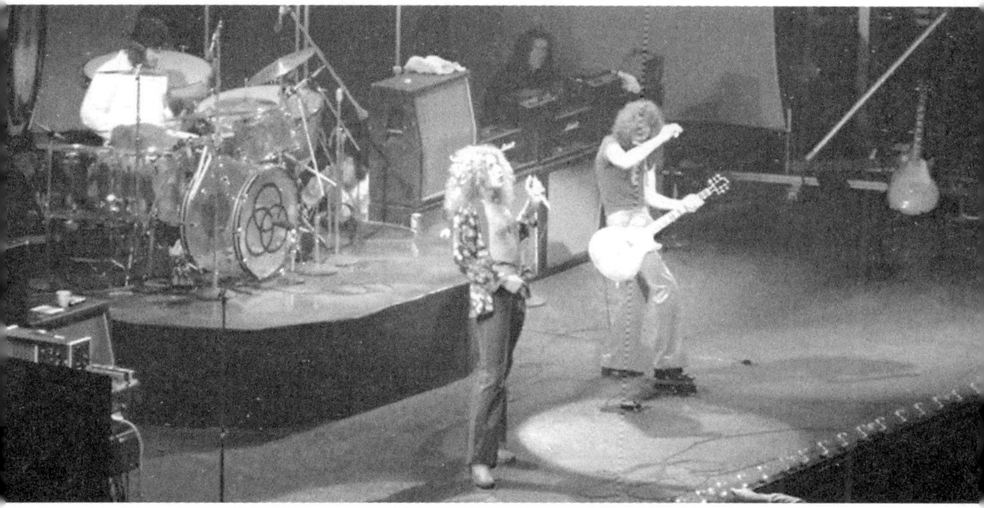

Led Zeppelin

und die klaren Riffs, dazu ein anderer Ian Gillan in den Höhen namens John Lawton. Das war eine internationale Produktion! Die konnte sich weltweit hören lassen. Wir waren begeistert von dieser Hamburger Band, die so vieles zusammenbrachte, was die anderen drei Großen auch hatten. Dazu noch ein paar Falsettchoräle, von Uriah Heep geliehen. Lucifer's Friend kamen nun als vierte Band auf unseren Heavy-Rock-Altar. Keine andere bundesdeutsche Band war zu dieser Zeit härter. »Come take my hand, I'm Lucifer's Friend«.

Peter Hesslein: Bei den German Bonds hat sich so langsam diese Stilistik entwickelt, da haben wir teilweise schon komplexere Sachen gemacht, die ein bisschen an Nice erinnerten, die Band von Keith Emerson. Das war unser Stil, die Orgel und die leichten Klassik-Einflüsse. Ein paar Jahre vorher nannte man das Psychedelic. Im Studio haben wir damals auch so eine Klassik-Geschichte gemacht, Pink Mice, ein Projekt von unserem Keyboarder Peter Hecht. Es war aber auch die Zeit, wir sind reingewachsen in diese Musik, ein Stück ohne langes Gitarren- oder Orgel-Solo gab es damals gar nicht. Das war eigentlich schon so eine Art Prog Rock, und dann kamen andere Einflüsse dazu, Deep Purple natürlich. Die kannten wir ja auch ganz gut.

TIBOR KNEIF: Das entscheidende Jahr von Deep Purple ist 1970 mit zwei entgegengesetzten Alben. Jon Lord verwirklichte seine symphonischen Ambitionen mit dem Royal Philharmonic Orchestra, während Deep Purple als Gruppe, in der sich nunmehr der aggressive Gitarrist Ritchie Blackmore durchgesetzt hatte, mit der ersten wirklichen – und eigentlich auch einzigen – kompromisslosen Heavy-LP »Deep Purple In Rock« aufwartete. Die vollzogene Polarisierung im Line-up prägte nunmehr die öffentlichen Konzerte. Die Dialektik von Gewalt und Erleiden vollzog sich leibhaftig in manchen Konzerten zwischen den Gitarren-Attacken Blackmores und dem Orgelspiel Lords, dessen weiche Labialregister die unwirschen Klangkonturen zu entschärfen suchten. Das Ritual der Gewalt wurde, einerlei ob als Teil der Show oder als bitterer Ernst, dem Publikum auch optisch sichtbar.

PETER HESSLEIN: Ich hab mit Ritchie Blackmore oft gespielt in seiner Hamburger Zeit, in irgendwelchen Jugendheimen oder am Wochenende in Kneipen, wenn er dort gejammt hat. Der war schon sehr hardrockmäßig eingestellt, zu der Zeit hatte ich diesen Sound noch nicht so drauf, die Lautstärke und dann diese Bluesphrasen, da hab ich noch ganz anders gespielt. Von dem hab ich mir einiges abgeschaut. Und die hatten ja dann auch 1968 schon ihren ersten Hit, »Hush«, das wurde da alles etwas härter. Das war im Grunde eine Entwicklung von vielen Gruppen, zumindest den englischen. In Deutschland war das nicht so, da gab es den Krautrock, aber der hat mich nicht so interessiert, ich fand die englischen Gruppen konkreter. Led Zeppelin, Jethro Tull. Black Sabbath eher nicht. Das ging stilistisch in die gleiche Richtung, aber sonst hatten wir mit denen nicht viel zu tun.

DIETER »MASCHINE« BIRR: Jeder Musiker hat ja irgendwelche Vorbilder. Ich stand total auf Ritchie Blackmore, weil er eine ganz besondere Art hatte, Gitarre zu spielen. Immer geschmackvoll und teilweise sehr melodisch. Das fand ich tierisch. Und vor allen Dingen auch den Sound, wie die Gitarren geklungen haben. Auch von Jimmy Page, Jimi Hendrix. Wir hatten ja keine Verzerrer. Quaster [Dieter Hertrampf, Gitarrist und Sänger bei den Puhdys] hat Verzerrer aus alten Bratpfannen gebaut. Kleine, silberne Bratpfannen. Er hat den Henkel abmontiert und in das Gehäuse einen Verzerrer eingebaut. Im Osten gab es ja keine Verzerrer zu kaufen, und in den Westen konnten wir noch nicht fahren. Aber es war irgendwie eine spannende Zeit, die mich geformt hat.

MICHAEL RAUHUT: In den frühen 1970er Jahren sickerte langsam die westliche Terminologie durch. Die Erstausgabe eines DDR-Rocklexikons, 1973 vom Kulturfunktionär Heinz

Peter Hofmann veröffentlicht, erklärte, dass die Zeitschrift »Billboard« die Kategorie »Hard Rock« seit 1971 benutze. Mehr erfuhr der Leser nicht. Die 1977er-Neuausgabe des Lexikons wartete dann mit einer Definition auf.

HEINZ PETER HOFMANN: Hard Rock: Weiterentwicklung der charakteristischen Elemente des Rock'n'Roll unter Einbeziehung von Bläsersätzen. Das Überbetonen harter Rhythmik, unterstrichen durch kurze, abrupte Melodiefloskeln über relativ simplen Harmoniefolgen und Tendenzen zu Überlautstärken wurde anfangs vielfach bewusst zur Darstellung der Gebrechen und Scheußlichkeiten imperialistischer Ausbeuterverhältnisse eingesetzt; später auch als sinnentleerte Äußerungen, die der Darstellung des Chaotischen, Sinnlosen usw. »an sich« dienen sollen. Elemente des Hard Rock [werden] von Gruppen sozialistischer Länder insbesondere dort sinnvoll eingesetzt, wo damit Vietnam-Krieg, Ereignisse in Chile und Portugal sowie andere Formen und Geschehnisse der Klassenauseinandersetzung angeprangert wurden bzw. werden.

MICHAEL RAUHUT: Die letzte Version des Rocklexikons, 1983 erschienen, verzichtete weitgehend auf ideologischen Nonsens und konzentrierte sich auf musikalische Parameter. Dass Heinz Peter Hofmann, ein Schlagerfachmann und Ästhet alter Schule, dieser Musik nichts abgewinnen konnte, verrieten Zungenschläge, die den Hard Rock als tendenziell minderwertig einstuften. Kennzeichnend wären »spärliche Harmonien«, wieder mal die »Überlautstärken«, »schreiend-exzentrische Darbietungen der Leadsänger« usw. Die Fans und Musiker im

Osten zuckten mit den Schultern und drehten die Verstärker lauter.

Peter Föller: Wir haben dem Ding eigentlich nie einen Namen gegeben. Das hat sich alles entwickelt. Es gab ja damals auch keine Namen. Klar, es gab Rock'n'Roll, es gab Blues, es gab Country. Und der ganze andere Rest, ja, die einen haben Krautrock dazu gesagt, die anderen haben einfach Rock gesagt. Ich glaube, der Übergang zum Metal, der kam über Black Sabbath. Auch in Deutschland. Mit der ersten LP fing das an. Das waren die Vorreiter. Aber für uns spielten die keine große Rolle. Wenn überhaupt, dann waren das bei uns Deep Purple. Uriah Heep hab ich auch gehört, die alten Sachen.

Udo Dirkschneider: Ich war ein großer Freund von Ian Gillan. Deep Purple war für mich *die* Band damals, dann kam irgendwann Ronnie James Dio mit Rainbow, und das war der Sänger schlechthin für mich. Der hat nicht die Höhen, aber der hat unheimlich intensiv Sachen rübergebracht. Das hat mir schon imponiert. Okay, ich war natürlich auch Bon-Scott-Fan, Ozzy Osbourne fand ich geil, aber ich habe nie versucht, einen nachzumachen. Ich habe mir nur ein paar Sachen abgeschaut von der Atemtechnik. Das hat mich interessiert: Wie machen die das? Da habe ich dann so ein bisschen herumprobiert. Ansonsten, kann man sagen, habe ich mein komplett eigenes Ding gemacht.

Axel Rudi Pell: Blackmore ist mein Haupteinfluss. Als ich angefangen habe, Gitarre zu spielen, war Ritchie Blackmore meine Inspiration. Ich hatte Deep Purple im Fernsehen gesehen, wie er die Gitarre herumgeworfen hat, die Show war super, diese magische, dunkle Ausstrahlung, und die Songs sowieso. Das hat mich gepackt. Da habe ich mir gedacht, so was willst du auch irgendwann mal machen. Es gab aber auch noch andere Gitarristen, die für mich wichtig waren. Mein erstes richtiges Rockkonzert, das ich gesehen habe, war 1974 in Bochum an den Ruhrwiesen, da haben UFO gespielt mit Michael Schenker. Schenker war sensationell, der war auch immer einer meiner Einflüsse.

DIETER »MASCHINE« BIRR: Led Zeppelin, Uriah Heep, Deep Purple, Jimi Hendrix, Cream und wie die alle hießen – das waren unsere Idole, das haben wir nachgespielt, kopiert. Das hat uns geformt, mich zumindest. »Whole Lotta Love« war ein Höhepunkt bei unseren Konzerten oder der »Immigrant Song«, »Dazed And Confused«. Das haben wir alles gespielt. Oder von Deep Purple, schon in der Anfangszeit,

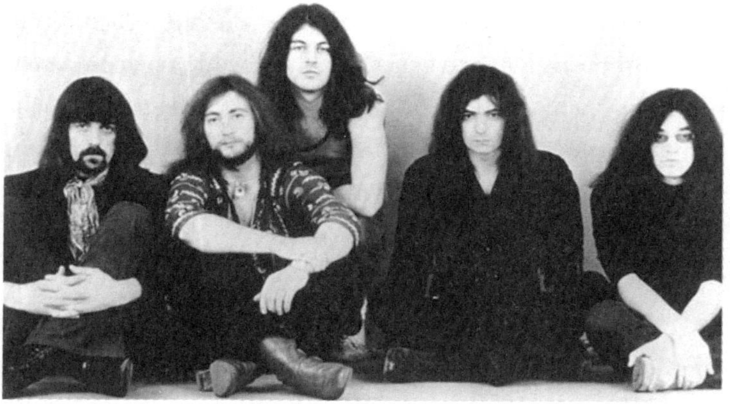

Deep Purple

als die noch gar nicht so hardrockig waren, »Hallelujah« zum Beispiel. Dann »Child In Time«, »Highway Star«, »Smoke On The Water«, »Space Truckin'«, die Purple-Version von »Hey Joe«. Jimi Hendrix haben wir auch gecovert. Das war die Musik, die ich selbst gern machen und erfinden wollte. Unsere ersten Lieder klangen dann ja auch so.

MICHAEL RAUHUT: Vor der offiziellen Anerkennung des Rock in der DDR und den nun einsetzenden eigenen Produktionen ahmten ostdeutsche Bands ihre britischen und amerikanischen Vorbilder möglichst stilecht nach. Über das Westradio und geschmuggelte Schallplatten wusste man, was international passierte, spürte man den Puls der Zeit. Zwischen den Musikern entbrannte eine Art Wettbewerb – jeder wollte die neuesten Hits so schnell wie möglich auf die Bühne bringen.

DIETER »MASCHINE« BIRR: Die Bands haben damals alle nachgespielt, und jeder wollte irgendwie herausstechen. Man suchte nach einem Markenzeichen. Renft haben viel Vanilla Fudge gespielt, also »Underground«. Das war tierisch, ich bin wirklich auf den Arsch gefallen. Electra standen für Jethro Tull, Panta Rhei coverten Blood, Sweat & Tears und Chicago. Man hatte seine Vorlieben und Idole, die man dann in der eigenen Musik unterbrachte.

MICHAEL RAUHUT: Auf diese Weise schwappte der Westen in den Alltag des Ostens. Zwar konnte man die Originale nicht live erleben, aber es gab fähigen Ersatz. In den ersten Jahren dienten der härteren Fraktion die Rolling Stones, The Who oder die

Kinks als Messlatte, später kamen Deep Purple, Led Zeppelin, Uriah Heep, Black Sabbath und Slade dazu. Ab 1967 ließ das Ostberliner Joco Dev Sextett die Bretter vibrieren. Augen- und Ohrenzeugen berichten, dass die Band auf dem Tanzsaal reichlich Muskeln zeigte. Sänger Norbert Schmidt war ein amtlicher Shouter, der aber auch mit souligen Nummern punktete.

DIETER »MASCHINE« BIRR: Die traten immer im Eisenbahner-Klubhaus auf. Joco Dev spielten damals alles, die neuesten Hits. Als reine Hard-Rock-Band würde ich sie nicht bezeichnen. Die hatten auch die Bee Gees im Programm.

MICHAEL RAUHUT: Am 3. März 1970 nahm Joco Dev »Stapellauf« im Rundfunkstudio auf. Gewissermaßen eine Pioniertat. Der Song lässt das Faible fürs Harte ahnen. 1981 gründete Norbert Schmidt Formel I, den ersten medienpräsenten Heavy-Metal-Act der DDR.

TIBOR KNEIF: Im selben Jahr wie Deep Purples »In Rock« erschien das Debütalbum von Black Sabbath, ebenfalls aus England. Von ihm aus wurde im Hardrock eine Nebenlinie eingeschlagen, die man angesichts ihrer von Hitchcock inspirierten Mittel »Gruselrock« nennen könnte: Der Aspekt der Gewalt wird hier als Angst vor dem Unheimlichen sublimiert. Die Titelkomposition des genannten Albums wird von Glockengeläut und von jener unheilverkündenden verminderten Quinte, dem sogenannten Tritonus, untermalt, die in älteren russischen Programmkompositionen selten ihre beklemmende Wirkung verfehlt (vgl. Mussorgskys »Eine Nacht auf dem kahlen Berge«). Wie in den besseren Dracula-Filmen eigentlich das bloße Schattenspiel den Horror hervorruft, deutet auch hier der Text das Entsetzen der vorangegangenen Nacht nur atmosphärisch an, statt es zu benennen. Die Nähe zur schwarzen Magie bekundet sich auf der inneren Covergestaltung des Albums von 1970 durch ein geheimnisvolles, auf den Kopf gestelltes Kreuz. Das Außenbild zeigt ein verfallenes Haus, abgestorbenes Geäst und, unwirklich davorstehend, eine blasse Tochter Draculas.

Fargopeter Knorn: Epitaph hatten einen Manager, Werner Kuhls. Kuhls hat die Konzertagentur Sunrise gegründet und den ersten richtig fetten Rockladen in Hannover aufgemacht, namens Mülltonne, in der Lister Meile. Da haben sie allesamt gespielt, ob das die Edgar Broughton Band war, Wishbone Ash, Ten Years After, und da haben eben auch Epitaph gewohnt im zweiten Stock. Aber für die Mülltonne waren wir noch zu jung. Ich habe da mal ein Plakat gesehen, »Black Sabbath in der Mülltonne«, und bin planlos dran vorbeigelaufen. Ich habe erst viel später geschnallt, was es damit auf sich hatte. Das Leine Domicil war dann meine Kirche. Da hatten wir vor Augen, was Musiker zustande bringen, wenn sie wirklich zusammen spielen. Wie das klingen kann. Wie die Atmosphäre ist. Das hat mich geprägt.

Rainer Blome: Eine von vielen bösen englischen Gruppen, die eine Menge unverdauten harten Blues und schwere, tausendmal gehörte Gitarrenriffs in den Raum schmeißen, um die Teenager zum Schwitzen zu bringen. Das ist Black Sabbath. In der Richtung, die Black Sabbath einschlägt, ist so gut wie alles gesagt worden. Da kann nur wiederholt werden, was andere schon längst wiederholt haben. Ossie Osborne [!], ein Sänger ohne Kompetenz und Format, möchte gern Robert Plant und Mick Jagger gleichzeitig sein. Er, wie auch die übrigen drei Mitglieder von Black Sabbath, haben an Originalität nichts, an Plagiaten aber alles zu bieten. Solche Platten gehören in die Discotheken, wo es auf musikalisch-ästhetische Werte ohnehin nicht ankommt.

LESTER BANGS: Genauso wie Cream! Nur schlimmer.

FRANK SCHÄFER: Aber Lester Bangs war lernfähig. Und das zeichnet eben den wirklichen großen Kritiker aus – dass er jederzeit bereit ist, sein einmal gefälltes Urteil zu revidieren. Er sah ein, dass etwas so Profanes wie »die Teenager zum Schwitzen zu bringen« eine keineswegs zu vernachlässigende Größe war. »Das einzige Kriterium ist Spaß, und Black Sabbath sorgen dafür«, schreibt er in seiner Besprechung des dritten Sabbath-Albums »Masters Of Reality«. Bangs hatte auch erkannt, worauf diese Qualität zurückzuführen war. »Seit wann ist denn im Rock'n'Roll Monotonie so ein Tabu?«, fragt er rhetorisch. Black Sabbath haben »wie die besten Rock'n'Roller seit dem Pleistozän« eine Vision, »die ihrer Musik Einheit und Richtung gibt und aus ihren simplen Strukturen mehr macht, als man ihnen zunächst ansieht«. Sie konzentrieren sich »unerbittlich auf die selbstzerstörerische Kehrseite all der hippiesken ›Let's Get Together‹-Plattitüden der Gegenkultur«. Bei »Sounds« dauerte es bis 1975, ehe man Black Sabbath adäquat zu würdigen wusste. Anlass ist das »Sabotage«-Album.

Jörg Gülden: Die Mini-Altmeister der Nekrophilie, die Künder von Paranoidem, Suizidem und Schizophrenem, sind (aus der Gruft?) wiederauferstanden; Sargdeckel auf: Black Sabbath!

Anderthalb Jahre war es grabesstill um die Band, jetzt bittet sie wieder zum Veitstanz. Tony Iommi quält wieder diese bombastischen und schön monotonen Riffs aus seiner Gitarre, Geezer Butler am Bass und Bill Ward am Schlagzeug halten krachend mit, und über all dem Ozzy Osbournes enervierendes Organ, das von Löchern im Himmel (»Hole In The Sky«), seltsamen Zeichen des Universums (»Symptoms Of The Universe«) und vom Beklopptwerden (»I Am Going Insane«) quengelt.

Große Neuigkeiten gibt es, was den Stil und die Musik anbelangt, nicht zu vermelden; allenfalls diese: Auf »Don't Start (Too Late)« ist auch mal eine akustische Gitarre im Spiel, auf »Megalomania« ein Synthesizer, auf »I Am Going Insane« ein Lachsack, und auf »Supertzar« chort sogar, gekonnt integriert, The English Chamber Choir mit. Zwar klingt gerade diese seltsame Verbindung – Black Sabbath plus Chor – wie die Filmmusik zu einem ganz horrenden Horrorfilm – nicht umsonst ist der Gruppenname einem alten Boris-Karloff-Schocker entliehen –, aber nach zwei, drei Umdrehungen der Platte haben Ozzy & Co. auch diesen Ausflug wieder ganz im Black-Sabbath-(G)Riff. Wie gesagt, 68 schwarze Samstage Funkstille (das sind anderthalb Jahre) sind um, und die Gegner der Band dürfen wieder von zähflüssigem Lava-Sound und monotonem

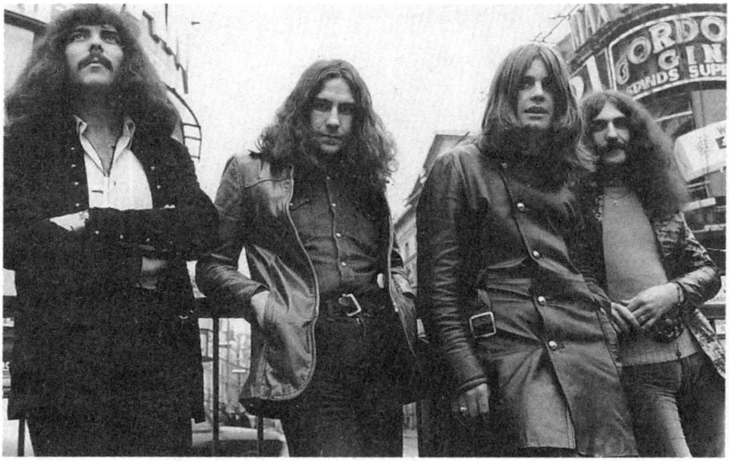

Black Sabbath

Geriffe mosern, doch all die kleinen Black-Sabbath-Okkultisten – und das sind einige – wissen nach einmaligem Anhören der Platte: Das ist die wohl reifste Platte der Vier.

Frank Schäfer: Man darf sich wundern, warum Black Sabbath im deutschsprachigen Raum nicht schulebildend wirkten. Sie tourten erfolgreich auf dem Festland, ihre Platten waren hierzulande in den Charts und die Landrockdiscos spielten »Paranoid«, solange es Landrockdiscos gab. Dennoch fehlt es an Sabbath-Nachfolgern in der Vor- und Frühgeschichte des German Metal. Black Mass waren die Ausnahme.

Fargopeter Knorn: Die bayerische Heavy-Metal-Band Black Mass wohnte auf einem Bauernhof, etwa 30 Kilometer entfernt von Regensburg, in Thalmassing. Regelmäßige Konzerte im In- und Ausland gingen einher mit Hungersnöten. Die

Folge waren ein Selbstmord und weitere Suizide auf Raten, weil jemand an der Nadel hing oder dem Alk verfallen war. Oder beides. Ihr Bassist Günther Radny war die Triebfeder dieser Band, die vom Pech verfolgt zu sein schien, und der einzige Überlebende der ersten Besetzung von Black Mass.

GÜNTHER V. RADNY: Ich habe in Zürich Black Sabbath gesehen. Da hatten die schon ihr Album aufgenommen, aber es war noch nicht erschienen. Man kannte die Band nicht, ich habe da einfach rumgehangen. Als ich dann wieder nach Hause kam nach Regensburg, habe ich das Album gesehen und gekauft. So etwas wollten wir auch machen. Wir wollten wie Black Sabbath sein. Und das haben wir hinbekommen im Rahmen unserer Möglichkeiten. Da ging die ganze Geschichte richtig los. Wir hatten gleich einen Riesenskandal, 1971, »Teufelsbeschwörung in Thalmassing«, schrieb die Presse, »Musikkommune praktiziert schwarze Messen. Nacktes Mädchen als Geisterbraut«. Wir haben in einer Kommune gewohnt und das als eine Art Zeitungsgag verkauft. Das ist europaweit abgelaufen, es gab kein Schmierblatt, in dem wir nicht drin waren. Die sind zu uns aufs Dorf gekommen und wir haben dann Interviews gegeben. Das war ein Skandal, der uns richtig Geld gebracht hat, wir haben da zwischen 1000 und 2000 Mark für die Story verlangt.

FRANK SCHÄFER: In Deutschland existierte lange Zeit eine von Produzenten heiß geliebte Verwertungsrechtsklausel, wonach, wer eine deutsche Cover-Version auf den Markt brachte, anteilig auch an den GEMA-Erträgen des Originals beteiligt war. So erklären sich die auffallend vielen erratischen Schlagerversionen internationaler Charthits. Man verdiente doppelt daran. Das ist wohl auch der Grund, warum ausgerechnet Cindy & Bert das womöglich erste deutsche Cover eines Heavy-Metal-Songs ins Werk setzen. Ihre »Paranoid«-Version »Der Hund von Baskerville« aus dem Jahr 1971 allerdings ist etwas Besonderes – ein vieldeutiges Meisterwerk, das man viel zu lange aus offensichtlichem Ressentiment gegenüber dem Schlagergenre geschmäht und belächelt hat. Bert aka Norbert Maria Berger widmet den Song um zu einer viktorianischen Schauerballade nach Motiven des gleichnamigen Sherlock-Holmes-Romans von Arthur Conan Doyle.

Norbert Maria Berger:
Nebel zieht in dichten Schwaden
Übers Moor von Forrest Hill,
Grün-gespenstisch grinst ein Irrlicht,
Es ist Nacht in Baskerville.

Frank Schäfer: Ein Gruselfilm-Set. Das Tier geht um, das Freudsche Es natürlich auch. Aber warum und wieso, das verrät uns Bert ausdrücklich nicht.

Norbert Maria Berger:
Nebel zieht in dichten Schwaden
Übers Moor von Forrest Hill,
Und verbirgt des Rätsels Frage
Um den Hund von Baskerville

Frank Schäfer: Der Text ist unbedingt interpretationsbedürftig. Wenn ein »Irrlicht« »grinst«, grinst der Hörer mit – und ahnt den ironischen Subtext, den der sinistre Bert hier mit der Zunge in der Backe aufs Blatt geworfen hat. Er macht sich einen kleinen Spaß mit dem altvorderen Gothic-Stoff. Und die Studio-Schergen, die Würzburger Rocker Jay Five, fühlen sich herausgefordert, sie adaptieren kongenial, zumindest nicht uncharmant die musikalische Vorlage. In ihrer Fassung dominiert nicht Iommis Bratriff, sondern eine hundsgemein düstere Hammond. Die passt nicht nur wunderbar ins Horrorszenario, sie treibt obendrein Schabernack, orgelt sich einen rein, als spielte sie ein junger britischer Lord. John Lord. Sie macht sich richtig dicke und damit diesen Black-Sabbath- zu einem verkappten Deep-Purple-Song. Ich kann über solche Späße lachen. Bei der TV-Präsentation in der vorgestrigen Musiksendung »Hits à Gogo« im Jahr des Erscheinens gibt es eine weitere ironische Brechung. Die ist dem Medium gemäß nicht sonderlich subtil, aber in ihrer Verstrahltheit immer noch ganz lustig. Die beiden singen ihr Lied, es tanzt ein Studiopublikum, gelegentlich schaut Cindy hilfesuchend gen Himmel angesichts des namenlosen Baskervilleschen Grauens, und dann wieder nach unten zu ihren Füßen. Da nämlich tummelt sich das Untier. Der Hund. Ein Pekinese.

Norbert Maria Berger:

Wen er anfällt,
Dieser Hund von Baskerville, oh yeah,
Hat verloren
In dem Kampf um Baskerville, oh, yeah.

Frank Schäfer: Wie gesagt, die Ironie der Mattscheibe ist immer etwas grobkörniger.

Echter Horror zeigt sich in diesem mehrfach gebrochenen Gruselstück aber auch noch, wenn man die Zeichen zu lesen versteht. Dann offenbart es seine wahrhaft hündischen Abgründe. Das Paar steht da, stocksteif, in flamboyanter Huckeduster-Gewandung. Cindy mit dunklem Kajal und sanft-brutalem »Venus im Pelz«-Lächeln. Bert ein wenig linkisch dahinter, todernst. In seinem Halstuch kehrt das düstere Paisley-Muster ihres Kleids wieder. Er gehört nicht nur zu ihr – er gehört ihr! Sein akkurater Domestiken-Zwirn wischt dann die letzten Zweifel beiseite. Er gibt ihren devoten Lustsklaven. »I Wanna Be Your Dog«, hechelte Iggy schon zwei Jahre früher. Aber der Eleve hier weiß, was das bedeutet. Ihm ist das Lachen lange schon vergangen. Mit versteinertem Antlitz wartet er auf seine gerechte Strafe, heute Abend nach der Show. Das ist das eigentliche Drama – und Bert der wahre Hund im Hause Berger/Baskerville.

Andreas Neuderth: Die meisten Krautrocker gingen ja in andere Richtungen, gerne Jazz Rock, Folk oder später auch frühe Elektronik. Ein richtig fieses Heavy-Riff muss man schon suchen und stößt auf das unvermeidliche, aber natürlich tolle »Ride The Sky« von Lucifer's Friend. Auf deren Debüt ist dann eine bluesige Nummer, die im Prinzip von Sabbath sein könnte, aber auch an »Dazed And Confused« von Led Zeppelin erinnert. Ich würde das generell eher auf einzelne Songs verteilen, denn eine Band die durchgehend schon einen solchen Sound gemacht hat, fällt mir aus Deutschland nicht ein.

Fargopeter Knorn: Es gibt eine ganze Menge gute Gitarristen, aber die sind nicht unbedingt Hardrocker. Das ist eine Einstellung. Im Country ist das Niveau richtig hoch, wenn man die Musik wirklich ernst nimmt. Das kommt alles ganz anders rüber, als wenn man sagt, ich mache hier mal eine Rockband auf, ganz egal ob in Kassel, Birmingham oder in Helsinki. Da setzen sich drei, vier Jungs zusammen und ballern los, und dann hört man da ein bisschen AC/DC, ein bisschen Black Sabbath, was auch immer. Das ist auf den ersten Blick vielleicht ein Qualitätsunterschied, den man belächeln könnte, wie unsere Eltern auch schon die Beatles belächelt haben.

Udo Dirkschneider: Das war ganz schön heftig, was wir damals gemacht haben. Auch schon als Schülerband. Die bestand damals aus Michael Wagener, Gerhard Wahl und meiner Wenigkeit. Wir haben in Jugendzentren gespielt und ordentlich Krach gemacht. Die Band X gab es schon in den späten Sechzigern, aber irgendwann habe ich mit dem Michael Wagener die Gruppe umbenannt. Es gab ein Album von Chicken Shack, das hieß »Accept«, und da haben wir uns gesagt, das ist ein guter Name, den versteht jeder auf der Welt. Michael Wagener hat dann aufgehört, ist in Hamburg geblieben und Tontechniker geworden und schließlich ein weltberühmter Produzent. Und nach und nach hat sich diese Formation herausgebildet mit Stefan Kaufmann, Peter Baltes, Jörg Fischer und Wolf Hoffmann.

Günther V. Radny: Krokus habe ich in der Schweiz gesehen, da haben die Musik gemacht wie Frank Zappa, aber dann kam die Zugabe und die hat mich umgehauen. Und da habe ich zum

Fernando von Arb und zum Freddy Steady gesagt: Eure Zugabe war sensationell, warum spielt ihr nicht alles so? Und Steady meinte daraufhin: Ich habe dir das schon immer gesagt … Da waren die sich noch nicht einig, da haben die sich auch noch als Mäuschen verkleidet, wie Genesis das am Anfang gemacht haben, und lauter so einen Quatsch. Und im Jahr darauf haben sie dann Hard Rock gemacht.

Andreas Neuderth: Die Vorgängerband und auch die ganz frühen Trance selbst, hatten schon Heavy Rocker am Start, aber eben auch noch einen Reggae – um ein Beispiel zu nennen, das ich auf einer 78er-Liveaufnahme gehört habe. Mit dem Debüt »Break Out« wurde der Band erzählt, dass sie Heavy Metal spielen würden. Das heißt: Die vier haben ihren eigenen Stil erklärt bekommen, da sie sich darüber keine Gedanken gemacht haben. Dazu passt dann auch ein Lemmy, der für Motörhead den Begriff Heavy Metal gehasst hat. »Overkill« ist aber im Grunde nichts Anderes.

Fargopeter Knorn: Klar, wir haben nie diese Haudraufmusik gemacht, da gibt es auch mal einen Boogie, etwas Bluesiges oder einen Reggae. Das ist schon dadurch bedingt, dass wir keinen Schreihals als Sänger haben, und das ist eigentlich die Sache, die mich am meisten antörnt. Die Schreihälse, und das meine ich jetzt nicht abwertend, klingen oftmals sehr ähnlich, aber es gibt natürlich auch da Könner.

Michael Rauhut: Am Anfang gab es in der DDR keine spezifische Hard-Rock-Szene. Meistens fand sich diese Spielart neben anderen Stilen im Repertoire ein und derselben Band wieder. Man musste auf dem Tanzsaal eben ganz unterschiedliche Erwartungen bedienen. Sozusagen die volle Palette. Die Klaus Renft Combo coverte etwa Steppenwolfs »Born To Be Wild« und »Child In Time« von Deep Purple, um anschließend die Engtänzer zu Neil Youngs »Helpless« aufs Parkett zu ziehen.

Dieter »Maschine« Birr: »Türen öffnen sich zur Stadt« war ganz klar eine Mischung aus Uriah Heep und Deep Purple. Das waren ja unsere absoluten Favoriten, das konnten wir auch gut nachspielen. Auch gesanglich. Wir waren vielleicht die erste und einzige Band, die solch ein Zeug überhaupt gespielt hat. Gerade mit diesen Chören. Unser Glück war, dass Quaster und auch Peter Meyer [Puhdys-Keyboarder] gute Kopfstimmen hatten. Wir haben »Türen öffnen sich zur Stadt« zuerst fürs Fernsehen aufgenommen, für die Sendung »Basar«. Noch in Mono, auf »Schnürsenkel«, nur zwei Spuren. Die Nummer war also fertig, und wir waren sehr zufrieden. Später wurde sie noch mal vom Rundfunk in Stereo produziert. Wir waren eine der ersten Bands, die solch einen Sound hingekriegt haben. Dieser verzerrte Klang. Deshalb war der Song damals auch so erfolgreich. In den einschlägigen DDR-Hitparaden standen wir überall auf Platz eins. Auch mit »Geh dem Wind nicht aus dem Wege«. Das war 1972 sogar der »Hit des Jahres«. Für die damalige Zeit waren die ersten Produktionen schon eine Sensation. Wie wir die Chöre eingebaut haben. Da war natürlich viel Fummelei dabei. Für mich ein Abenteuer.

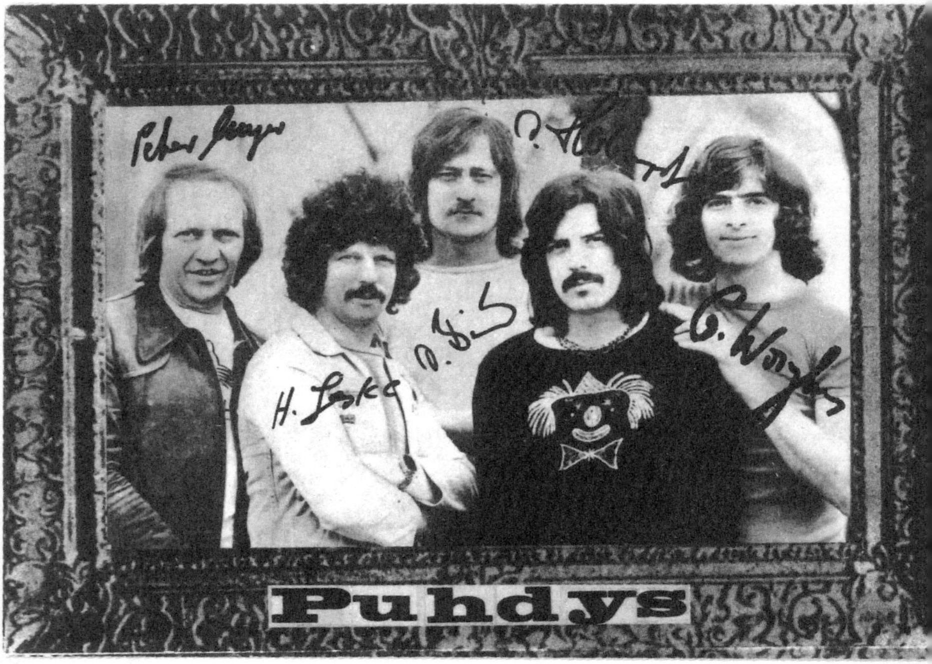
Puhdys

MICHAEL RAUHUT: Als sich Mitte der 1970er Jahre mehr und mehr Konzerte durchsetzten und die Gruppen eigene Titel spielten, wurde der Hard Rock zum Markenzeichen und Alleinstellungsmerkmal. Die Klosterbrüder aus Magdeburg, 1967 formiert, entfesselten live eine enorme Energie und durften sogar für das volkseigene Amiga-Label aufnehmen. Songs wie »Kalt und heiß«, »Feuer in der Nacht« oder »Heißes Land« haben nicht einen Funken Kraft eingebüßt. Man spürt die Wurzeln, die zu Jethro Tull und Colosseum führen.

Die gleichen Vorbilder besaß die Dresdner Electra-Combo, 1969 von Musikstudenten gegründet. Sie produzierte 1973 ihre erste LP, die gleich mit dem Opener »Der Hahn mit dem roten Kamm« die Latte ganz schön hochlegte. Songs wie »Bemühe dich« und »Namen und Worte« (beide 1975) reizten die harte Flanke weiter aus. Dabei drückte immer wieder die Schwäche fürs Kunsthandwerkliche durch. Schließlich hatte man die Musikhochschule absolviert und dementsprechend große Ambitionen. In ihren Konzerten coverten electra, wie sie sich später nannten, ausgiebig Jethro Tull – »Locomotive Breath« genauso wie »Thick As A Brick«. Flötist Bernd Aust winkelte ein Bein an und stand Ian Anderson auch rein spieltechnisch in nichts nach.

Colosseum waren eine weitere Referenzgröße für die musikalische Meisterklasse. Die Band kam zwar aus der Jazz-Rock-Ecke, hatte aber auch ein paar Werke im Programm, die ziemlich heavy klangen. Das lag nicht zuletzt an Jon Hisemans virtuosem Schlagzeugspiel. Von der Leipziger Bürkholz Formation ist ein Livemitschnitt von 1973 überliefert, darunter eine lupenreine Version von »Skelington«. Am Mikrofon

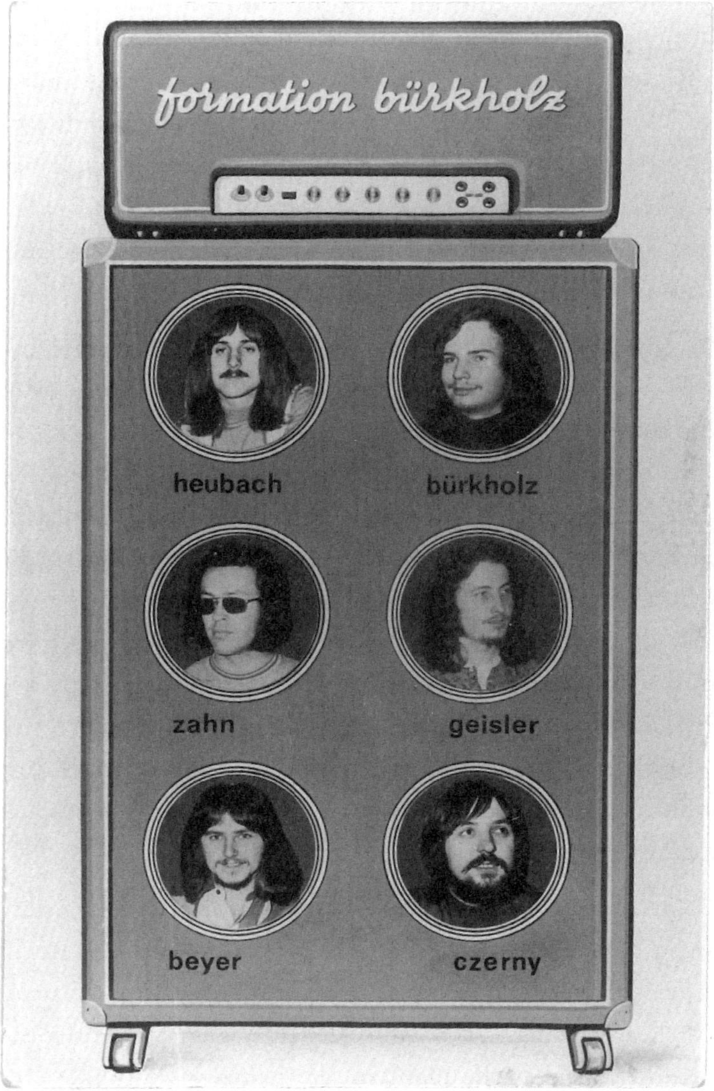
formation bürkholz
heubach
bürkholz
zahn
geisler
beyer
czerny

stand Hans-Jürgen Beyer, der seinen sängerischen Schliff einst im Thomanerchor erhielt.

Andreas Neuderth: Generell gibt es nur wenige Siebzigerscheiben, die durchgehend heavy sind. Bei Acts wie Nazareth ist sogar meistens das Gegenteil der Fall. Und auch das Debüt der Scorpions »Lonesome Crow« (hier gibt es wenigstens ein Riff, das »böse« klingt) ist extrem unterschiedlich gehalten. Vom Image her muss ich dann so richtig passen. Da fällt mir spontan keine deutsche Band ein, die vor den ersten Metallern in diese Ecke ging. Vielleicht war das auch eine Sprachbarriere und andere Themen fielen den Textern leichter? Bei Mass bin ich schon seit Langem der Meinung, dass man sie – und vor allem Günther V. Radny – mehr für ihre Arbeit seit den Siebzigern würdigen sollte. Man muss nicht der größte Fan der Band sein um zu erkennen, was Mass alles hinter sich und erlebt haben. Sie waren immer dabei.

Frank Schäfer: Beinahe wäre sogar Gitarrenheld Paul Kossoff nach dem Ende von Free bei den Regensburgern gelandet.

Günther V. Radny: Wir hatten durch die Vermittlung unseres Roadies Doug schon im Juni 1971 Alexis Korner, Kossoffs großen Mentor, beim »Pop & Blues Sunday« im Berliner Sportpalast kennengelernt und beim Würzburger »Pop-Festival« im Juli 1972 wieder getroffen. Korner, für den Doug davor gearbeitet hatte, fragte dann an, ob Paul nicht bei uns einsteigen könnte. Er wollte ihn wegen seiner Drogenabhängigkeit um jeden Preis aus London weghaben.

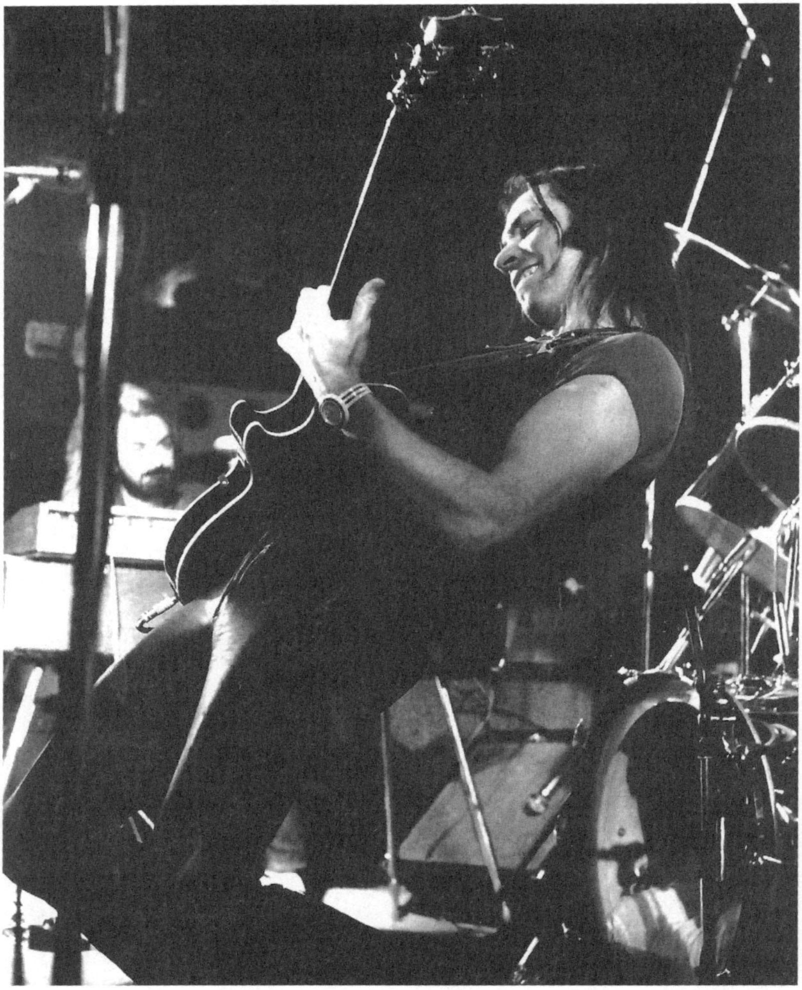

Peter Hesslein (Lucifer's Friend)

Eins der am häufigsten übersehenen Meisterwerke

Frank Schäfer: »As far as early heavy metal goes, you had the Zep, the Sabbath, the Heep, the Purple – and, you had this, unnoticed at the time & one of the most unheralded masterpieces of all, schreibt »gsheputis« am 28. März 2017 auf »Discogs«.

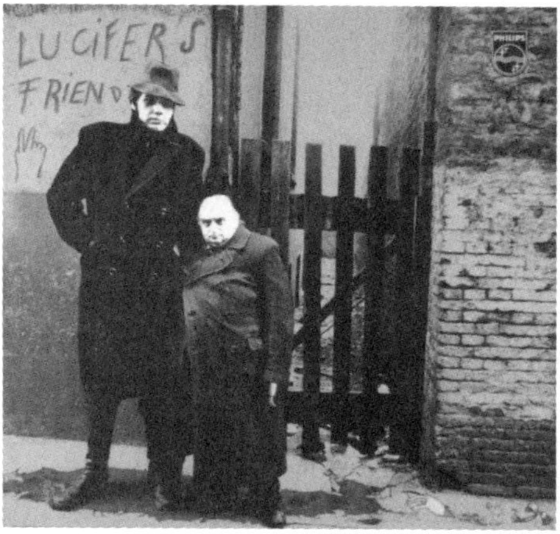

Peter Hesslein: Erst viel später, als die Amerikaner das Album noch mal herausbrachten und wir in einem Atemzug mit Led Zeppelin und Black Sabbath genannt wurden, da wurde uns klar, dass wir wegweisend waren. Irgendwann hat mich mal ein Bekannter aus San Francisco angerufen, der ist mit meinem zweiten Sohn zur Schule gegangen und befreundet gewesen, und der war immer ein Fan von uns. Der meinte jetzt also: Mensch, du, ich sitze hier gerade mit Lars Ulrich zusammen und erzähle dem von »Lucifer's Friend«, und Ulrich sagt, das sei seine Inspiration zum Schlagzeugspielen gewesen. Er habe die als junger Typ rauf und runter gehört. So haben Metallica angefangen! Das Album hatte sein Vater gekauft, der ist auch

Musiker, und der hatte das wohl in seiner Plattensammlung, und so ist er da rangekommen. Metallica ist natürlich Heavy Metal, ich habe uns immer eher als Hard-Rock-Band angesehen.

MANNI HÜTHER: Aus der Frühzeit des Rock stammt dieses Schätzchen. Als der Philips-Konzern nicht nur Kassettenrekorder baute, sondern auch gleich die Vorlagen zum Kopieren produzierte. Ja, richtig, der holländische Elektronik-Riese unterhielt auch ein Plattenlabel ... Aus der gerade so richtig aus den Startlöchern kommenden Rockbewegung hatte Philips einige Hochkaräter unter Vertrag und konkurrierte direkt mit seiner eigens gegründeten, progressiven Vertigo-Tochter. Mit diesem Quintett hatten die A&R-Leute aus Eindhoven ein richtig glückliches Händchen. Eine deutsche Band, die neben professioneller Spielweise auch wegen dem Engländer John Lawton gesanglich eben nicht als solche zu erkennen war. Nix mit »Sänk ju« oder »Sis is Klessig-Rog«-Akzent-Gegurke, das man leider üblicherweise bei meinen Landsleuten so vernahm (und bis heute vernimmt!).

PETER HESSLEIN: Die Playbacks waren schon fertig, John O'Brien Docker, ein befreundeter irischer Musiker hatte uns schon einige Texte geschrieben, aber wir hatten noch keinen Sänger. Gibson Kemp, der ehemalige Schlagzeuger von den German Bonds, der dann als Produzent gearbeitet hat, gab uns den Tipp. Hier ist einer, der macht seine eigenen Demos im Studio, der hat eine gute Stimme. Also haben wir gesagt, bring den doch mal mit, und dann hören wir uns das an, ob er überhaupt passt. Und dann kam John Lawton ins Studio, hat gesungen, und das war wie ein Schlag ins Gesicht. Genau das, was wir gesucht hatten. Sein Musikverlag hat dann auch gleich die Verträge gemacht, wie das bei den Firmen damals eben so war, die haben untereinander nur gehandelt, und wir als Musiker hatten davon natürlich keine Ahnung. Wir haben immer nur gespielt. Aber als das geklärt war, lief alles wie am Schnürchen, das ging richtig rasant, und das war dann ja auch sofort erfolgreich.

Uwe Kalwar: Eine deutsche Band mit englischem Sänger und diesem harten Sound? Wir waren in der Clique um die 15 Jahre und stolz wie Oskar auf diese Band namens Lucifer's Friend. Led Zeppelins »Good Times, Bad Times« hatte uns als erster Song elektrisiert. Dann kamen diese Schwarzmatten-Träger von Black Sabbath. Ihre Riffs waren zum Niederknien. »Iron Man«, aus der schwermetallischen Hölle auf den Party-Dachboden. Die wachsenden Haare wurden schwer durchgeschüttelt, die Hände griffen in die imaginären Saiten. Das Wort Luftgitarre war noch unbekannt. Ja, schwer, heavy, sollte es sein, metallschwere Riffs und ein geradeaus gespieltes Schlagzeug. Nicht so ein aufgezogenes Klapperäffchen wie Keith Moon bei The Who, nein, straighte Schlagwerker wie John Bonham und Ian Paice waren das Maß aller Dinge.

Peter Hesslein: Die meisten Stücke sind ja von mir. Die habe ich zu Hause vorbereitet, und dann sind wir ins Studio gegangen, und da haben die anderen ihre Ideen hinzugefügt. Das waren wir so gewohnt, wir waren jeden Tag im Studio mit irgendwelchen Produktionen. Da waren wir heimisch. Ich habe das aufgeschrieben und dann haben wir das gespielt, da mussten wir nicht mehr lange üben. Für uns war das nichts Besonderes, da gab es keine Aufregung, wie andere ins Büro gegangen sind, sind wir ins Studio gegangen. Vor allem die Gesangsmelodien, die habe ich meistens geschrieben, die Vorlagen für John. Die habe ich ihm vorgesungen mit Gitarrenbegleitung, er hat natürlich auch noch seinen eigenen Kram gemacht.

Als John die Songs eingesungen hatte, kam mir das Album ein bisschen unkommerziell vor. Dieser Stil, die langen Stücke. Also habe ich mit den anderen gesprochen: Es fehlt noch eine Hitsingle! Das war damals so üblich, ein Album hatte immer eine Singleauskopplung. Aber bei uns gab es ja nur lange Stücke. Also habe ich den anderen gesagt, ich überlege mir noch was. Und tatsächlich hatte ich in der Nacht eine Idee, hab die morgens ausgearbeitet und bin damit ins Studio gekommen. Und das war dann »Ride The Sky«, das kam quasi über Nacht.

PETER FÖLLER: Genau wie dieses »Gamma Ray« eigentlich aus der Not heraus entstanden ist. Das hat Bruno Frenzel im Hotelzimmer geschrieben, weil die nicht genug Material hatten. Die haben alles aufgenommen gehabt und dann fehlten irgendwie noch zehn Minuten für die Platte und dann kam er mit diesem Riff daher. Ich war nicht dabei, aber so hat man mir das erzählt. Bruno hat ja überall seine Gitarre mit hingenommen, auch ins Hotelzimmer, und dann kam er irgendwann mit diesem Ding.

PETER HESSLEIN: Wenn ich schon anführe, dass da was fehlt, dann muss ich mir natürlich auch was überlegen. Die anderen hatten sich da gar keine großen Gedanken gemacht. Und dann fiel mir das ein, das Arrangement, das war wie in einem Traum. Das spukte auf einmal in meinem Kopf rum, warum und wie auch immer. Keine Ahnung. Jedenfalls hatte ich morgens den Titel, und die anderen fanden den gleich interessant, also haben wir den so aufgenommen, wie ich ihn mir gedacht hatte. Und dann musste John natürlich noch einmal kommen, der hat gleich im Studio dazu den Text geschrieben. Es war wohl eine gute Idee, denn alle fanden das sofort gut.

Uwe Kalwar: Es war wie eine Offenbarung, dieser Schrei, die Hornfanfare und abrockte der Beginner »Ride The Sky«. »Aaaaaaahhhhhhaaaaa, tonight I'll be riding the sky«. Was für ein Debüt, ein Hammersong.

Peter Hesslein: Als junger Typ bin ich viel ins Kino gegangen und da habe ich dann »Attila, der Hunnenkönig« und so ähnliche Filme gesehen. Dabei hat mich immer fasziniert, wenn die Hunnen auf die Römer los sind und mit dem Horn zum Angriff geblasen haben. Diese Szene hatte ich im Kopf. Ich meinte: Genauso eine Hook brauchen wir! Und ich wollte dann auch gern so einen Sound haben. Unser Keyboarder Peter Hecht, der ja klassikerprobt war, seine Eltern haben an der Staatsoper gespielt, sagte: Ja, das ist ein guter Sound, das heißt Flatterzunge! Ach so, wie geht denn das? Da musst du beim Blasen von einem French Horn die Zunge vibrieren lassen. Das ist doch ideal, das machen wir, das klingt wie eine Filmmusik. Unser Produzent Herbert Hildebrand hat dann gleich angerufen bei der Staatsoper und zwei Hornisten bestellt. Denen hab ich im Studio die Melodie vorgesungen. Und unser Keyboarder kam dazu und meinte: Genau so, und das mit Flatterzunge! Peter Hecht hat das später bei unserem Auftritt im »Beat-Club« gespielt. Sein Vater war Trompeter, also konnte er das ein bisschen und musste es von da an immer spielen bei Konzerten.

Frank Schäfer: Wenn man über »Ride The Sky« spricht, muss man über Led Zeppelins »Immigrant Song« sprechen. Hier das French Horn, dort Robert Plants Geheul, die Ähnlichkeit ist stupend. »Led Zeppelin III« erscheint am 5. Oktober 1970, und »Lucifer's Friend« wird im November aufgenommen, kommt also ein paar Monate später heraus. Aber man kann auch etwas schlicht zweimal erfinden.

Peter Hesslein: So ein Signal gibt es auch bei Gustav Holst, »Die Planeten«, das ist nicht neu. Man hat sich nur wieder dran erinnert über die Filme. Außerdem gibt es bei »Immigrant Song« keine richtigen Triolen, das ist so ein Reiter auf Sechzehntelbasis, »Ride The Sky« ist ein reiner Triolen-Titel, das ist rhythmisch schon etwas anders. Aber die Idee ist natürlich dieselbe. Und dann meinte Dieter Horns, unser Bassist: Können wir nicht noch ein Intro basteln? Schließlich kam er an mit einer LP von Ennio Morricone. Ich weiß jetzt nicht mehr, welcher Film das war, jedenfalls war das eine Filmmusik zu einem Film von Sergio Leone, und darauf war dann auch als eine Art Hook diese geschriene Melodie. Das ist ja keine richtige Melodie, mehrstimmiges Geschrei, würde ich das mal nennen, mit einer gewissen Harmonie. Das haben wir dann zusammen eingesungen und davorgesetzt. Das ging alles Hand in Hand. Wir

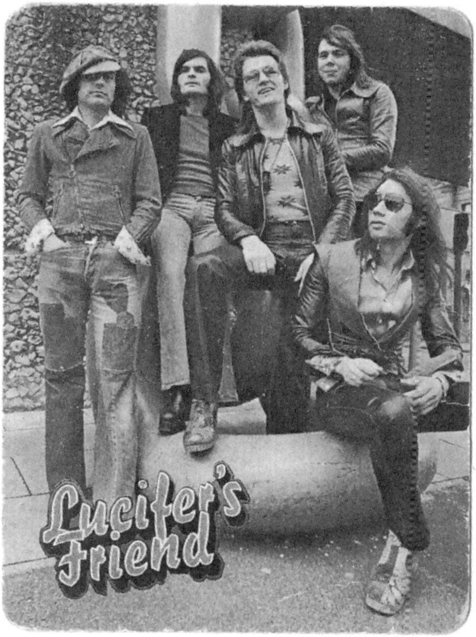

waren ziemlich gut aufeinander eingespielt, erst mal als Band mit den German Bonds, und dann durch unsere Zeit im Studio. Wir waren die meistbeschäftigten Studiomusiker in Hamburg. Wir waren praktisch jeden Tag zusammen im Studio. Und die Produzenten, die uns gebucht hatten, kamen oft mit sehr dürftigen Ideen an. Nach dem Motto: Jungs, macht doch da mal was draus! Deshalb waren wir das gewohnt, auf die Schnelle was Passendes zusammenzubasteln. Und bei »Ride The Sky« lagen wir damit wohl halbwegs richtig.

FRANK SCHÄFER: Noch vor »Lucifer's Friend«, aber im selben Jahr 1970, erscheint das titellose Album der Band Asterix. Ein kurzlebiges Projekt der Hamburger Beatband German Bonds.

Die Herkunft hört man noch bisweilen. Mit George Monroe, John Lawton und Tony Cavanna waren drei Sänger beteiligt, vor allem die letzten beiden sind ziemlich gut. Cavanas Organ erinnert streckenweise an Roger Daltrey und Lawton schraubt sich in Höhen, die man von Robert Plant kennt. Ein für damalige Verhältnisse erstaunliches Album, mittlerweile gilt es als eins der Hard-Rock-Pionierwerke aus Deutschland.

PETER HESSLEIN: Wir hatten aber mit Lucifer's Friend schon vorher angefangen. Asterix war eigentlich nur eine Idee von unserem damaligen Produzenten Herbert Hildebrandt, der wollte einen Schnellschuss machen, weil man zu der Zeit den Firmen alles aufs Auge drücken konnte, was man wollte. Die haben ja alles gekauft. Die hatten so viel Geld damals, es gab ja nur Platten. Also bekamen wir die Ansage, macht doch mal auf die Schnelle ein Album, mit einer billigen Produktion. Und das haben wir dann eben gemacht. Die Aufnahmen haben nicht länger als zwei Tage gedauert. Die Songs haben wir im Studio geschrieben, jeder hatte so ein paar Ideen, und dann haben wir gleich drauflos gespielt. Und die Texte wurden auch im Studio gemacht, es waren ja verschiedene Sänger dabei. George Mavros [aka George Monroe] zum Beispiel, der war wie ich bei den German Bonds vorher, und mit denen haben wir im Studio oft solche Schnellschüsse gemacht. Das waren meist Ideen von Produzenten, die gute Kontakte hatten zu Plattenfirmen. Wir bekamen dann 40 Mark für einen Titel, und dann haben wir den eben eingespielt. So ist auch der erste Asterix-Titel entstanden. Wir haben eine Single gemacht, und die fand die Plattenfirma Decca so witzig, dass die Leute uns gefragt haben: Könnt ihr nicht auch noch ein Album einspielen? Aber inzwischen war schon etwas Zeit verstrichen, da waren wir schon mit John Lawton im Gange, also haben wir das Album schnell gemacht und neben Lawton noch die beiden anderen Sänger Mavros und Toni Cavana dazugenommen. Lawton wollten wir schon exklusiv für Lucifer's Friend haben. In zwei Tagen war das gegessen, wir haben uns gar nicht weiter darum gekümmert. Wir haben auch keine Lizenzen dafür gekriegt.

Uwe Kalwar: Die Band kam unter Beobachtung. Wir suchten nach Infos, nach Nachrichten. Wer sind diese Musiker, wo spielten sie vorher, die Herren Hesslein, Horns, Hecht und Rietenbach? Ah, bei den German Bonds. Zu dieser Zeit kam »Riebe's Fachblatt« auf den Markt. Ein kleines, sehr einfach gestaltetes DIN-A5-Infoblättchen für »Musiker, Roadies, Veranstalter, Produzenten und alle, die dazu gehören«, das über Musikinstrumente und Equipment informierte. Es lag in den Schallplattengeschäften und hatte auch Nachrichten parat von Tourterminen und Bandbesetzungen. Quasi die »Gala« für Mucker und Musikenthusiasten. Aus der Erinnerung: »Epitaph ziehen aufs Land auf einen Bauernhof«, das machten damals sehr viele Bands. Oder: »Scorpions-Gitarrist Michael Schenker wird neuer Gitarrist von UFO«. Hey, ein deutscher Rockgitarrist in einer englischen Band? Welch eine Nachricht, ein Ritterschlag für die deutsche Rockszene, fanden wir.

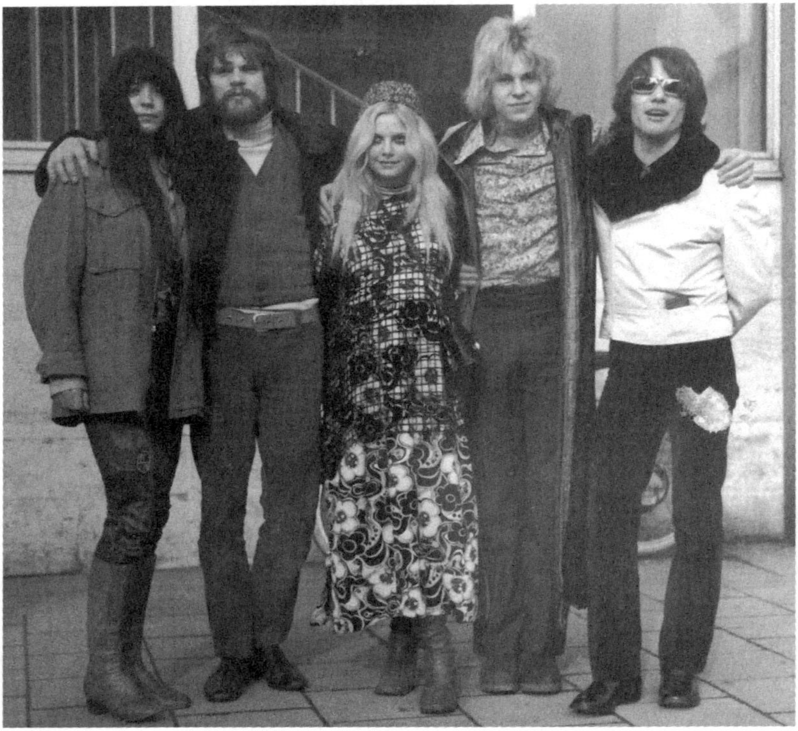

Jutta Weinhold (links) mit »Hair«-Ensemble

Mich hat die Revolution schon noch gepackt

Jutta Weinhold: Ich hatte 1965 schon eine Schülerband, unser erster Song war Eric Burdons »House Of The Rising Sun«. Nach meiner Lehre zur Industriekauffrau ging ich zum ZDF und habe da in der Personalabteilung gearbeitet, und da kamen dann zwei Redakteure von der Unterhaltungsabteilung zu mir und meinten: Sag mal, Jutta, du singst doch in einer Band? Ja, natürlich. Special Voices hießen wir. Da gibt es jetzt ein neues Musical, die suchen nach Sängerinnen, da musst du unbedingt hin, das ist genau das richtige für dich. Das war »Hair«. Die haben einen Termin für mich ausgemacht, in Düsseldorf war eine Audition, die haben mir sogar die Platte gekauft. Bitte lerne doch mal zwei Songs auswendig, wir fahren mit dir da hin. Da waren Hunderte von Leuten bei dieser Audition, und ich bin zusammen mit Jürgen Marcus genommen worden. Ich musste das natürlich meinen Eltern erklären und dem ZDF, ich hatte ja einen Arbeitsvertrag. Ich bin also zu meinem Personalchef gegangen, und der war schon informiert und sagte: Machen Sie das! Sie bekommen 3 Monate unbezahlten Urlaub, und wenn es nichts ist, kommen Sie wieder zurück. Gänsehaut, ich dachte nur, was passiert jetzt mit dir? Eigentlich war ich ein Landei. Meine Eltern sind Weinbauern. Und plötzlich geht da eine Tür zur Welt auf.

Stefan Josefus: Ich hab zwar pro forma an der Ruhr-Uni Bochum Germanistik und Philosophie studiert, der Mick [Hannes, Gitarre] war in der Oberprima, und Peter [Josefus, Bass und Gesang] hatte eine Lehre als Elektriker am Laufen, aber wir waren besessen von der Musik. Im Wintersemester 1969, als ich angefangen habe zu studieren, da haben wir auch Franz K.

gegründet, am Anfang haben wir nur ein bisschen Jethro Tull und Stones nachgespielt. Nach einem Vierteljahr habe ich gesagt: Jungs, damit kommen wir aus Witten nicht heraus. Wir müssen schon was Eigenes machen. Und so bin ich dann auf die Idee mit den deutschen Texten gekommen. Und weil wir davon so überzeugt waren, haben wir uns Geld geliehen und sind zum Dieter Dierks nach Stommeln gefahren. Das war damals noch finanzierbar, weil der gerade dabei war, sein Studio aufzubauen. Später, als der mit den Scorpions große Erfolge hatte, war das sehr viel teurer. Die Demos haben wir dann verschickt, und die Phonogram hat sich gemeldet und gesagt: Wir schicken unseren Produzenten Rainer Goltermann. Der ist mit uns in den Übungsraum gegangen, hat sich das alles genau angehört und nach einer Woche gesagt: Okay, machen wir. Und der hat dann mit uns die »Sensemann«-LP in der Windrose in Hamburg produziert. Der hat auch Randy Pie gemacht, also schon ein renommierter Produzent, und wenn du dir »Sensemann« anhörst, das ist schon heavy.

PETER FÖLLER: Ich hatte Ende der Sechziger eine Amateurband, die im Prinzip nur gecovert hat, aber Sachen, die wirklich populär waren. So in Richtung Jethro Tull, wir hatten auch einen Querflötisten dabei. Musikalisch waren wir eigentlich gut aufgestellt. Wir hatten über Bekannte auch schon mal Jobs in Bayern. Und dann haben wir uns bei einer Agentur beworben. Ich habe Material hingeschickt, Fotos und Kram, und die rief auf einmal an, das war eine Agentur, die auch mit Birth Control zu tun hatte. Die bräuchten dringend einen neuen Bassisten, ob ich Interesse hätte mitzumachen. Da habe ich in Unkenntnis

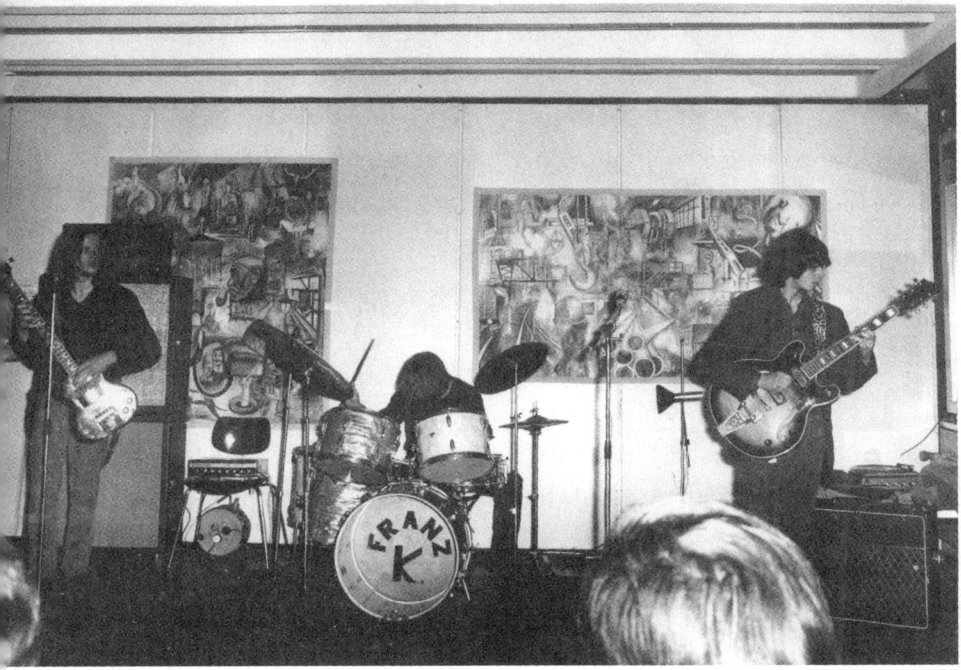
FRANZ
K.

gesagt: Na, ich kenne die Band ja gar nicht! Ich kannte diese ganze Deutschrock-Geschichte oder Krautrock, wie sie es genannt haben, damals nicht. Ich bin dann mit einem Kumpel zu einem Konzert gefahren, um sie mir anzuhören, und wollte eigentlich erst nicht. Das hat mir nicht gefallen, weil meine Interessen woanders lagen. Die klangen damals noch sehr nach Krautrock, obwohl sie das eigentlich so richtig nie gemacht haben, die haben ja schon immer Englisch gesungen. Dann haben die mich aber noch mal angerufen: Möchtest du nicht hochkommen zu uns? Wir haben eine WG, wir leben da alle im Hessischen. Die sind von Berlin irgendwann nach Gedern in Hessen gezogen. Das fand ich wieder witzig, denn das ist mein Geburtsort. Da bin ich hochgefahren und dann haben wir, damals noch mit dem Wolfgang Neuser am Keyboard, der auch »Hoodoo Man« aufgenommen hat, eine Session gespielt. Einen ganzen Nachmittag lang. Das war toll, denn da haben die gezeigt, was sie konnten. Da habe ich schon eher einen Weg gesehen, den man gemeinsam gehen kann. Einfach durchs Improvisieren. Daraufhin habe ich gesagt, ich mach das, hab im Februar 1973 meinen Job gekündigt und bin dann direkt da hochgezogen.

ULI JON ROTH: Im Dezember 1968 war mein erstes Konzert, das war an einem Tanzabend, da haben wir schon mindestens anderthalb Stunden gespielt. Ich hatte in dem Jahr erst angefangen mit der Gitarre, aber das ging schon sehr gut. Und in den nächsten beiden Jahren wurden es dann immer mehr Auftritte. Zu dem Zeitpunkt existierten die Scorpions schon, die hatte ich damals öfter gesehen im Freizeitheim Vahrenwald und mit

Rudolf Schenker auch schon ein paar Worte gewechselt. 1972 gingen Klaus Meine und Michael Schenker zu den Scorpions, die spielten vorher bei Copernicus, auch eine gute Band, und dann ging das richtig los. Ich hatte verschiedene andere Schülerbands, wir waren auf dem Gymnasium und haben einfach mit unseren Freunden gespielt.

STEFAN JOSEFUS: Die Plattenfirmen waren damals sehr offen. Wenn du dir überlegst, die erste Seite, »Das goldene Reich«, dauert 19 Minuten, und die Rückseite 20 Minuten. Das ist natürlich marketingmäßig ungeheuer geschickt, zwei Stücke zu veröffentlichen, die um die 20 Minuten lang sind. Als das Album draußen war, habe ich ein Interview hier beim WDR gekriegt, und da war auch der Lindenberg da, der stellte »Daumen im Wind« vor. Er und ich, wir waren die ersten, die das überhaupt gemacht haben, Rockmusik mit deutschen Texten. Aber der Lindenberg hatte ja eine Vergangenheit bei Passport, der war natürlich kommerzieller eingestellt als ich, der hatte eben acht Titel auf der LP. Das hat bei uns ein bisschen länger gedauert, bis wir auf die Idee gekommen sind, kürzere Stücke und Singles zu machen.

JUTTA WEINHOLD: Ich kam an in Düsseldorf, und es fingen gleich die Proben an, und wir wurden auf dieses ganze Hippie-Ding eingestellt, das ging gleich ordentlich zur Sache, das war 1969, Woodstock. Also richtig ordentlich. Drogen natürlich, was du dir denken kannst. Mit Donna Summer habe ich mir ein Zimmer geteilt. Jeden Morgen um 10 Uhr war Probe. Jeder musste immer alles singen können, die Rollen wurden auch mal vertauscht. Es gab einen Gesangslehrer, der hat einem gezeigt, wie man richtig atmet, wie man seine Stimme auf Vordermann bringen kann, wie man sie halten kann, dass man nicht am dritten Tag heiser wird, und solche Sachen. Sprechen, tanzen, singen, diese drei Sachen wurden geübt. Ich komme ja aus Ingelheim, hatte einen schweren Dialekt, also gab es Phonetik-Unterricht, da hat man mir das Pfälzische ausgetrieben. Ich habe das alles brav mitgemacht, das war spannend und lehrreich, und dann haben wir jeden Tag gespielt. Im August kam ich hin, und im November habe ich die Sheila bekommen, die Hauptrolle. Das ging alles so schnell. Da war ich bis 1973.

Stefan Josefus: Der Goltermann hatte uns dann noch für die zweite LP »Rock in Deutsch« bei der Polydor einen Vertrag besorgt. Da haben wir schon kürzere Stücke gemacht. Die ist aber auch nicht so riesig gelaufen. Danach habe ich vier Wochen überlegt: Was machst du jetzt? Machst du mit der Musik weiter oder wirst du doch Lehrer. Und wir haben uns dazu entschlossen, mit der Musik weiterzumachen, weil wir sehr viele Gigs bekommen und gemerkt haben, das Publikum findet das gut. Beim Radio und Fernsehen war es ganz schwierig, deshalb waren die Verkäufe nicht besonders, aber live war das immer gut. Und deshalb bin ich noch mal in Witten herumgelaufen, um ein paar Leute anzubetteln, sodass wir beim Conny Plank »Bock auf Rock« machen konnten. Das hat dann zum Glück hingehauen.

Juttas Weinhold: 1972 habe ich noch einen Abstecher gemacht zu »Jesus Christ Superstar«, die Proben waren in

Münster und dann ging es nach Berlin, aber die Leute haben das nicht akzeptiert. Einen schwulen Herodes, den haben die nicht ertragen, ich glaube, es waren vor allem die Katholiken, das fanden die überhaupt nicht lustig, und deshalb ist das Musical in Deutschland leider durchgefallen. Das war alles so gut gemacht, eine tolle Produktion, aber es kam hierzulande nicht an. Also bin ich wieder zurück zu »Hair« bis Ende 1973. Und dann habe ich Michael Holm kennengelernt.

Ilja Richter: Und jetzt präsentieren wir Ihnen Deutschlands Antwort auf Suzi Quatro. Na, Sie werden schon sehen! Hosen hatse an und mit Rock trittse auf! Jutta Weinhold singt »Cadillac«.

Frank Schäfer: Das war in der ZDF-»Disco« vom 3. August 1974.

Jutta Weinhold: Den Song bekomme ich fast wöchentlich von den Metalfans unter die Nase gehalten. Was ist denn das, Jutta! Das mit Suzi Quatro, das hat mir eigentlich nicht gefallen, aber ich habe mir gesagt, ich mache das jetzt mal. Man küsst ja viele Frösche, bis mal ein Prinz dabei ist. Ich habe es gemacht, und es war auch nicht so schlimm, aber als ich es gemacht hatte, wusste ich sofort, was ich nicht will. Mich hat die Revolution schon noch gepackt. Rock war ja, als ich angefangen habe, eine Kulturrevolution. Wir waren so idealistisch, es hat sich so viel verändert, es haben sich so viele neue Lebensformen aufgetan. Für mich war Rockmusik immer revolutionär, das wollte ich eigentlich machen, in einer Band spielen. Und dann habe ich Ralf

[Basten] kennengelernt, meinen Mann, der hat in München mit Amon Düül II und mit Klaus Doldinger gearbeitet. Ich habe dann erst mal mit Amon Düül eine Frankreich-Tournee gemacht. Die hatten regelmäßig Stress in der Band, und es gab wieder mal Ärger, aber die mussten Konzertverpflichtungen in Frankreich erfüllen, Festivals und so, also haben sie mich gefragt, ob ich für Renate Knaup einspringen kann. Und das war dann schon was ganz anderes. Mir wurde klar, du musst etwas machen, das dich künstlerisch befriedigt. Und so bin ich dann mit Ralf nach Hamburg. Hier war was los, hier gab es Clubs ohne Ende. Du kannst es dir nicht vorstellen, wo man hier überall spielen konnte. Und ich hab sofort in der Kaftan Blues Band angefangen, obwohl ich noch gar keinen Blues singen konnte, aber ich wollte es unbedingt. Und wenn ich etwas mache, dann bin ich fleißig und schaffe mir das drauf, was ich nicht kann. Und so entwickelte sich das ziemlich gut mit mir in der Hamburger Szene. Zwei Jahre später habe ich Udo Lindenberg kennengelernt. Der hat mich im Logo gesehen, wie das eben so war damals, und hat mich dann drei Jahre lang mit auf Tour genommen.

Fargopeter Knorn: Als ich mich 1973 entschlossen habe, Musiker sein zu wollen, war es ja nicht das gleiche, als wenn man sich entschließt, ich werde jetzt Bäcker oder Banker. Das ist planbar. Wenn du machst, was man dir vorgibt, dann weißt du, wie man ein Brötchen backt. Das ist in der Kunst ja überhaupt nicht der Fall. Klar, kann man Musik studieren, bringt dich aber auch nicht unbedingt weiter. Bei mir kommt hinzu, ich konnte kein Instrument spielen. Weil ich in einer Band sein

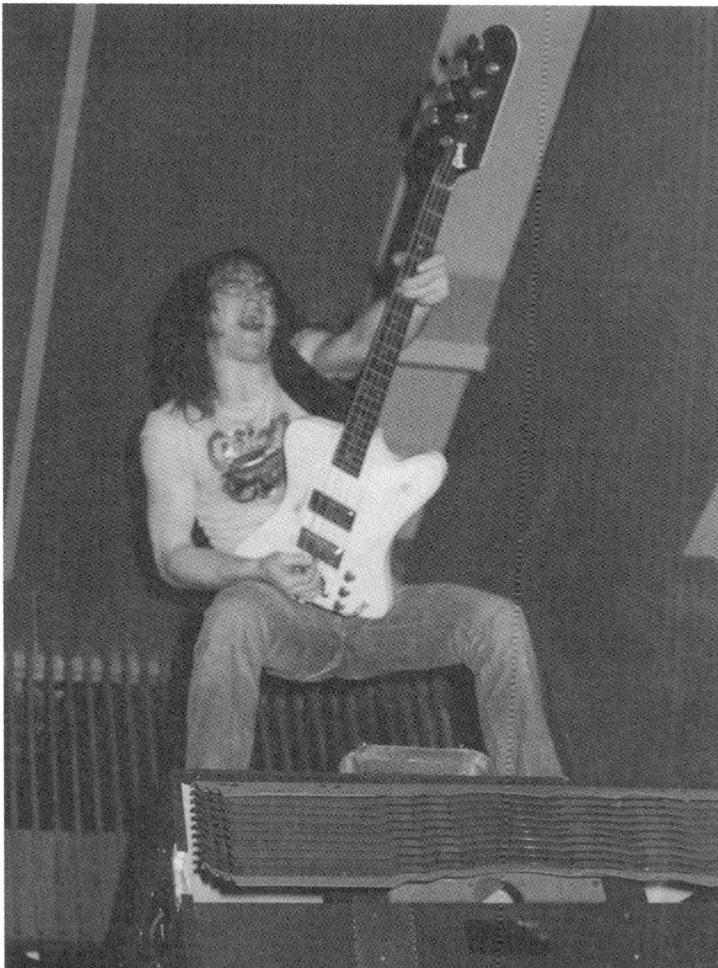

Fargopeter Knorn

wollte, habe ich gesungen und dafür gesorgt, dass die anderen von mir abhängig sind, indem ich mich um alles gekümmert habe. Ich habe einen Proberaum besorgt, Equipment gekauft und nach und nach Musiker ausgetauscht, weil ich merkte, es geht voran, es kommen Konzerte. Wir wurden technisch besser, die Schnauze wurde größer. Das war die Warmlaufzeit, die Jahre 1973 bis 1976, wo man denkt, man tritt auf der Stelle, aber ein bisschen Bewegung gibt es doch.

Peter Föller: Ich hab dann am 8. März 1973 mein erstes Konzert gespielt. Das war in Koblenz in der Rhein-Mosel-Halle. Ich war aufgeregt, aber das war gut. Wir haben permanent zusammengearbeitet, und hatten natürlich aufgrund der »Hoodoo Man«-LP mit »Gamma Ray«, die der alte Bassist noch mit aufgenommen hatte, so einen Erfolg, dass wir live vollkommen ausgebucht waren. Wir haben in dem Jahr weit über hundert Auftritte gespielt und 1974 auch.

Stefan Josefus: Weil wir kein Geld hatten, konnten wir nicht sofort wieder ein Demo machen. Und es war uns schon klar, wenn du zwei LPs veröffentlichst und die nicht so toll laufen, der dritte Wurf muss dann stimmen. Also muss man auch eine vernünftige Qualität im Sound haben. Wir haben uns schon mal so ein Revox-Zweispurgerät ausgeliehen und Aufnahmen gemacht im Übungskeller, aber wenn man das überspielt hat, das wurde hinterher immer mulmiger, da hast du nichts mehr rausgehört und das konntest du auch nicht zur Plattenfirma schicken. Uns war klar, wir müssen ein vernünftiges Studio buchen, das kostet Geld und deshalb haben wir auch vier Jahre benötigt, um Geld einzusammeln und auch weil sich das Interesse beim Publikum permanent gesteigert hat. Wir haben ständig gespielt. Es gab ja noch keine Videos. Wir haben später mal für »Der erste Krach in deinem Leben« ein Video gemacht, aber das war ein Riesenaufwand und entsprechend teuer, da musste die Platte schon gut laufen.

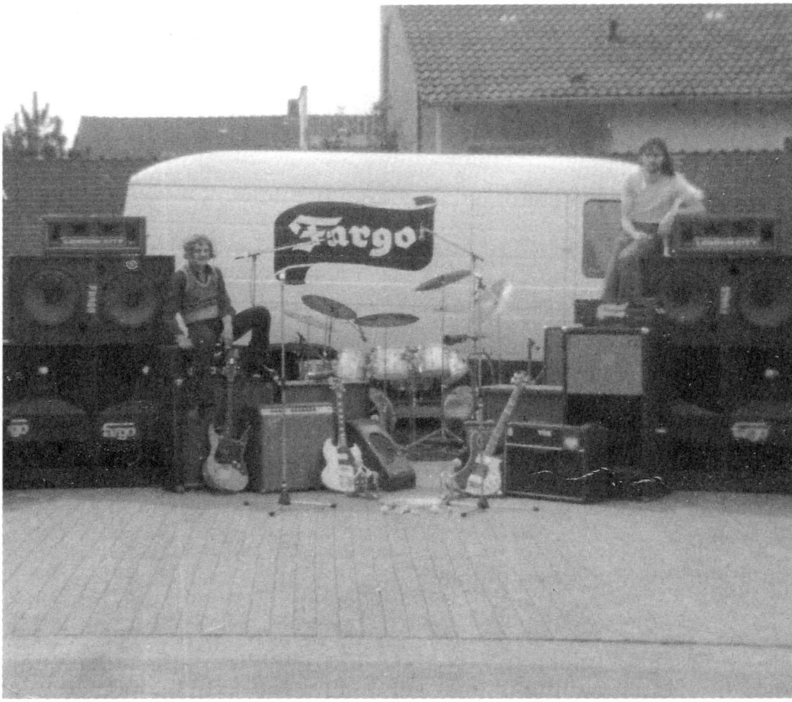

Der Pferdefuß des deutschen Rock-Alltags

PETER HESSLEIN: Wir wollten natürlich zuerst gern live spielen, aber das war schwierig, es gab für uns gar keine Jobs. Wir waren ja mit die ersten in Deutschland, möchte ich mal sagen, die diese Stilrichtung eingeschlagen hatten. Im Radio und im Fernsehen liefen noch ganz andere Sachen. In England gab es Led Zeppelin, Black Sabbath usw., da hatten sich die Hörer schon angefreundet mit dieser Art Musik, aber in Deutschland war das noch nicht so. Das haben wir gemerkt, wenn wir gespielt haben. Die mochten das irgendwie nicht. Es war nicht so wie heute, dass eine Band auf die Bühne geht und alles wird abgenommen und es gibt eine große PA. Das war in Deutschland noch nicht so. Wir sind da raufgegangen mit unseren Verstärkern in der Hand, und das wars, nur die Gesangsmikrofone wurden zusätzlich verstärkt, das war alles noch wie zur Beatles-Zeit. Und die Leute konnten mit uns nichts anfangen, diese lauten Gitarren, die waren noch nicht so weit, es gab diesen Stil noch nicht so richtig. Das fing erst 1972, 1973 an, dass solche Bands sich hier durchsetzen konnten.

FARGOPETER KNORN: Die Auftritte waren ein Problem. Das wissen die jungen Musiker gar nicht, wie das damals war. Wenn du heute als Band in einen Club gehst, steht eine PA da und auch Licht. Das gab es in keinem einzigen Club damals. Das mussten die Bands, ob das Black Sabbath waren oder sonst wer, alles selbst mitbringen. Und weißt du, was damals allein ein Mischpult gekostet hat? Ein Vermögen. Und dann die Boxen, Bassbox, Mitteltöner, Hochtöner, Endstufen, dann brauchst du eine Lichtanlage. Und dann noch einen LKW, um das Zeug zu transportieren. Wenn du nicht gerade einen Bankdirektor zum Vater hattest, konntest du dir das gar nicht leisten.

Stefan Josefus: Heute steht in jedem vernünftigen Club eine Lichtanlage und eine PA. Früher musstest du das mitbringen, das hatte man dabei. Wir haben immer drei Roadies gehabt und einen Achtzehntonner-LKW. Deshalb haben wir auch so viele Auftritte absolviert. Erstens, weil das durch die deutschen Texte interessant war, das war eine Attraktion. Zweitens, weil unsere Anlage unheimlich gut war. Da haben wir einen Großteil unserer Gagen reingesteckt. Auch weil mein Bruder als gelernter Elektriker Spaß daran hatte.

Peter Föller: Wir hatten so einen Mercedes-Bus, so einen Siebeneinhalbtonner, und mit dem sind wir unterwegs gewesen. Als wir zum Beispiel 1975 in Spanien waren, hatten wir einen VW T2-Bus, und die Roadies sind mit dem LKW gefahren. So sind wir nach Spanien losgezogen. Aber das gehörte alles uns. Das war bei allen so, egal, wie die hießen, ob es Nektar war oder Epitaph. Auch die Engländer. Ich kann mich erinnern, eins der ersten Konzerte war mit Manfred Mann's Earthband zusammen in Hamm, die kamen auch mit einer eigenen PA. Da war gerade »Solar Fire« rausgekommen. Die kannte ich gar nicht, die hab ich da zum ersten Mal gehört. Und ich war sehr fasziniert, weil die PA sehr klein war mit einem Stack pro Seite, das war ein wunderbarer Sound. Wir wollten auch so eine PA und haben die dann auch gekauft. Teile sind später an Manfred Mann's Earthband gegangen, weil die ja das gleiche System hatten.

Stefan Josefus: Die Technik hat sich bald ziemlich verbessert. Wir haben anfangs mit zwei Dynacord-Gigant-Verstärkern gearbeitet. Dann haben wir uns irgendwann mal ein Mischpult gekauft. Ich werde das nicht vergessen, da haben wir ein Konzert in Brunsbüttel gehabt, machen Soundcheck und haben plötzlich den NDR empfangen, weil das Mischpult so schlecht abgeschirmt war. Da waren so billige Bauteile drin, dass da der NDR reingestrahlt hat. Im Laufe der Zeit sind die Geräte immer besser geworden und damit eben auch die Sounds. Ist ja klar, wenn da, während du spielst, der NDR mitläuft, ist der Sound nicht gut. Das hat bei uns in Deutschland länger gedauert als in England und Amerika, aber irgendwann haben wir es auch geschafft.

Michael Rauhut: Weil der Westen die Norm in puncto Sound und Show setzte, waren nahezu alle Musiker haushoch verschuldet. Zumindest am Anfang ihrer Karrieren. Es gab in der DDR einen florierenden Schwarzmarkt, wo man geschmuggelte Instrumente, Effektgeräte und Equipment zu horrenden Umtauschkursen kaufen konnte. Jede Band besaß neben einer Batterie von Westinstrumenten ihre eigene PA, Lichttechnik und den nötigen Fuhrpark. Plus Roadcrew. Es war die reine Materialschlacht. Eine Profi-Gruppe stellte locker Ausrüstung im Wert von mehreren hunderttausend DDR-Mark auf die Bühne. Manche der »reisefähigen« Musiker, die also in den Westen durften, entdeckten das große Geschäft und führten am Zoll vorbei die begehrte Ware ein. Die wurde dann äußerst gewinnbringend verhökert. Einige richteten in den 1980er Jahren private Studios ein.

Peter Föller: Wir mussten ja auch die technische Entwicklung mitmachen, wir haben jedes Jahr eine neue PA gekauft. Das war immer unser eigenes Material. Wir hatten eins der ersten schweren Mischpulte, 24-Kanal, das kannte man damals gar nicht, die haben das extra gebaut für uns. Und da ist viel Geld reingeflossen. Wir hatten eigenes Licht, eigene Technik und die Entwicklung ging da auch rasend schnell, dafür hat man fast jedes Jahr leider Gottes viel Geld ausgegeben.

Stefan Josefus: Als wir 1976 die Tour mit Status Quo mitgemacht haben und beim ersten Konzert in Ravensburg zum Soundcheck gekommen sind, da habe ich zu meinem Bruder gesagt: Peter, so was brauchen wir auch! Alleine die Monitoranlage, die hatten keine kleinen Würfel, sondern Sidefills. Später hatten wir die auch, 2000 Watt allein für die Monitoranlage, einen Mischer auf der Bühne nur dafür. Und weil das unser Zeug war und die Roadiemannschaft eingespielt, konnten die das bedienen, das haben wir vorher natürlich geprobt. Das war ein musikalisches Erlebnis aufzutreten. Dass man nichts gehört hat, das gab es bei uns nicht. Egal, wo wir aufgetreten sind, der Sound stimmte immer. Das hat unheimlich Spaß gemacht. Das überträgt sich auch auf die Leute, wenn der Sound stimmt.

Günther v. Radny: Wir haben mit Thin Lizzy zum ersten Mal gespielt, da waren sie noch ein Trio, das war die Zeit, als »Whiskey In The Jar« ihr Hit war. Ich habe da Phil Lynott als wahnsinnig sympathischen Menschen kennengelernt. Wir waren im Vorprogramm, und da sitzen wir halt zusammen in einer Garderobe, in einer furchtbar engen Garderobe, aber das war egal, alle hatten Spaß, und da steht auf dem Fußboden eine ganze Kiste voller Basssaiten. Und dann sieht der Phil Lynott, wie ich da neidisch reinschaue, denn damals hat der Satz Basssaiten über hundert Mark gekostet, da sagt er nur, ich soll mir nehmen, was ich will. So ganz nebenbei. Das fand ich richtig cool von ihm.

PETER HESSLEIN: Jedenfalls gab es für uns keine Möglichkeit, eine Tour zu machen. Wir hatten immer nur Einzelgigs in irgendwelchen Locations, und da waren die Leute dann tierisch enttäuscht. Was ist denn das für Musik? Da hatten wir unsere Schwierigkeiten. Das war der Grund, weshalb wir aufgehört haben, live zu spielen. Wir hatten selbst wenig Kontakte und auch noch keinen Manager, das war alles noch nicht so üblich. Aber viele Jahre später kamen Leute einer Plattenfirma aus den USA, die wollten den Krautrock aufkaufen, und die kamen auf uns zu und haben das erste Album in Amerika wiederaufgelegt. Das war ein Erfolg. Und danach kamen dann Anfragen für eine Tour durch Amerika, aber das waren meistens so windige Geschichten von Typen, die selber das große Geld machen wollten, aber für die Band wäre da nichts übrig geblieben. John hat dann immer gesagt: Wir müssen Geld verdienen, das geht so nicht. Deshalb haben wir das Livespielen schließlich aufgegeben. Wir hatten ja unsere anderen Einnahmequellen. John Lawton war bei Les Humphries und dann bei Uriah Heep beschäftigt, ich bei James Last, Dieter Horns war ein gefragter Studiobassist. Wir hatten schon alle sehr gut zu tun, aber wir haben uns trotzdem immer wieder getroffen und neue Alben gemacht.

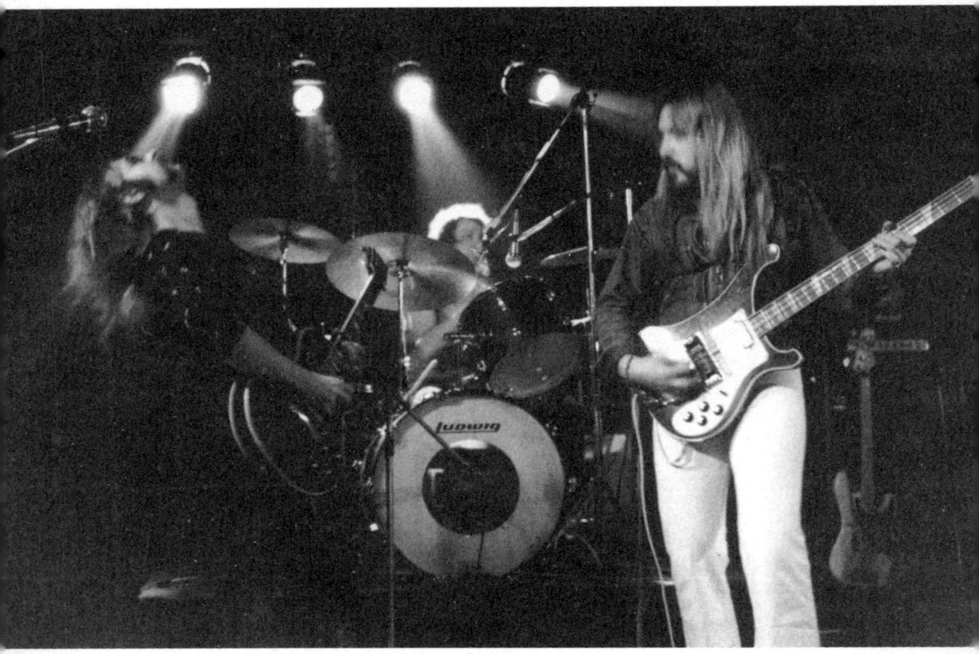

Birth Control

Ernst Hofacker: Schätzungen zufolge gab es Mitte der 1970er Jahre in der Bundesrepublik etwa 3000 aktive Bands, von denen maximal fünf Prozent professionell arbeiteten. Von diesen konnte allenfalls eine Handvoll ihren Lebensunterhalt mit Musik bestreiten. Wer pro Abend Höchstgagen von 3000 Mark einstreichen konnte, behielt davon nach Abzug aller Unkosten im besten Fall 150 Mark pro Gruppenmitglied.

Ulli Meissner: Professionelle Agenturen, die einem Gigs beschaffen konnten, gab es seinerzeit nicht, das wäre illegale Arbeitsvermittlung gewesen. Da gab es zwar Grauzonen, aber legal war damals nur das örtlich zuständige Arbeitsamt mit seiner Abteilung »Künstlerdienst«. Über diesen Weg habe ich in 50 Jahren noch nicht einen einzigen Gig bekommen.

Christian von Grumbkow: Die meisten Typen, die so eine Konzertveranstaltung machen, stehen mit einem Bein im Gefängnis, weil sie das eigentlich gar nicht dürfen. Da müsste dann entweder ein vernünftiger Manager her, der auch die Legitimation dafür hat, oder man geht zur Arbeitsvermittlung. Nur: Da passiert nichts, wir haben es ja probiert. Ein Kleingärtnerverein macht einen Tanzabend, da kann man dann spielen.

Uli Jon Roth: Wir hatten einen Manager. Kurzfristig hat uns Werner Kuhls gemanagt, der auch das Scheeßel-Festival gemacht hat, das war einer der größeren Promoter in Deutschland, und dann hat das der Luxemburger Roland Nelles gemacht. Dieses Managementverbot wurde schlichtweg umgangen. Aber Rudolf hat diesen Posten auch immer mal übernommen. Die

Scorpions hatten da schon eine Sonderstellung. Wir spielten viel mehr als andere Bands. Es gab nur ein paar andere Bands, Birth Control etwa, die ähnlich viel spielten wie wir. In ganz Deutschland, ab Ende 1974 auch im Ausland, erst in Holland, dann Luxemburg, Belgien, Frankreich, England. Dann weitete sich das aus. Das lag daran, dass die Scorpions sich von allen anderen Bands abgehoben haben.

Peter Föller: Wir sind durch Österreich, die Schweiz und Deutschland getourt. In England waren wir mit Blue Öyster Cult zusammen auf Tour, in Spanien, und in Frankreich waren wir auch. Da haben wir als Support von Johnny Winter gespielt. In den Ländern ist ja auch richtig viel verkauft worden von der »Hoodoo Man«-LP. »Gamma Ray« war, glaube ich, sogar mal Nummer 1 in Spanien. Da hat uns dann die Plattenfirma hingeschickt. Die haben gesagt, die Platte ist da in den Charts, wir machen jetzt eine Spanien-Tour. Der Product-Manager hat sich da drum gekümmert. Die haben dann eine spanische Agentur gefunden, die das organisiert hat.

Ulli Meissner: Auch die Stadtteilfeste waren noch relativ neu damals, in Hannover hatte das in den frühen 70er Jahren schon angefangen, aber andere Städte kamen erst später darauf, und dort war das dann teilweise jämmerlich organisiert. Wir hatten einen Vertrag für zwei Tage auf dem Stadtfest in Essen, da haben wir uns super drauf gefreut, wir wollten uns da gern präsentieren, denn ohne Gigs verkaufst du keine Platten. Dann hatten die da aber alles an einer Stromleitung hängen, die Bühne mit dem Licht, die Pommes- und Bratwurstbuden, und sobald wir auch nur einen Verstärker auf der Bühne angemacht haben, ging sofort alles aus. Da hat sich die Stadt Essen aber keinen großen Kopf drum gemacht: Na ja gut, geht eben nicht, das kriegen wir bis morgen nicht hin, ihr kriegt eure Gage für beide Tage überwiesen und tschüss. Das war natürlich frustrierend. Oder der Auftritt im Jugendzentrum Köln-Porz. Porz ist so eine Satellitenstadt, und da haben sie auch gleich ein nagelneues Jugendzentrum reingesetzt. Die städtischen Jugendzentren hatten aber damals und haben auch noch heute die Eigenschaft, dass die Jugendlichen da eigentlich nicht hingehen. Wir kommen da also rein, es gab eine vierstellige Gage, es war schon alles komplett aufgebaut, Lichtanlage, Tonanlage, Backline, das stand da schon alles, komplett spielfertig, und dann kommt der Typ vom Jugendzentrum und meint: Bei uns kommen sowieso nicht mehr als 25 Leute, über den Abend verteilt, von daher ist es mir egal, was ihr macht. Das Geld kriegt ihr sowieso, ihr könnt selbst entscheiden, ob ihr spielt oder wieder abbaut, das ist mir egal. Oder man ist zu einem Gig sonst wohin gefahren, und den Club gab es nicht mehr, weil der Veranstalter im Knast saß. Und drei Tage später spielst du auf der Freilichtbühne Kiel vor 5000 Leuten. Das sind Riesengegensätze, die du da erlebst. Das haben alle durchgemacht, durch die Mühle sind auch die Scorpions jahrelang gegangen.

GÜNTER EHNERT: Der Pferdefuß des deutschen Rock-Alltags liegt eindeutig beim Management. »Es gibt bei uns nur Zufalls- oder Hobby-Manager«, so der Musiker Peter Herbolzheimer, »die weder den Elan amerikanischer oder englischer Manager haben, noch deren Wissen und Können«. In der Tat: Nur eine

Handvoll der hiesigen »Manager« bekommt die finanztechnischen Probleme in den Griff, kann mit Schallplattenfirmen gute Verträge aushandeln und kennt die Gepflogenheiten der Öffentlichkeitsarbeit. Die meisten sind weder interessiert noch fähig, einen Musiker oder eine Band langfristig aufzubauen. Wenn es trotzdem Gruppen zu internationalem Ansehen und erheblichen Verkaufszahlen gebracht haben, dann spricht das für die deutschen Rockmusiker.

Peter Föller: Bei uns waren es meistens Tourneen. Und dann gab es auch, das ist heute unvorstellbar, Deutschrockfestivals in mittelgroßen Hallen über ganz Deutschland verteilt. Das waren immer die gleichen Bands. Die haben aber zweimal am Tag gespielt. Im Wechsel. Da hast du als dritte Band, sagen wir mal, in Frankfurt gespielt und dann als vorletzte in Bad Mergentheim. An einem Tag. Da war natürlich eine PA vor Ort, da musstest du das nicht selbst machen. Es gab interessanterweise damals ganz viele Festivals. Ein ganz großes fand in der Festhalle in Frankfurt statt, das war auch schon 1973 und sogar von Lippmann + Rau veranstaltet. Da kamen 9-10.000 Leute. Es gab dann einen längeren Bericht über die Jugend von damals im Hessischen Fernsehen, wo allein zehn Minuten »Gamma Ray« gespielt wurde. Live! Lippmann + Rau waren etwas unglücklich über die Abfolge der Bands. Ich will da jetzt niemanden schmälern, aber wir haben als zweite oder dritte Band gespielt, und dann kam »Gamma Ray«, und die wollten uns nicht von der Bühne lassen, haben applaudiert und es war richtig laut. Aber wir mussten aufhören, wir hatten eh schon überzogen, danach hat die Firma Lippmann + Rau nie wieder was mit uns gemacht, denn beim Festival überziehen, das geht nicht. Und danach kam Klaus Doldinger, nur den wollte keiner hören. Das war ganz schlimm, das hat mir richtig leidgetan. Das ging halt nicht. Wenn du vorher schon in der etwas heftigeren Ecke drin bist, dann kann man so was schlecht bringen. Wenn wir mit Jane oder Kathargo gespielt haben, war alles gut, aber das war zu krass.

ULI JON ROTH: Eine Zeit lang waren wir eher unmodern, weil wir keinen Krautrock machten, weil wir rein englisch-amerikanisch beeinflusst waren. Das war eine Weile nicht besonders

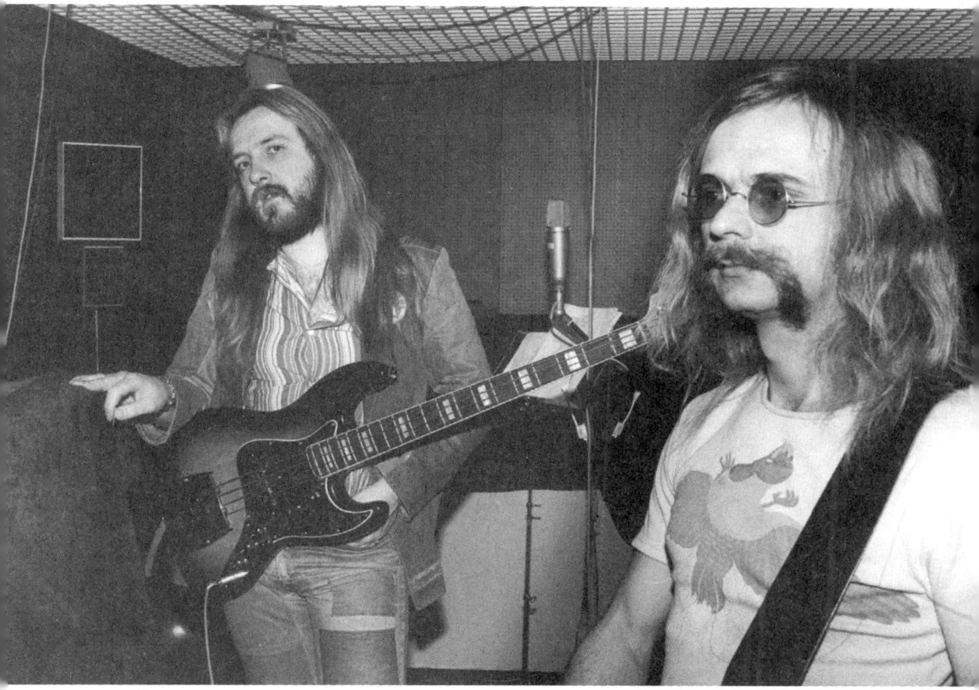

Birth Control

angesagt. Wir haben uns aber sehr schnell nach vorne gespielt. Das fing schon an mit »Fly To The Rainbow«, danach haben wir weit über 100 Konzerte gegeben im Jahr. Das macht natürlich was aus, wenn du immer präsent bist. Wir haben auch viele Festivals gespielt. Wir wurden dann immer besser als Liveband und bekamen immer mehr Zulauf. Ab »In Trance« schwappte das auch rüber ins Ausland, das ging gleich ziemlich intensiv los. Unsere ersten Erfolge feierten wir in Belgien, weil da eine Zeitung sehr positiv über uns schrieb. Wir spielten da überall vor vollem Haus, in Luxemburg ganz genauso. Und dann gingen wir 1975 nach Frankreich und schließlich auch nach England. Die erste Tour lief da schon gleich sehr gut, wir haben den Marquee Club in London auf Anhieb vollgemacht. Die Resonanz war sehr gut, und die Venues wurden immer größer. Es lag an der Musik. Wir haben irgendwas gemacht, das den Zeitgeist getroffen hat, obwohl uns das gar nicht so bewusst war. Wir haben einfach nur das gemacht, was sich für uns richtig anfühlte.

PETER HESSLEIN: Wir hatten ja nie diesen durchschlagenden Erfolg, dass es sich irgendwie rentiert hätte. Die anderen Bands waren viel professioneller, Deep Purple, Led Zeppelin, alle. In England war das Business, was Agenturen und Management betrifft, viel weiter. Das gab es hier nicht. Wir wussten nicht, an wen wir uns wenden sollten, der so etwas hätte organisieren können. Und die Leute von der Plattenfirma, das waren alles alte Herren, ganz nett, aber da hatten die doch gar keine Aktien drin. Es gab ein paar Agenturen, aber die haben im Höchstfall noch Les Humphries gemacht oder Schlager und sonst nur Klassik. Rockgruppen kamen bei denen nicht vor. Deutschland war wirklich ganz weit hinterher. Auch was Radio und

Fernsehen betrifft. »Beat-Club« war ja eigentlich die einzige Rocksendung in Deutschland, aber immerhin live, da sind wir aufgetreten. Aber damit war es dann ja auch bald vorbei. Dann kam jahrelang nichts, dann »Rockpalast« und gegen Ende der Siebziger »Rockpop«.

Uli Jon Roth: Deutschland war schon beschränkend. Wenn wir in England gewesen wären, hätten wir viel schneller und viel größeren Erfolg gehabt. Es war ja fast unmöglich für deutsche Bands, international wahrgenommen zu werden. Dass die Scorpions es überhaupt geschafft haben, ist ein Wunder. In ganz Kontinentaleuropa gab es keine einzige Band, die das geschafft hat, es gab keine in Frankreich, Italien, alle Bands kamen aus England. Später war das möglich, etwa mit Europe aus Schweden, mit Yngwie Malmsteen, aber das war alles schon eine Generation nach uns. Das waren die 80er. Insofern war Deutschland schon eine Behinderung.

Peter Föller: Mit Triumvirat waren wir gut befreundet. Das war ein Trio im Stil vom Emerson, Lake and Palmer. Die sind früh, 75 oder 76 schon, in die Staaten gegangen. Unser alter Roadie ist mit denen mitgegangen. Und die waren ziemlich lange drüben. Hätten wir auch gerne gemacht, aber außer über unsere Plattenfirma hatten wir keine Kontakte. War ja auch nicht deren Aufgabe, England haben sie aber gemacht damals, und Spanien.

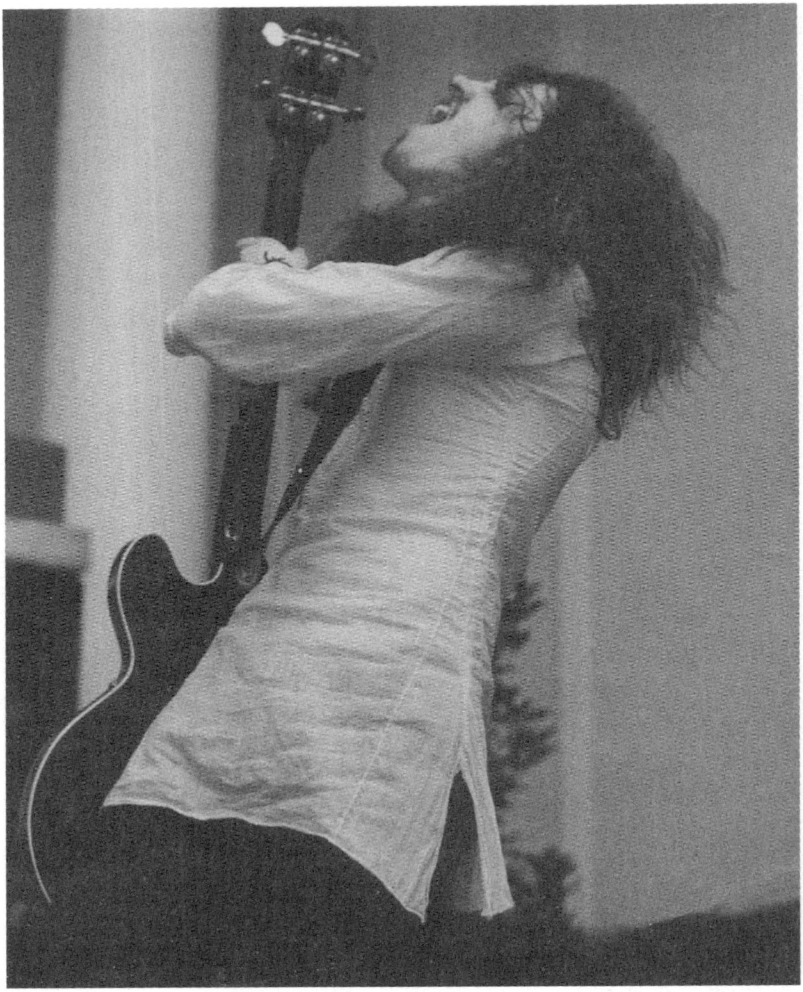

Günther V. Radny (Black Mass)

Da gab es gute Verbindungen zwischen den Bands

JUTTA WEINHOLD: Wir haben immer im Logo gespielt mit der Jutta Weinhold Band, und Udo kam da hin und wollte bei der Zugabe mitspielen. Na klar, habe ich gesagt, mach das. Der war da einfach nur ein Musiker wie wir anderen. Und dann ging er auf Tour und fragte mich: Sag mal, hast du keine Lust, ein bisschen mitzujodeln? Kiel, Bremen, all die Städte im Norden, wo man kein Hotel braucht, da könntest du doch mitmachen. Damals wurde noch gerechnet. Na ja, und ich bin da voller Elan auf die Bühne gestürmt, Babyyyy, und das ist super angekommen. Und irgendwann hat Hans-Werner Funke, ein großer Konzertveranstalter aus Hamburg, gemeint: Mensch, Jutta, mach doch die ganze Tour mit. Klar, ich bin dabei. Und da ging es dann richtig los, das waren die Jahre 75 bis 78, die Hallen wurden immer größer, Udo hat immer mehr Leute gezogen. Das war Sex and Drugs and Rock'n'Roll.

PETER FÖLLER: Die Tour mit Blue Öyster Cult 1975 lief über die CBS. Die waren ja auch bei der CBS, heute Sony, und da hieß es, die machen vier Jobs in England, und zwar in Manchester, Newcastle, Liverpool und London und dann natürlich in den angesagten Hallen. Auf jeden Fall im Hammersmith Odeon in London am Schluss, in der Free Trade Hall in Manchester und, ich weiß nicht, wie die alle hießen, in der City Hall in Newcastle. Also in den Hallen, wo die großen Bands spielen. Es war eine Promotion-Tour. Das hat die CBS auch alles bezahlt. Ich kann gar nicht sagen, ob wir da eine Gage gekriegt haben, aber die hatten das alles organisiert. Blue Öyster Cult waren erst etwas unnahbar. Wir durften beim ersten Gig nur das vordere Lichtrig benutzen. Die Seitenrigs nicht und hinten

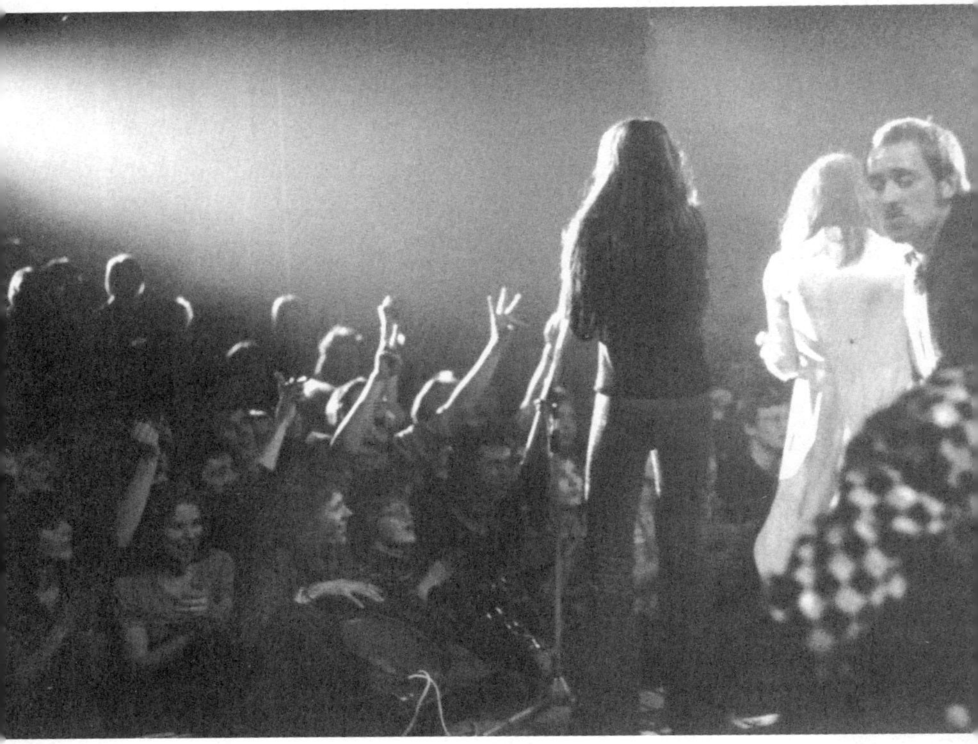

Jutta Weinhold auf Tour mit Udo Lindenberg

auch nicht. Und die PA mit Lautstärkebegrenzung. Schließlich haben wir uns aber hochgearbeitet. Es wurde mit jedem Gig besser. Ich glaube, es war in Manchester, beim zweiten Gig, da gab es einen Brand im Stockwerk über der Bühne, und da hat sich irgendein Roadie von denen verletzt, und einer von unseren Roadies hat den da irgendwie rausgeholt. Danach durften wir alles benutzen, und beim Abschlusskonzert im Hammersmith haben wir bei der Zugabe auch bei denen mitgesungen, »(Don't Fear) The Reaper« oder einen anderen Hit. Anschließend sind wir alle abgeholt worden von Rolls-Royce-Limousinen, aber nicht die ganze Band in einer, wir hatten allein zwei, und wurden dann in so ein schickes chinesisches Restaurant gefahren. Da waren wir ganz für uns mit Blue Öyster Cult, da haben wir dann noch einen schönen Abschluss gemacht. Zeus B. Held hat Klavier gespielt. Das war das erste Mal, dass ich in England war. Ich bin immer ganz stolz, dass ich im Hammersmith Odeon gespielt hab. Wenn man schon mal in England spielt, dann im Hammersmith, das ist der Klassiker. Wir sind da recht wohlwollend aufgenommen worden. Ich glaube, sogar einige Engländer kannten zumindest »Gamma Ray«. Ich kann mich nicht mehr an das Repertoire von Blue Öyster Cult erinnern, aber ich glaube, das war letzten Endes gar nicht so ein Riesenunterschied zu dem, was wir damals gespielt haben. Da gab es »Plastic People« noch gar nicht. Das Programm war im Prinzip das, was auf dem Live-Album drauf ist. Das ist ja schon hart, das hat gut gepasst.

Günther V. Radny: Wir haben viel gespielt damals. Wir hatten mal ein Jahr mit 180 Gigs. Das ging damals alles noch, wir waren wie in einer Blase, würde man heute sagen. Wir sind in unseren Lastwagen rein und haben dann bei befreundeten Bands geschlafen, wir haben nie in Pensionen oder so übernachtet. Es gab ein gutes Netzwerk unter Musikern. Anfangs haben wir viel mit Amon Düül gespielt, mit Fargo, Epitaph, Lucifer's Friend, Wolf Hofmann von Accept kannte ich schon, da war er noch bei der Band Baal aus Wuppertal. Der hat auch mal bei mir im Haus geschlafen. Da gab es gute Verbindungen zwischen den Bands, die teilweise bis heute gehalten haben. Mit Fargopeter telefoniere ich heute noch regelmäßig.

Fargopeter Knorn: Bei einem gemeinsamen Festivalauftritt von Black Mass und Fargo in den frühen 1970ern lernte ich Günther kennen. Ein liebenswerter Kauz, der damals schon so alt aussah wie die Antiquitäten, die er heute noch in Regensburg verhökert. Allerdings spielte seine Band einen geilen Rock im Stil von Black Sabbath und war Fargo in jeder Beziehung um Längen voraus. Das zeigte allein schon ihr Bühnen-Outfit, das ausnahmslos aus schwarzen Klamotten mit jeder Menge Nieten, Schnallen und merkwürdigen Gebilden bestand – während unser Bassist im ordentlich gebügelten Oberhemd auf die Bühne ging (immerhin war es kariert; seine Oma, bei der er lebte, fand das angemessen rebellisch).

Peter Föller: Mit Johnny Winter und seiner Band war das ganz anders im Palais des Sports in Paris. Die waren total nett. Das hat eigentlich weniger zusammengepasst als Blue Öyster Cult, war aber gut, muss ich sagen, und die Jungs waren auch klasse. Da war der Edgar Winter dabei, der kam dann zu uns

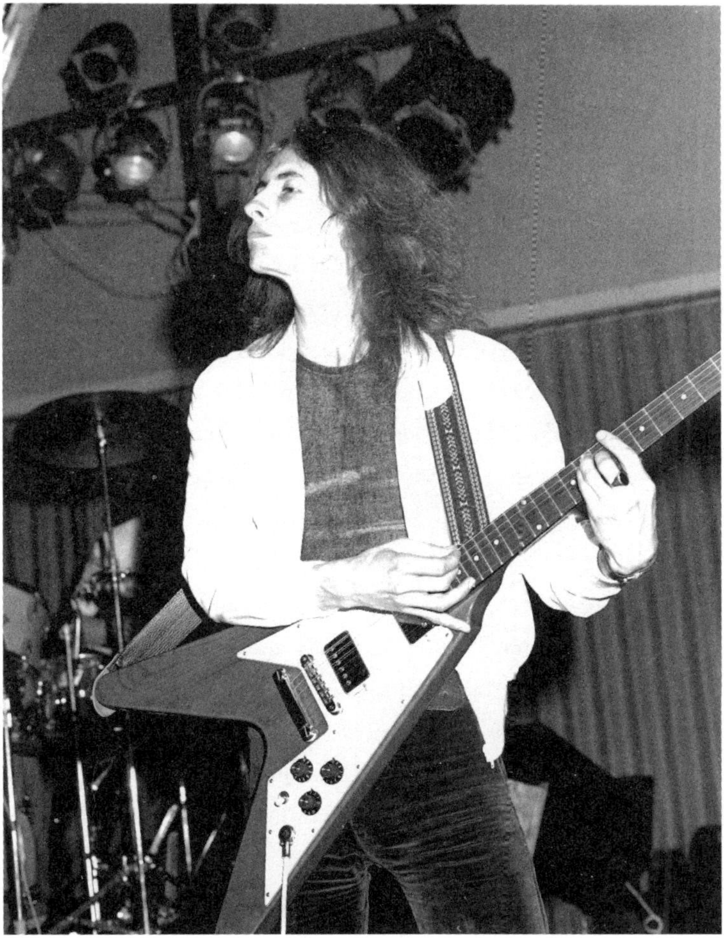

Peter Ladwig, Fargo

in die Garderobe. Die hatten natürlich eine Riesengarderobe, wir hatten auch eine große Garderobe, für uns war das schon gigantisch. Jedenfalls sollten wir rüberkommen, die hatten so viel Catering, das konnten die gar nicht alles essen und trinken. Also haben wir mit denen in ihrer Garderobe gesessen und sind über das Catering hergefallen.

Günther V. Radny: Wir haben alles selber gemacht. Ich habe selber ein Festival veranstaltet in Rötz im Bayerischen Wald. Die Bands, die bei uns gespielt haben, mussten sich verpflichten, auch für uns Gigs zu besorgen. Und so haben wir dann überall gespielt. Das war aber auch für die richtig okay, bei uns auf dem Rötz-Festival waren immer viele Leute. Ich habe die alle dagehabt, Jane, Eloy, Scorpions, die ganze Hannover-Szene.

Fargopeter Knorn: Etwas später traf ich Günther und seine Band auf einem Festival in Rösrath bei Köln wieder. Die Gruppe hatte ihren Namen in Mass verkürzt, ihre Patronen- und Nietengurte verlängert und bereits eine LP auf dem Markt. Fargo dagegen immer noch nicht. Deshalb war Günther auch der Meinung, dass Mass der Headliner sein müsste, da Fargo eben noch kein Album, sondern lediglich meine große Klappe vorzuweisen hätten. Natürlich hatte er mit beidem recht. Das half ihm aber nicht, denn die Lichtanlage des Festivals gehörte mir. Und im Halbdunkel der Sterne wollten Mass nicht auftreten. Also willigte er ein, dass Fargo den Headliner machten. Zuvor musste ich ihm jedoch in die Hand versprechen, dass seine Band auch wirklich die gesamte Lichtanlage benutzen dürfe und nicht nur Teile davon. »Aber selbstverständlich«, gelobte ich, »ihr könnt alle vier Scheinwerfer benutzen. Versprochen!« Mehr besaß ich tatsächlich nicht, die komplette Lichtanlage bestand nur aus vier Spots.

ULI JON ROTH: Ab 1974 gab es schon richtige Tourneen, die dann fast einen Monat lang gingen. Wir waren auch mal Support, seltener, aber das kam vor. Bei Sweet, 1975, in Skandinavien und Deutschland. Das ist sehr gut für uns gelaufen. Dann 1976 KISS. Paul Stanley hatte »In Trance« gehört und gesagt, die Band möchte ich im Vorprogramm haben in Deutschland. Und so ist es dann auch geschehen. Das war die erste Tour von KISS hier, die spielten in 2000er-Hallen, Circus Krone, Stadthalle Offenbach, solche Places. Die waren schon voll, aber wir wussten nicht, wer KISS ist. Man sah dieses doppelte S-Zeichen, das ein bisschen nach SS aussah, und dann sah man den Bassisten auf der Bühne Blut spucken. Ich konnte mit der Musik nichts anfangen, das war mir alles zu teenyboppermäßig, das war einfach eine Unterhaltungsshow, aber der Erfolg hat der Band ja recht gegeben. Wir hatten nichts mit der Band zu tun, die waren bemüht, sich nie ohne ihre Masken zu zeigen, die waren immer in ihren Garderoben mit den Masken zugange. Einmal, bei der ersten Show, da hatte ich noch gar keine Ahnung, wer KISS ist, da stand ich im Aufzug, ich hatte so Mokassins an, und neben mir stand Gene Simmons in seiner vollen Montur, mit diesen Riesenplateauschuhen. Ich dachte mir: Was ist das denn? Das war mein erster Eindruck.

PETER FÖLLER: Spanien war eine ganz witzige Geschichte, die auch ein bisschen für unsere Einstellung steht. Wir hatten einen Vertrag, das war 1975, da stand einfach nur drin, dass die Band Birth Control in der Zeit von bis, das waren fast vier Monate, 45 Auftritte in Spanien macht. Für jeden Auftritt gibt es 2200 DM plus Unterkunft und Essen/Trinken. Und die Auftritte dürfen nicht mehr als 300 Kilometer auseinanderliegen. Das war alles. Mehr wussten wir nicht. Und da kam es, wie es kommen musste, von der CBS erreichte uns die Nachricht, der Tourmanager Pedro Cabalero erwartet euch in Barcelona am Hafen am soundsovielten und anschließend spielt ihr dann acht Tage auf Mallorca. Wir sind also von zu Hause los, und als wir in Barcelona ankamen, meinte Pedro Cabalero: Die Fähre nach Mallorca ist überbucht, wir kommen da nicht hin, also spielen wir da auch nicht. Wir sollten weiter nach Madrid fahren. Der nächste Job war acht Tage später in Madrid im Jota-Jota, so hieß der Laden. Da saßen wir dann in einem Hotel in Madrid und hatten kein Geld, weil ja die Jobs auf Mallorca ausfielen. Die Kippen wurden immer weniger. Wir konnten nicht essen gehen. Die Plattenfirma hat uns dann Interviewtermine besorgt, damit die uns zum Essen einladen konnten. Ich fand das nicht so schlimm, aber Nossi konnte damit gar nicht umgehen.

Uli Jon Roth: Sweet hatten schon ein größeres Publikum, die waren damals sehr erfolgreich als Teenyband und hatten viele Hits. Wir haben mit denen in Skandinavien gespielt, an Kopenhagen erinnere ich mich noch genau, das war in einer großen Halle. Das Licht ging aus, wir gehen auf die Bühne, und plötzlich kreischt die ganze Halle, das war wie bei den Beatles. Das waren alles junge Mädchen, die Sweet sehen wollten. Und als dann das Licht anging und wir anfingen, war erst mal Funkstille. Aber okay, wir haben uns da wacker geschlagen. In Oldenburg allerdings hat unser Bassist Francis es nicht geschafft, rechtzeitig zum Gig zu kommen. Und dann haben wir tatsächlich mit dem Roadie von Sweet, der spielte Bass, so ein bisschen improvisiert. Mehr schlecht als recht mit verschiedenen Jams von »Johnny B. Goode« bis »Red House«. Zum Glück existiert davon keine Aufnahme. Rudolf war total abgetörnt, weil ein wichtiger Veranstalter an dem Abend da war, er saß hinterher weinend in der Ecke, ihn hat das sehr mitgenommen.

Günther V. Radny: Wenn wir wussten, wir spielen am Samstag in Bargteheide oben im Norden, dann haben wir natürlich versucht, am Freitag irgendwo auf dem halben Weg zu spielen und am Sonntag wieder irgendwo auf dem halben Weg. Wir haben unter der Woche auch öfter in Schulaulen gespielt, wir haben schon versucht, Auftritte in eine Reihenfolge zu legen, aber was es nicht gab, war eine Tour über 14 Tage. Das gab es erst später, als wir mit größeren Bands unterwegs waren. Wir haben unsere Platten nur verkauft, weil wir so viel gespielt haben. Wir wollten das aber auch. Ich lese das jetzt öfter, der eine mag nicht mehr reisen, der andere mag das nicht. Ein Grund für uns Musik zu machen, war, unterwegs zu sein.

Peter Föller: Die Gage gab es abends direkt nach den Auftritten. Wir hatten oft mehrere Auftritte hintereinander im gleichen Laden, meistens in großen Diskotheken, die auch immer mal wieder Live-Musik gemacht haben. In San Sebastian, Murcia, Alicante. Es ist immer was passiert. Wir hatten eine 24-kW-Lichtanlage, mit Drehstrom – es gab dort aber nirgendwo Drehstrom. In Lloret oder irgendwo ist dann Pedro mit Klemmen aufs Dach geklettert und hat dort irgendwie Strom geholt, von irgend so einer Kiste. Abenteuerlich. Dann gab es einen Wolkenbruch. Wenn du ans Mikro gekommen bist, hat es gezischt. Wir haben dann unseren damaligen deutschen Manager mit einem Beil ans Hauptkabel gestellt, damit der zuschlagen kann, wenn etwas passiert. Es hat dann nicht mehr geregnet, aber die ganze Bühne hat unter Wasser gestanden. Der Laden war trotzdem voll.

Frank Schäfer: Bruno Frenzel ist dann ja auch später an den Folgen eines Stromschlags gestorben.

Peter Föller: Das Unglück passierte in Basel im Volksbildungsheim, sogar an einer offiziellen Spielstätte der Stadt. Ob das nun an einer Fehlverdrahtung von uns lag, an einer Massegeschichte vom Amp, das weiß ich nicht. Und das hat auch erst aufgehört, als sie die Hauptsicherung gefunden hatten. Der Bruno hing fest an seinem Mikrofonstativ, Ossi auch, der wollte ihm helfen. Die sind vorsorglich ins Krankenhaus gefahren, kamen dann aber ein oder zwei Stunden später wieder zurück. Es sei alles okay.

Stefan Josefus: Die Phonogram hat später noch mal eine Single mit uns gemacht, »Au Weia, Mensch Meier«, das habe ich aber nicht geschrieben, das war Frank Dostal. Unser Labelmanager hat auch Status Quo gemacht, und bei denen ist eine Vorgruppe ausgefallen, da haben die uns mit reingepackt in die Tournee 1976, das waren sieben oder acht Gigs. In der Grugahalle in Essen hat es etwa 20 Minuten gedauert, bis die Leute aufgehört haben, »Bock auf Rock« zu singen, sodass Quo endlich auftreten konnten. Wenn diese Resonanz da ist beim Publikum und bei den Veranstaltern, dann kann man durchhalten, obwohl wir uns anfänglich mit den Platten eher schwergetan haben. Wir haben Jahre später mal in der Grugahalle gespielt, und da sind Quo gerade beim Soundcheck, und Francis Rossi sieht mich und ruft gleich rüber: Hey, wie geht's euch? Und fragte nach unserem Opel-Blitz-Leichenwagen. Die haben das damals schon registriert.

Uli Jon Roth: Rudolf und Francis haben sich von KISS einiges abgeguckt. Ich nicht so. Die wippten dann auch auf der Bühne hin und her. Und Rudolf fing an, seine Flying V so propellermäßig herumzuschleudern. Das kam von Paul Stanley. Das war nicht so mein Ding. Ich habe uns nie als Unterhaltungstruppe gesehen, obwohl wir es natürlich waren in gewisser Weise, aber ich hab es nie so gesehen. Ich war ziemlich naiv. Mich hat immer mehr das Musikalische interessiert. Später habe ich dann begriffen, wie das Business funktioniert, wie alles zusammenhängt. Zur Zeit von Electric Sun und danach, als ich selber Bandleader war. Bei den Scorpions gab es eine klare Aufgabenteilung, ich habe mich um die Organisation nie kümmern müssen, und auf der Bühne war es einfach. Klaus hat die Ansagen gemacht, und ich habe Gitarre gespielt, und wenn ich ein Solo hatte, bin ich kurz nach vorne gegangen zu meinem Wah-Wah-Pedal. Es war stressfrei, ich hatte nicht so viel bandtechnische Verantwortung. Mit Electric Sun hat sich das alles geändert, auf einmal war ich für alles verantwortlich, da musste ich bestimmte Dinge lernen, die an mir vorher völlig vorbeigegangen waren.

Peter Föller: Gleich gegenüber im Bergischen Land war Conny Planks Studio, da haben ja ganz viele deutsche Bands aufgenommen. Wenn Kraan da bei ihm drin war, hat der Helmut Hattler meistens bei uns gepennt im Haus. Das war so drei Kilometer weg. Also das Verständnis untereinander war auch ganz schick. Wir haben uns ja alle unterschieden, das muss man sagen. Atlantis zum Beispiel haben Englisch gesungen wie wir, aber sie machten eine ganz andere Musik. Die waren so ein bisschen blueslastig mit Inga Rumpf. Dann gab es noch Epitaph, die mit zwei Gitarren, Bass, Schlagzeug gespielt haben. Nektar war wieder was anderes. Also wir waren schon ganz verschieden in unserer Art Musik zu machen. Da gab es nie Konkurrenz. Wir haben ziemlich früh Tourneen gemacht mit Atlantis zusammen. Also wirklich drei Wochen, fast jeden Tag, oder zwei Wochen, zehn Jobs, mit beiden Bands. Da haben wir uns gesagt, bevor es Krach gibt, macht ihr einmal die Vorband und einmal wir. Was heißt Vorband? Einmal ihr zuerst, einmal wir. Da haben wir jeden Tag gewechselt. Das war vollkommen normal.

Fargopeter Knorn: In anderen Städten hatten die Bands oftmals die gleichen Wurzeln, in Hannover war das nicht ganz so. Die Scorpions, Eloy und Jane waren zunächst drei komplett unabhängig voneinander existierende Gruppen. Und alle hatten gleich fette Verträge. Ich kannte alle drei Bands. Die waren uns wohlgesonnen und haben uns oft ins Vorprogramm geholt.

Manchmal war es auch eine Zweckheirat, da hat man sich einfach den LKW geteilt. Beispielsweise haben wir mal mit Jane im Hamburger Grünspan gespielt, oder der Bassist der Scorpions hat angerufen, um uns für einen Auftritt als Vorgruppe in Forchheim unten in Bayern zu buchen. Das ergab sich einfach so. Und irgendwann gab es auch Schnittstellen zwischen den einzelnen Bands. Matthias Jabs war ja zunächst bei Fargo, dann ging er zu Lady, Werner Nadolnys Band nach Jane, und schließlich landete er bei den Scorpions. Es gab in Hannover schon diverse Bands, die große Plattendeals hatten. Übrigens auch später, Viva, Thunderhead, Victory. Da kam schon so einiges zusammen. Auch Epitaph lebten eine Weile hier. Der Gitarrist Cliff Jackson war ein übrig gebliebener der britischen Besatzungsmacht, der hat Panzer repariert. Dazu gehörten der Schlagzeuger James McGillivray, der Bassist Bernd Kolbe und der andere Gitarrist Klaus Walz.

Uli Jon Roth: Da ich in der Zeit in Hannover gelebt hab, weiß ich auch nur über Hannover Bescheid. Aber es ist schon so, dass viele musikalische Entwicklungen hier begonnen haben. Mehr als in allen anderen deutschen Städten, möchte ich sagen, jedenfalls in der Rockmusik. Auch mehr als in Berlin und Hamburg. Warum das so ist, weiß ich nicht. Aber zu der Zeit, als ich anfing, 1968, war das schon eine blühende Szene. Da gab es viele Bands, Scene of Classic, Spicers Chin, The Almights mit Joey Albrecht. Mit The Movies hatte ich viel zu tun, als ich anfing. Es gab sehr viele gute Musiker. Und es gab sehr viele Spielmöglichkeiten. Etwa in den sogenannten Freizeitheimen, davon gab es einige in und um Hannover, die machten

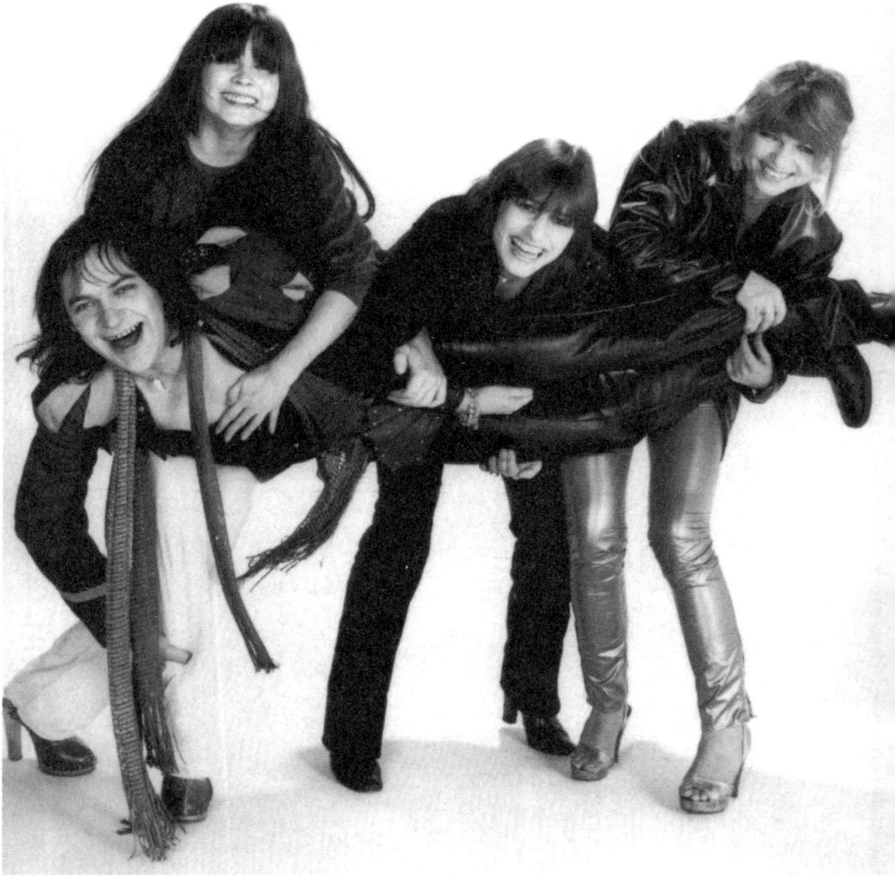

Udo Lindenberg mit Jutta Weinhold, Ulla Meinecke und Ingeburg Thomsen

Tanz- und Konzertabende, wo Bands spielen konnten. Das war ein ganz wichtiger Punkt, dass wir alle die Möglichkeit hatten, Bühnenerfahrung zu sammeln.

Jutta Weinhold: Die Hannover-Connection existiert schon lange. Ich habe oft im Leine Domicil gespielt. Ich habe damals mal eine Session gespielt mit Michael Schenker bis morgens um vier. Bei sechs Promille. Wir haben Blues gespielt und dann kam Michael auf die Bühne und hat mitgejammt. Ich war immer viel in Hannover, komischerweise, obwohl ich in Hamburg gewohnt habe. Es gab eine Rockszene da mit vielen guten Musikern. Man kannte sich dann auch bald. Ich habe bei Fargopeter gewohnt, wenn wir da geprobt haben. Er ist einfach ein Superkumpel und außerdem der Geburtshelfer von Zed Yago. Wenn du so einen Song hörst wie »Rocking For The Nation«, da ist er schon federführend gewesen. Das ist genau sein Ding.

Uli Jon Roth: Es gibt in der Geschichte immer wieder kreative Ballungszentren, in denen sich Dinge tun. Das passiert innerhalb von zwei, drei Jahren. Die Geschichte ist voll davon. Frag mich nicht, warum das so ist. Es ist einfach so. Anscheinend waren in Hannover die Konstellationen günstig, da haben sich einige Dinge gegenseitig angezogen. Das sind so Energieverläufe. Mein Bruder Zeno und Matthias Jabs waren befreundet, die sind zusammen zur Schule gegangen und haben öfter zusammen gespielt. Ich habe nie mit Matthias gespielt, ich war auch auf einer anderen Schule, aber ich kannte ihn natürlich. Michael Schenker kannte ich schon sehr früh, als er 12 war oder so. Wir haben ab und an ein bisschen was zusammen gemacht, aber nicht viel. Jeder hatte sein Ding, aber es war schon eine gegenseitige Beeinflussung da. Man hat sich beobachtet. Wenn ich heute in Hannover spiele, dann stehen die gleichen Leute von der Mucker-Polizei in der ersten Reihe, die da auch schon 1971 gestanden haben.

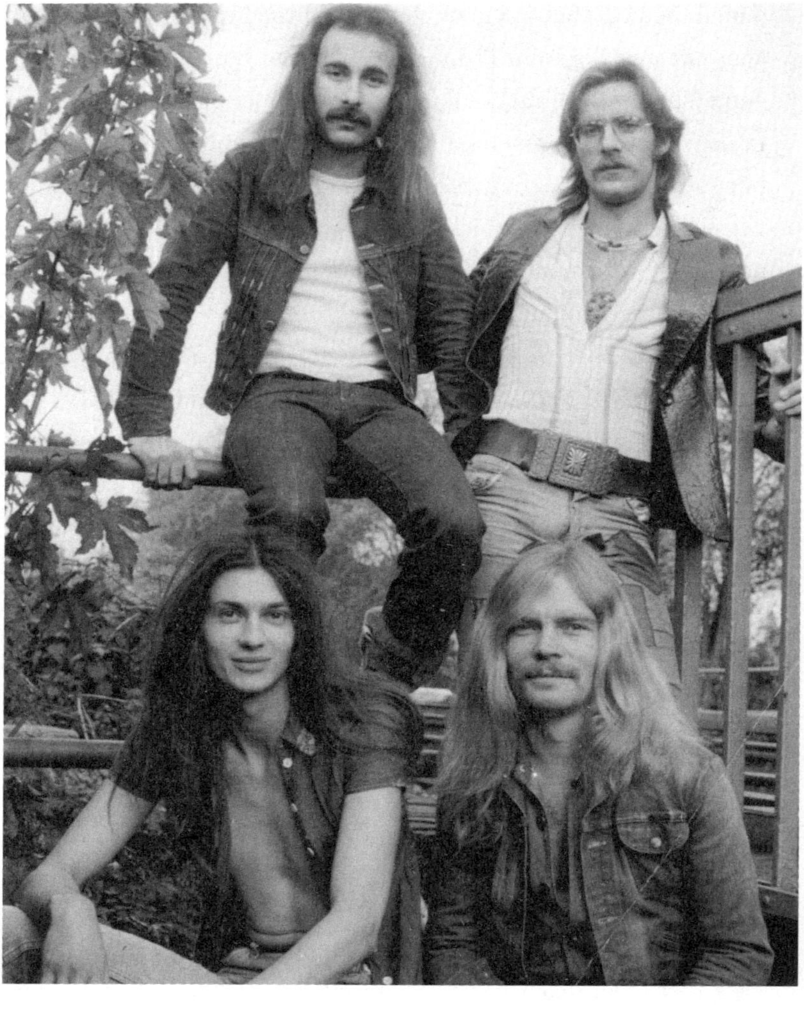

Bastard

Leben konnten wir davon nicht

Ulli Meissner: Die Vorgängerband hieß Petticoat Rock'n'Roll Show, aber der Name war ziemlich irreführend, der klingt ja nach 50er-Jahre-Rock'n'Roll, aber das wars nicht, die haben Losgeh-Rock gemacht und waren auch ab 1974 in ganz Deutschland unterwegs. Die Band hatte sich dann mehr oder weniger aufgelöst, es blieben zwei Leute übrig, die im Grunde Bastard auf die Beine gestellt haben. Das war der Gitarrist Günther Gruschkuhn und der Trommler Thomas Korn, die waren so ziemlich auf einer Wellenlänge, deren Vorbilder waren Bad Company und Free. Und die hatten die Idee, alles noch ein bisschen härter zu machen, also ihren Vorbildern gemäß. Später kam der AC/DC-Einfluss noch dazu, dafür war auch Günther Gruschkuhn verantwortlich. Der war auf Gran Canaria gewesen im Urlaub, und da hat der zum ersten Mal AC/DC gehört, weil die das in einer Kneipe gespielt haben, das muss so 1977 gewesen sein. Da ist der gleich elektrisch geworden, das war sein Ding. Dann kam Bassist und Sänger Kalle Rothert dazu, der wirklich eine geile Rockstimme hatte, der ist leider schon 2008 verstorben. Ich wurde später gefragt, ob ich die Leadgitarre spielen würde. Ich kannte Gruschkuhn schon viele Jahre, wir haben gemeinsam unsere ersten musikalischen Schritte gemacht. Ich war nur zwei-, dreimal im Übungsraum, die Stücke waren im Grunde fertig, und ich habe noch ein paar Gitarrensachen draufgespielt für ein Demo. Das Demo haben sie dann rumgeschickt, und die Teldec hat tatsächlich zugeschlagen.

Stefan Josefus: Es wurde irgendwann mal geschrieben, dass Peter Orloff unser Produzent sei. Seitdem verfolgt mich das. Das ist wie gegen Windmühlen zu kämpfen. Ich habe mit Peter Orloff insofern zu tun, als die LP »Bock auf Rock« bei der EMI herausgekommen ist, aber auf einem Unterlabel von Orloff. Bis dato kannte ich den Menschen gar nicht, weil ich mit Schlager damals überhaupt nichts zu tun hatte. Das war folgendermaßen: Die erste LP »Sensemann« ist bei Phonogram, die zweite, »Rock in Deutsch«, ist bei Polydor rausgekommen. Die sind beide nicht riesig gelaufen, sodass die beiden Labels nicht verlängert haben. Unser Vater war Arbeiter, und die Mutter von Mick Hannes war alleinerziehend, hatte auch keine Asche. Also bin ich rumgelaufen und hab mir Geld zusammengebettelt. Davon haben wir ein Demo gemacht beim Conny Plank, der ja damals ein ganz angesagter Mann war. Wenn schon, denn schon. Und das war »Bock auf Rock«. Das habe ich zur EMI geschickt nach Köln, die haben mich auch eingeladen. Und dann sagte der Manfred Zumkeller, der damals Chef war: Ja, das hört sich ganz gut an. Er hat dann jemanden reingeholt, der für die Rockmusik zuständig war, und der sagte: Okay, ich muss die Band aber auch mal live sehen. Das war früher ganz anders als heute, es gab ja keine Videos usw. Ich sage: Das trifft sich gut, denn in zwei Wochen spielen wir auf einem großen Festival, das war in Scheeßel. Wir sind dann so verblieben, dass der Heinz-Gerd Lütticke nach Scheeßel kommt, um die Band live zu sehen. Wir sollten am Sonntag spielen, und wir hatten am Samstag einen Auftritt in Pforzheim oder was, sind jedenfalls die ganze Nacht durchgefahren und kommen da am Sonntagmorgen in Scheeßel an. Damals gab es ja auch noch keine Navis, und dann habe ich den ersten angehalten, der da rumlief, und gefragt: Wo geht es denn hier zum Festival. Dann sagte der: Wie, watt, Festival, das ist abgebrannt. Wir also: Du, wir sind die ganze Nacht durchgefahren, total übermüdet, auf so einen Quatsch stehen wir gerade überhaupt nicht. Gut, fahr hin, meinte der, da lang, nach rechts, dann biste da. Wir kamen an, da fingen die Leute gerade an, die Biercontainer zu plündern und haben sich ihr Eintrittsgeld zurückgeholt. Also Scheeßel war im Eimer. Der EMI-Mann konnte uns somit nicht sehen und war deshalb knatschig. Ist natürlich völlig unprofessionell, konnten wir ja nichts dazu. Jedenfalls ist der Draht zur EMI dann zerrissen gewesen. Eine Woche später sitze ich in meiner Stammkneipe, da hockt jemand neben mir, wir trinken ein paar Bier und kommen ins Gespräch, und dem habe ich die Scheeßel-Story erzählt, weil das gerade eine Woche her war. Und da sagt der mir: Ja, gib mir doch noch mal das Demo-Band. Da stellte sich heraus, Witten ist wirklich nicht so groß, das war der Vertriebschef von EMI-Norddeutschland. So verrückt läuft das manchmal. Der hat das Band genommen und drei oder vier Wochen später hatten wir einen Vertrag mit der EMI. Allerdings ist das dann auf dem Unterlabel Aladin erschienen, und das gehörte Herrn Orloff. Der hatte im EMI-Vertrieb ein eigenes Label für Schlagermusik. Die haben da ein bisschen getrickst, um die Rockabteilung nicht vorzuführen. Die wussten, dass der Orloff ein bisschen auf Rockmusik stand, und haben also gesagt: Komm Orloff, mach du das auf deinem Label! Und als ich nach Köln gefahren bin, um den Plattenvertrag zu unterschreiben, da kommt der Orloff rein, wie gesagt, ich kannte den überhaupt nicht, auch seine Musik nicht. Der war einfach nur der Chef des Labels, der hat in keiner Weise Einfluss auf die Musik genommen, das muss man wirklich sagen. Ganz im

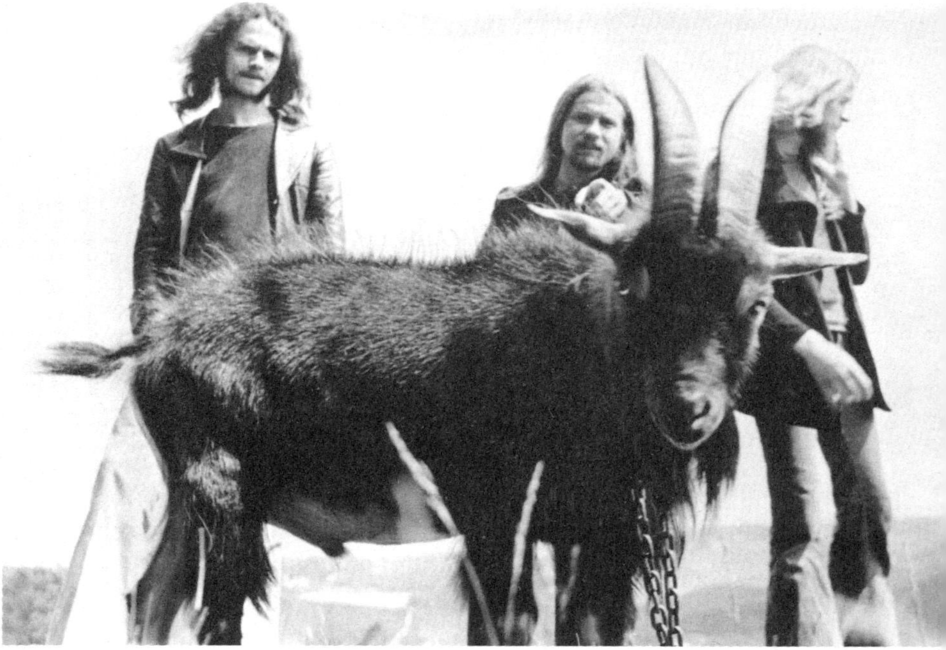

Franz K. haben Bock auf Rock

Gegenteil, ich hab von da an alle Platten selber produziert. Der Orloff fand das sogar ganz gut.

Ulli Meissner: Der A&R-Manager von Nova, einem Unterlabel der Teldec, war Uwe Tessnow. Eines seiner Anliegen war, klassische Rockmusik zu fördern. Der fand Bastard gut. Die Teldec hatte in dem Bereich auch nicht so viel damals. Die anderen Firmen hatten alle ihre Rocklabels, vor allem Metronome mit Brain, da war ja die halbe deutsche Rockszene vertreten, die Teldec hatte bis auf Lindenberg wenig zu bieten. Also Tessnow gefiel das, was wir machten, und er legte ein Budget fest: Hier habt ihr 3000 Mark, macht was draus. Unsere Jungs kannten den Lutz Meyer vom Werkstatt-Tonstudio in Wedesbüttel schon eine Weile, und die haben dann also einen Deal gemacht mit ihm: Wir haben hier soundsoviel Kohle und wollen bei dir eine Platte aufnehmen. Also wurde da innerhalb einer Woche Material für eine Platte eingespielt und abgemischt. Damals reichte es ja, wenn man zehn Stücke hatte, einiges ist im Studio auch erst so richtig fertiggeworden. Tessnow gefiel das gut: Machen wir! Wir unterschrieben einen Vertrag über drei LPs – das war damals so üblich im Genre –, es musste bloß noch mal neu abgemischt werden. Dafür hatte die Teldec ja ihr eigenes Studio in Hamburg, wo Udo Lindenberg auch aufgenommen hat, Les Humphries und so weiter. Dann wurden Profifotografen engagiert für Cover, Promofotos, Plakate, die ganze Maschinerie ist dann angelaufen.

Stefan Josefus: Unsere Gigs waren alles Einzelgigs. Das hat sich so rumgesprochen und deshalb hat das auch alles ein bisschen länger gedauert. Da habe ich mich drum gekümmert.

Ich habe getrommelt, ich habe die Texte geschrieben, produziert, und die Gigs habe ich auch noch besorgt. Ich hatte vier Jobs. Das heißt im Klartext, ich habe eigentlich nur Franz K. gemacht, kein Urlaub, keine Partys, kein gar nichts, aber es hat mir unheimlich Spaß gemacht. Der Mick Hannes hat auf seiner großen Deutschlandkarte Nadeln gesteckt mit bunten Köpfen drauf. Bei 2500 Konzerten hat er aufgehört, so eine Nachfrage war da, das war natürlich schon toll.

Ulli Meissner: Abgesehen von den wichtigen Konzerten mit AC/DC und Judas Priest, die uns der Musikverlag besorgt hat, oder ein paar Sachen, die von der Teldec kamen, haben wir eigentlich alles selbst gemacht. Die üblichen Clubgigs, ich würde mal sagen, 95 Prozent der Konzerte haben wir alleine bestritten. Es gab ja noch sehr viele Clubs damals. Wir hatten einen großen Karteikasten mit Veranstalteradressen, und dann haben wir Postkarten drucken lassen und die alle angeschrieben und gesagt: Wenn ihr Interesse habt, dann schicken wir euch dieses oder jenes Material zu. Und dann gab es natürlich auch Wiederholungsgigs. Wenn die Veranstalter einen geil fanden, hat man natürlich im nächsten Jahr da wieder gespielt. Festivals gab es auch noch nicht so viele, wir haben ein paarmal im Bayerischen Wald in Rötz gespielt, und dann waren mal ein paar Stadtfeste dazwischen oder so. Man spielte, wo man gefragt war, die Konditionen mussten halbwegs stimmen, aber der Rest war einem eigentlich egal.

Stefan Kaufmann: Konzerte liefen meistens am Wochenende. Da gab es schon mal fünf, sechs Gigs hintereinander, da hat man sich freigenommen. Das Schöne war, Udo und ich haben in der Firma von Udos Vater gearbeitet, natürlich Stahlverarbeitung in Solingen, was sonst, da konnten wir ohne Weiteres sagen, wir sind jetzt mal drei oder vier Tage weg. Das war schon mal easy. Peter und Wolf haben gemeinsam Ersatzdienst gemacht, aber ich glaube, das war etwas später. Jeder hat halt freigenommen für ein paar Tage, es waren eben auch keine richtigen Tourneen, wo man mehrere Wochen am Stück unterwegs war. In Holland haben wir fast jedes Mal Freitag, Samstag, Sonntag gespielt. Du bist rübergefahren, hast im Ford Transit gepennt, die drei Shows gemacht und bist wieder zurückgefahren. Viele Gigs waren einfach auch nah, das heißt, du konntest nach der Arbeit einfach da hinfahren.

Peter Föller: Die Spanien-Tour war interessanterweise in den letzten Monaten unter Franco. Das war alles ein bisschen anders mit der Guardia Civil und so, aber die Jugend war sehr relaxed. Mir ist gar nicht mehr aufgefallen, dass es hier eine Diktatur gab. Ich war mit den Jugendlichen eine Zeit lang unterwegs. Ich habe dort vier Tage in einer DJ-Kommune gelebt, die an der Küste entlang getourt ist. Das waren halt die Siebziger, dort wurde das andere Zeug geraucht und die haben sich über andere Langhaarige gefreut. Übrigens auch im Baskenland, wir haben dort ETA-Leute kennengelernt, die haben sich natürlich Musiker gesucht. Wir waren mit denen auf irgendwelchen Partys in Bilbao. Das war hier genauso mit der RAF. Wir hatten bei uns in Pohlhausen im Kölner Raum so eine Art Hausdurchsuchung. Es klopfte und dann standen 20 Leute mit Schutzschild und Helm vor der Tür, weil die RAF gern bei Leuten aus der

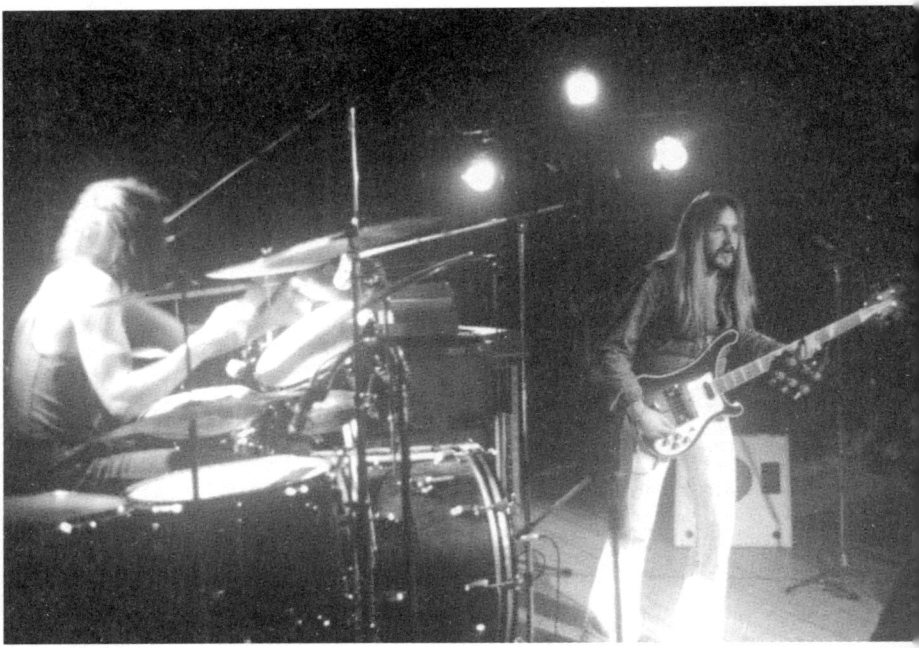

Birth Control

Gegenkultur Unterschlupf gesucht hat. Hatten wir aber nichts mit zu tun.

Uli Jon Roth: Ich war noch auf dem Gymnasium, ein Jahr vorm Abitur, und bin dann einfach abgegangen. Ich hab mir gesagt, ich brauche das nicht, denn wir waren so viel unterwegs und ich wusste, dass ich Musik machen wollte. Da haben sich natürlich viele an den Kopf gefasst, aber die Entscheidung habe ich nie bereut. Das war genau das Richtige, in diesem Moment alles in eine Waagschale zu werfen. Ab 1973 waren wir Profis. Das Geld war sehr knapp. Wir haben alle entweder bei unseren Eltern oder Freundinnen gewohnt. Außer Rudolf, der hatte eine Wohnung, wir anderen nicht. Das meiste Geld, das hereinkam, ging für die Unkosten drauf. Wir hatten eine kleine Roadcrew, die wir bezahlen mussten, einen LKW, eine Anlage. Und die Gagen waren anfänglich auch sehr niedrig. Ich weiß noch, dass wir in den ersten Jahren pro Abend nur 10 Mark ausgezahlt bekommen haben. Natürlich konnte man davon nicht leben. Allerdings bekam man schon ab »Fly To The Rainbow« Geld aufs Konto, über Tantiemen und Urheberrechte. Und da war ich überhaupt nicht drauf gefasst, ich hatte keine Ahnung von diesen Dingen, Geld fand ich immer vollkommen uninteressant. Das war keinerlei Motivationsfaktor. Man lebte so, wie man lebte. Ich hatte keine weiteren Bedürfnisse. Ich war sehr zufrieden mit allem. Später wurde dann unsere Gage auf 20 Mark erhöht. Immerhin schon eine hundertprozentige Steigerung. Es ging nicht ums Geld, sondern darum, etwas zu machen, das sich für uns richtig anfühlte. Und wir haben alle an einem Strang gezogen.

Ulli Meissner: Wir konnten vom Touren nicht leben, dafür waren die Nebenkosten einfach zu hoch. Wenn du als vierköpfige Band von der Musik leben wolltest, dann hättest du 100.000 Alben verkaufen müssen, jedes Jahr. Du hast ungefähr 1,40 Mark pro Album bekommen als Band, rechne das mal hoch, teil das durch vier und zieh die Unkosten ab. Nicht mal die Scorpions konnten in den ersten Jahren wirklich davon leben. Das ging bei denen erst durch die Decke nach der Japan-LP. Der Prophet im eigenen Lande gilt nichts. Das war bei deutschen Rockbands eher die Regel. Ich hatte damals eine Freundin, die studierte, und als die ihren Kommilitonen erzählte, dass sie mit einem Rockmusiker zusammen ist, waren die ganz entgeistert: Igitt, der macht Rockmusik.

Fargopeter Knorn: Leben konnten wir davon nicht. Ich habe bei meinen Eltern gewohnt und nebenher Lederhosen verkauft. Ich habe mir aus Berlin kleine Lederproben besorgt und bin dann zu verschiedenen Leuten aus der Szene gegangen, hab gesagt, wollt ihr eine Lederhose haben, hier habt ihr ein paar Ansichtsstücke, könnt ihr in jeder Größe haben. Das fanden die gut. Ich hatte drei Schneiderinnen, die natürlich nicht fest angestellt waren, die haben die Summe x gekriegt und ich habe die Hosen dann gegen Aufpreis verkauft. Eine von diesen Schneiderinnen hieß übrigens Barbara Schenker.

Uli Jon Roth: Die Einnahmen wurden höher, weil die Platten sich irgendwann gut verkauften. Und damals waren die Plattenverkäufe ja viel, viel höher als heutzutage. Mit »Virgin Killer« hatten wir in Japan schon eine Goldene Schallplatte. Auf dem

Konto sammelten sich vor allen Dingen Tantiemen. Die Gagen fürs Spielen gingen auch hoch, aber wir hatten dann auch mehr Leute zu bezahlen, weil unsere Präsentationen professioneller wurden, mehr Roadies, einen Stagemanager, was weiß ich. Die Hotels wurden besser. Insgesamt ging der Lebensstandard der Band nach oben, aber das Geld verdiente man über die Platten. Ich habe aber nie nachgehakt, was die Finanzen anging, das hat mich einfach überhaupt nicht interessiert. Das war ein Thema, das nicht existierte in meinem Kopf. Erst als ich meine eigene Band hatte, da musste ich lernen, wie so was funktioniert. Spaß gemacht hat es mir nie, das ist nicht mein Metier. Ich habe es immer am liebsten so, dass man aus dem Vollen schöpfen kann und sich darum keine Gedanken machen muss. Aber wenn man Platten aufnehmen will, braucht man viel Geld. Und ich habe dann auch einen großen Teil meines Geldes in anderer Leute Studios gelassen.

Stefan Josefus: Das Staatsexamen war so um 1977. Da habe ich morgens an der Uni meine Arbeit geschrieben, um 13 Uhr bin ich in den LKW gestiegen und wir sind nach Köln gefahren und haben die »Bock auf Rock«-LP aufgenommen. Nachts zurück und am nächsten Tag weitergeschrieben. Man wusste ja nicht, ob das richtig was einbringt. Aber angepeilt haben wir es schon. Und wir haben auch vorher schon von den Live-Auftritten gelebt. Wir hatten keine Häuser und sind nicht Porsche gefahren, aber es reichte, um die Miete zu bezahlen und vernünftige Gitarren zu kaufen. Das ging schon. Mein Bruder war völlig verrückt, der hat kurz vor der Gesellenprüfung seine Lehre abgebrochen. Aber der alte Kutsch, der Chef der Firma, wo er gelernt hat, war stolz auf ihn. Mensch, unser Peter, den hab ich gestern wieder im Fernsehen gesehen. Peter ist das Risiko eingegangen, dass es nichts wird. Bei mir war das ähnlich, ich habe das Studium enorm in die Länge gezogen, aber am Ende gerade so mit Hängen und Würgen abgeschlossen.

PETER FÖLLER: Wir haben alle zusammengelebt, mit Roadies, Freundinnen, Frauen, und das Geld ist in einen Topf geflossen. Wir brauchten ja auch so kein Geld. Ich kann mich gar nicht dran erinnern, ob wir uns da jeden Monat irgendein Taschengeld ausgezahlt haben, das haben wir mit Sicherheit gemacht. Aber ansonsten, weißt du, wenn du immer probst, live spielst oder im Studio bist, hast du ja gar keine Zeit, Geld auszugeben. Wir hatten zwei Autos, ich habe noch eins mitgebracht, und den Bus. Man musste sich abstimmen, wenn privat irgendwas war, aber das ging schon. Es war eine echte WG, wie die Kommune 1. Wir sind dann später in die Nähe von Köln gezogen, ins Bergische Land, da war es genau das gleiche, da hatten wir dann noch ein viel größeres Haus, da waren alle drei Roadies dabei, und alle Freundinnen und Frauen haben da gelebt. Das hat die Band finanziert.

GÜNTHER V. RADNY: Wir haben uns ja auch zehn Jahre super verstanden, wir waren zehn Jahre in derselben Besetzung. Wir haben zusammengewohnt, zusammengelebt, zusammen Musik gemacht, wir hatten ein Haus, darin hatten wir unseren Übungsraum, jeder sein Zimmer, eine gemeinsame Küche, Gemeinschaftsraum, gemeinsames Bad. Das hat alles funktioniert.

Fargopeter Knorn: Die besten Gagen, die wir in der Anfangszeit hatten, waren 500 Mark. Davon musstest du den Sprit bezahlen, Hotels konnten wir uns nicht leisten, wir sind nachts immer zurückgefahren, egal ob aus München oder Köln. Die Roadies haben zusammen 125 Mark gekriegt. Was blieb da noch übrig, 200, 300? Wir hatten einen eigenen LKW, Versicherung und KFZ-Steuer musste man bezahlen, die Kardanwelle habe ich mehr als einmal selbst ausgetauscht. Dann brauchten wir DIN-A1-Poster, die kosteten damals über 1000 Mark. Das Geld war sofort wieder weg.

Peter Föller: Die GEMA-Gelder sind auch in die Band geflossen. Wir hatten keine privaten Konten. Die hatten später noch mal eine Steuerprüfung, als ich schon weg war, und da hat das Finanzamt gefragt: Das ist ja gut und schön, aber wo sind denn die GEMA-Gelder? Und dann hatte ich noch eine saftige Steuernachzahlung. Ich hab mich wenig um die Finanzen gekümmert, das hat alles der Bernd Noske gemacht, einen Steuerberater gab es auch. Es war wirklich so, dass grundsätzlich die Gelder alle in die WG geflossen sind, da die aber nicht als GbR angemeldet war, sondern nur die Band, kam die Steuer aber natürlich auch nur auf die Bandmitglieder zu und nicht auf die anderen. Die haben aber natürlich auch von dem Geld profitiert. Aber das hat mich nicht gestört, ehrlich gesagt. Geld war nicht wichtig. Wir haben gut gelebt, wir haben Essen und Trinken gehabt, wir hatten Freizeit, ein Auto und wir konnten tun und lassen, was wir wollten. Es hat keiner gelitten unter diesem System.

Michael Rauhut: In der DDR lebten die Bands von ihren Auftritten. Medienproduktionen, sofern man überhaupt dafür auserwählt wurde, brachten kaum das große Geld. In der Regel wurden Musiker nicht am Umsatz beteiligt, sondern pauschal abgefunden. Eine gut geölte Kapelle war permanent on the road. Sie brachte es schon mal auf 200 Live-Einsätze pro Jahr, vielleicht sogar noch mehr. Weil man quasi »eingemauert« war, spielte man ständig in denselben Läden. Das war auf Dauer natürlich Galeere. Die Bands wurden vom Staat in Honorarklassen eingestuft, handelten mit den Veranstaltern aber meist höhere Gagen aus. Einen erklecklichen Teil brachte das sogenannte »Kilometergeld« ein. Gerade für das Mittelfeld oder die Unterklasse war es fast schon lukrativer, den ganzen Kram durch die Gegend zu fahren, als die Gitarren einzustöpseln.

Jutta Weinhold: Man konnte von den Auftritten leben. In den Siebzigern gab es viele Clubs und weniger Bands. Mittlerweile gibt es viel mehr Bands, aber nur noch wenige Clubs. Und deshalb funktioniert das nicht mehr. Als die ersten Discos aufgemacht haben, war das schon am Abklingen. Es gibt schon noch ein paar Clubs, die sich halten können, das Siebener in Mannheim, das Backstage in München, das Meisenfrei in Bremen. Die authentischen geilen Läden eben. In Amerika gibt es noch viele Clubs, da können die Leute richtig touren und davon leben. Das ist auch heute noch so. Die spielen auch in den Universitäten, in den Highschools, das gibt es hier ja alles nicht. Rock'n'Roll hat in den USA auch einen ganz anderen Status, in Deutschland nicht, das ist hier Subkultur. Das, was wir hier machen, wird nicht ernst genommen. Es hat lange nicht den

Stellenwert wie klassische Musik. Da kämpft die Kultur, wie wir sie machen, zunächst mal gegen Klassik, vor allem aber kämpft sie gegen Deutschland-einig-Schlagerland. Der ist hier federführend, Schlager. Die Musik wird immer poppiger und immer schlagerhafter, auch im Metal, und das ist eine bedrohliche Entwicklung, finde ich. Da kann man froh sein, dass man keine 18 mehr ist.

Stefan Josefus: Als »Bock auf Rock« anfing zu laufen und auf einmal Gagen über 1000, 2000, 3000 D-Mark reinkamen, da haben wir gesagt, jetzt können wir wirklich davon leben. Damals war das aber alles noch nicht so kommerzialisiert, das war nicht so unbedingt auf Gelderwerb aus. Im Gegenteil, das hatte sogar etwas Anrüchiges, wenn man mit Rockmusik Geld verdienen wollte. Wenn du an die Siebziger denkst, die RAF-Geschichte, die jungen Leute haben sich gegen den Staat und gegen den Kapitalismus aufgelehnt. Über Gagen und Geldverdienen ist damals nicht gesprochen worden, obwohl wir schon vorhatten, davon zu leben. Die Kapitalismuskritik hatten wir alle im Kopf, da war es nicht so einfach, eine Karriere zu verfolgen. Das war schon anders als heute. Wenn heute junge Menschen in einer Castingshow auftreten, haben die natürlich vor, reich und berühmt zu werden. Das ist die Überlegung. Und wenn sie das nicht selber wollen, dann die Eltern.

Ulli Meissner: Wir haben irgendwann beschlossen, wir zahlen pro Gig jedem 30 Mark Spesen aus, und den Rest legen wir zurück. Eventuell gibt es ja auch mal einen Gig, bei dem wir drauflegen müssen. Wir haben uns immer Ton- und

Lichtanlagen geliehen. Ein Freund von mir hat die uns günstig geliehen, der fuhr gern Auto, dem hat das Spaß gemacht durch die Republik zu fahren und sich so ein bisschen nebenbei zu verdienen. Aber inklusive drei Mann Roadcrew waren pro Gig trotzdem noch 750 Mark plus Spritgeld fällig. Die waren schon mal weg. Fett waren die Gagen ohnehin nicht. Für ein Festival, bei dem man ein paar tausend Leute erwarten konnte, da ist man dann auch schon mal für 800 Mark in den Bayerischen Wald gefahren. Da blieb dann natürlich nichts übrig. Alle halbe Jahre gab es noch etwas Kohle von der GEMA, mal mehr, mal weniger, aber großes Geld ist da im Grunde nicht rübergekommen. Und wenn mal was reingekommen ist, dann hat man das gleich wieder reinvestiert. Für eine zweistündige Livesendung mit dem WDR haben wir mal 3000 Mark gekriegt, das war richtig viel Geld, aber zum Leben hat das alles natürlich nicht gereicht. Unser Schlagzeuger und ich, wir waren noch an der Uni eingeschrieben. Der Vater von Günther Gruschkuhn hatte ein Gartengeschäft, da hat der einfach mitgeholfen. Und unser Sänger und Bassist Kalle Rothert war Grafiker, der hatte einen Fulltimejob in einer Werbeagentur. Das war von Vorteil, so konnte er unser Logo oder Plakate entwerfen. Der durfte jederzeit weg, wenn ein Gig anstand. Mit anderen Jobs hätte man das nicht machen können.

Stefan Josefus: Ich hab irgendwann gesagt: Jungs, morgen gehe ich zum Finanzamt und melde uns an. Da sagte mein Bruder: Was willst du machen? Ich sag: Ja, Peter, das geht nicht anders. Diese ganzen Formalien haben wir von Anfang an ein-

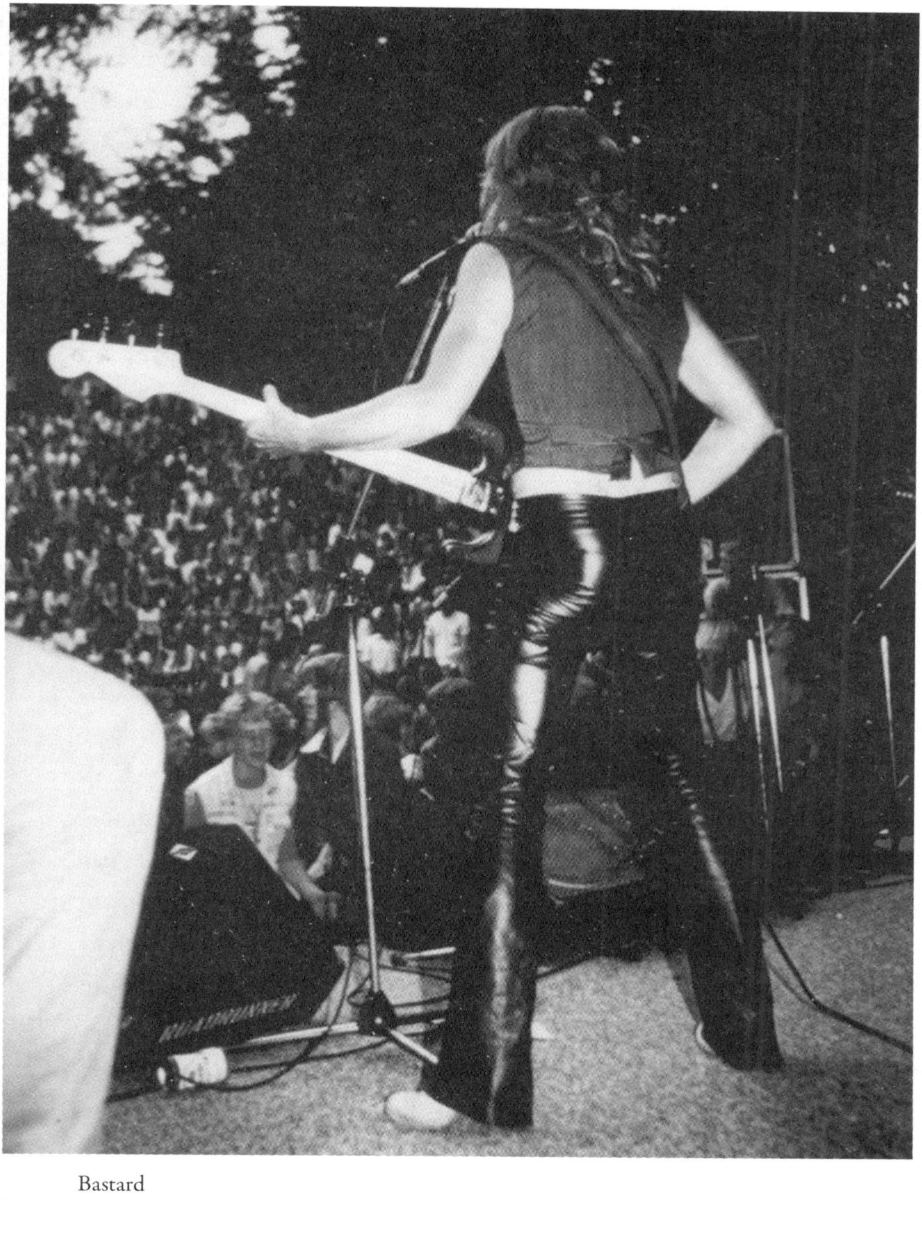

Bastard

gehalten. Ich bin da hingegangen und wir haben Steuern gezahlt. Wir haben auch keine Schwarzgeschäfte gemacht. Das hört sich jetzt unheimlich spießig an, aber das ist mir scheißegal, bestimmte Spielregeln müssen eingehalten werden, sonst läuft das nicht.

GÜNTHER V. RADNY: Wir hatten einen Siebeneinhalbtonner, zeitweise sind wir sogar mit zwei Trucks gefahren, aber das war zu kostenaufwendig. Die Reparaturen bei Lastwägen sind unbegreiflich teuer, viel teurer als bei einem PKW. Wir haben das dann reduziert und sind mit einem LKW und einem PKW gefahren. Wir hatten ja auch bis zu vier Roadies dabei. Das hat sich trotzdem irgendwie gerechnet. Die Rechnungen wurden bezahlt. Zwischen 400 und 2000 Mark haben wir damals bekommen. Es gab da einen Club in München, da konnten wir montags spielen für 400 Mark, das haben wir oft gemacht. In Volkach in der Bienenwabe gab es 500 Mark, das war gut, da konnte man nämlich donnerstags spielen. Aber am Wochenende hatten wir meistens so um die 1200, 1400 Mark. Für Freitag und Samstag hast du immer leicht was bekommen, aber für den Donnerstag oder Sonntag war es schwieriger. Da gab es einen Laden in Bayreuth, der hieß Old Bailey, da haben wir 650 gekriegt, und da haben wir mindestens alle drei Monate gespielt. Und dann gab es einen Club in München, der hieß Crash, da haben wir auf Eintritt gespielt, bekamen aber eine Garantiesumme von 400 Mark. Außerdem haben wir Platten und T-Shirts verkauft, wobei die T-Shirts meistens ein Verlustgeschäft waren, wir haben zu viel verschenkt. Wir haben das als Werbung angesehen.

Stefan Josefus: Damals hatten die Kultur- und Jugendämter noch viel mehr Geld. Die haben Konzerte veranstaltet, das gibt es heute nicht mehr. Und von daher waren die Kommunen und die Städte geneigt, auch unbekannten Gruppen einen Auftritt zu gewähren und eine Gage zu zahlen. Das ist jetzt gar nicht mehr drin. Gerade für den Nachwuchs ist das eine große Schwierigkeit. Wir haben hier in Witten einen Veranstaltungsort, da treten die Leute auf und lassen hinterher einen Hut rumgehen. Da kannst du nichts drauf aufbauen. Das war früher anders.

Ulli Meissner: Besonders in Nordrhein-Westfalen hatten Städte damals viel Geld für Kultur, wir haben oft gespielt bei städtischen Veranstaltungen, die von Kulturämtern durchgeführt wurden. Da waren die Gagen auch okay, die mussten ja nicht so auf die Mark gucken wie die Diskothekenbetreiber, war ja nicht ihr eigenes Geld, das die ausgegeben haben. Das war relativ skurril bisweilen, vor allem wenn du bedenkst, dass du da als harte Band hinkommst. Ich habe mir einen Vertrag aufgehoben von der Stadt Bottrop, da stehen Sachen drin, die glaubst du nicht: »Die Band verpflichtet sich, alles zu unterlassen, was gegen Sitte und Anstand verstößt oder den Charakter einer Jugendtanzveranstaltung entgegensteht.« Aber das härteste kommt erst noch. »Das gilt insbesonders für Liedertexte und Kleidung der Musiker. Showdarbietungen sind nur mit Zustimmung der Veranstalter erlaubt. Bei den Darbietungen ist alles zu unterlassen, was aufputschend wirkt, zur Zerstörung des Mobiliars führt oder die erforderliche Ordnung im Saal zerstört. Aufforderungen, auf Stühlen und Tischen zu tanzen, sind nicht erlaubt. Bei Zwischenfällen ist die Band verpflichtet, sofort ruhige Musikstücke zu spielen.« Ich habe mir das extra aufgehoben damals, weil ich dachte, das ist ein Zeitdokument.

FARGOPETER KNORN: Es war immer schon mein Anliegen, dass was auf der Bühne passieren muss. Ich bin rumgelaufen wie ein Marathonläufer, bin auf die PA-Boxen gestiegen, hab immer dafür gesorgt, dass irgendwas los ist, auch indem ich irgendwelche Lichteffekte gebaut habe. Wir hatten meistens sehr große Backlines mit Treppen und Gängen und einen fahrbaren Drumriser und den ganzen Mist, das haben wir alles gebaut. Der LKW war immer randvoll. Und dann natürlich mein Purzelbaum, der kam immer wieder zur Sprache, bei jedem Interview, bei jedem neuen Album, und so ist der bis heute haften geblieben.

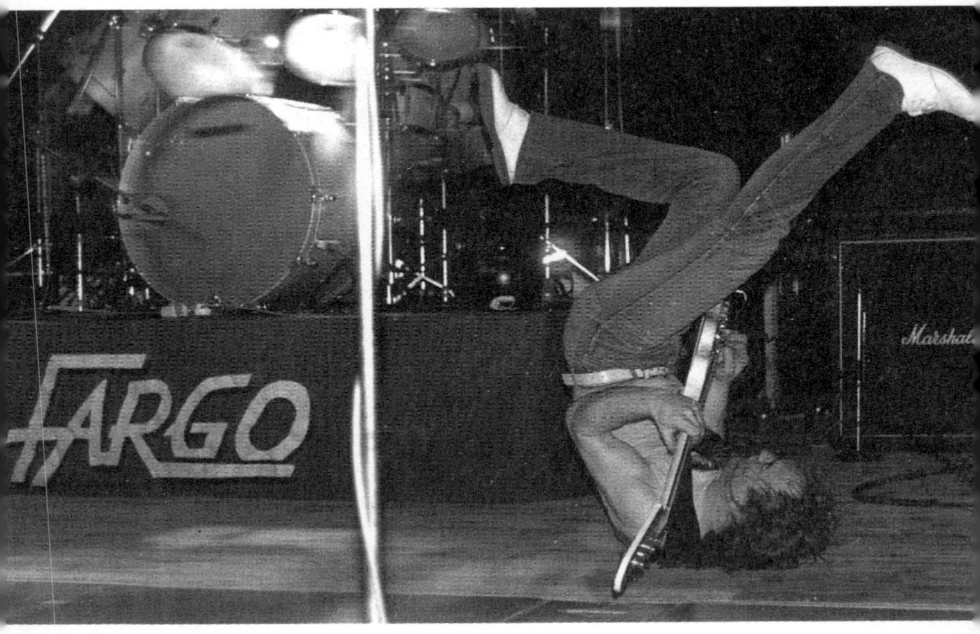

STEFAN JOSEFUS: Mein Bruder Peter, der ja leider 1997 an Lungenkrebs verstorben ist, ein toller Sänger, ein super Bassist, Mick Hannes, ein sehr guter Gitarrist, die konnten beide nicht reden. Wir haben das anfangs sogar im Proberaum geübt, dass Peter als Sänger die Ansagen macht, das darf man ja eigentlich gar nicht erzählen, aber das war nicht sein Ding. Also musste ich das machen, was untypisch war, aber es ging nicht anders. Es hatte technisch den Vorteil, dass Peter die Bassgitarre wechseln konnte, während ich die Ansage machte, und Mick Hannes konnte nachstimmen oder auch mal die Gitarre wechseln. Die haben dann also die technischen Dinge erledigt. So dumm war das letztlich gar nicht.

FARGOPETER KNORN: Ich habe mir das ein bisschen abgekuckt von Jimi Hendrix, als der kniend seine Gitarre mit Feuerzeugbenzin angezündet und sich dabei gedreht hat. Das war so ein Augsburger-Puppenkisten-Purzelbaum, den habe ich ausgeweitet und entsprechende Fotos davon gemacht, die waren natürlich gestellt. Ich war mit Ladwig in einem Kölner Fotostudio und hab einen ganzen Nachmittag nur Purzelbäume gemacht. Ladwig musste mir am Abend die Beine hochheben, damit ich ins Bett komme, so fertig war ich. Und davon habe ich bis heute was. Ich hatte immer wieder starke Rückenschmerzen, hab mich zugesoffen, bis ich gar nichts mehr gemerkt habe, um überhaupt schlafen zu können, das ging manchmal wochenlang. Irgendwann bin ich dann operiert worden, weil ein Nerv eingeklemmt war zwischen dem zweiten und dritten Wirbel. Ich wünschte im Nachhinein, ich hätte das alles nicht gemacht.

Ulli Meissner: Eine Sache war für die Denke damals ganz wichtig, glaube ich. Die ganzen Bands, die damals großen Erfolg hatten, wie Deep Purple und andere, die waren alle sechs, sieben, acht Jahre älter als wir, aber das wars dann auch schon. Es gab im Grunde keine Rockmusiker, die älter als 30 waren. Deshalb hatte man so ein Weltbild, dass man es mit Rockmusik bis 30 geschafft haben muss, andernfalls wars das eben. Einfach weil es keine Vorbilder gab. Heute sind die ja alle durchaus auch älter, 50, 60, 70, man muss nur an Paul McCartney denken oder an die Stones, damals war das undenkbar, weil es solche Leute eben noch nicht gab. Man hatte also immer im Hinterkopf, dass man es in den nächsten Jahren geschafft haben musste, reich und berühmt zu werden, sonst würde das nicht mehr klappen. Dass so etwas länger dauern kann, dass man so etwas ein Leben lang machen kann, daran hat man nicht mal im Traum gedacht. Heute sind es ja vor allem die Alten, die große Hallen und Stadien füllen.

Jutta Weinhold: Als Frau musstest du immer doppelt so gut sein wie ein Mann. So war das in den Siebzigern. Und als ich mit Metal angefangen habe, war mir von vornherein klar, das ist eine Musik, die von Männern besetzt ist. Und diese Männer haben ein sehr konservatives Frauenbild, und dagegen musst du dich wehren. Unbedingt. Deshalb gab es bei mir auch nie Fotos mit Gitarren zwischen den Beinen oder Tittenfotos oder so etwas. Ich wollte dieses Image nicht bedienen. Denn das nimmt einem den Respekt, und das ist es, was Frau braucht, in der Musik, in der Welt überhaupt, im Leben. Wenn du nur zeigst, dass du Titten hast, einen Arsch und lange Beine, das darf es nicht sein in der Kunst. Also ich bin sehr dagegen und habe damals sehr darauf geachtet, dass ich nicht so ein Rock'n'Roll-Bitch-Image kriege. Ich wollte unbedingt ernst genommen werden.

MICHAEL RAUHUT: Die Szene, in der ich mich bewegte, war keine stupide Männerdomäne. Frauen gehörten dazu und wurden nicht zum Anhängsel degradiert. Der Renft-Gitarrist Peter Gläser, genannt »Cäsar«, erzählte gern, dass bei den Konzerten Gleichberechtigung herrschte. »Grapscher gab es auf beiden Seiten. Und so hattest du auf dem Saal schnell mal eine Hand am Sack. Das war durchaus üblich.« Für Cäsar ein untrüglicher Akt von Emanzipation. Mit der Entstehung einer landeseigenen Heavy-Metal-Szene Anfang der 1980er Jahre änderten sich die Vorzeichen. Zwar gab es auch die sogenannten »Heavy-Bräute« – sie waren aber in der Minderheit und wurden von der maskulinen Kultur absorbiert. Jüngere Forschungsarbeiten zitieren allerdings etliche Szenegängerinnen, die darin übereinstimmen, dass sie nicht bewusst ausgeschlossen, sondern akzeptiert wurden.

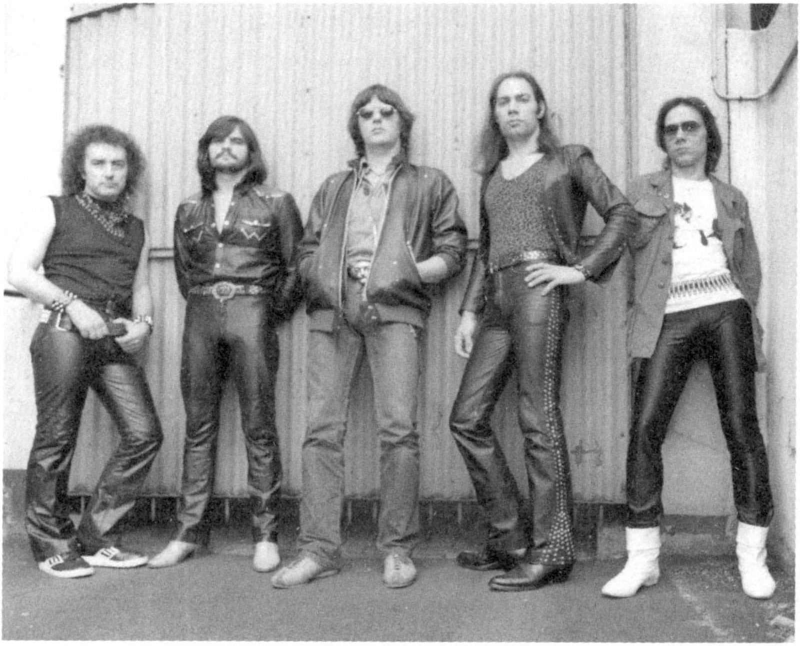

Lucifer's Friend

Der Grundwiderspruch: Kommerziell vs. Progressiv

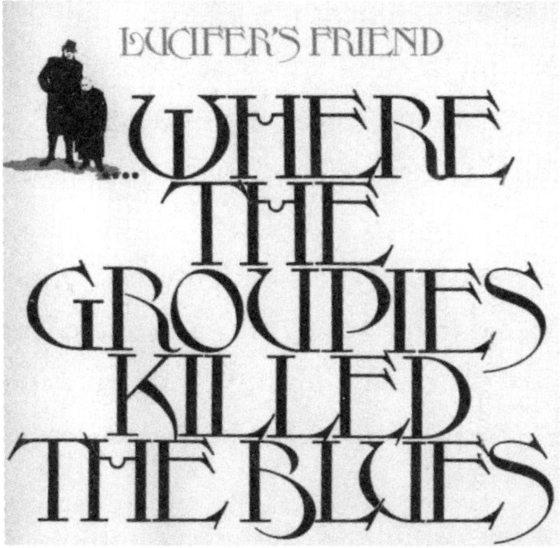

Peter Hesslein: Wir haben ja nicht lange live gespielt, im Grunde genommen nur bis zum zweiten Album »Where The Groupies Killed The Blues«. Das hat lange gedauert, auch weil wir unsere Richtung geändert hatten. Da sind teilweise sehr komplizierte Sachen drauf, das wollten wir so haben. Warum weiß ich auch nicht, das musste irgendwie kompliziert sein. Dafür haben wir lange geübt, das war das letzte Album, das wir so in richtiger Kleinarbeit entwickelt haben, danach hab ich das meiste zu Hause geschrieben, und die anderen haben das dann vom Blatt eingespielt. So ging das jahrelang weiter. Wir hatten alle unsere Jobs nebenbei. John Lawton ging zu den Les Humphries Singers, da war ich auch eine Zeit lang und bin dann zu James Last gewechselt, aber wir haben uns weiterhin getroffen und zwischendurch Scheiben gemacht, wir waren ja alle befreundet.

Uwe Kalwar: Für die zweite LP wechselten Lucifer's Friend die Plattenfirma. Es ging von Philips zu Vertigo, und sie erhielten, laut »Riebe«, ein beachtliches Budget für die Produktion. LPs waren teuer im Jahr 1971, 19 Mark, für Schüler eine Menge Holz. Vor einem eventuellen Kauf wurde die LP durchgehört. Manche Schallplattengeschäfte hatten sensationelle Hörkabinen, die Jüngeren mögen sich diese Konstruktionen von den Älteren erklären lassen. Sehr gute, gute und schlechte Stücke einer LP wurden durchgezählt, und dann musste man abwägen, ob sich ein Kauf überhaupt lohnt. Womit wir beim Zweitwerk »Where The Groupies Killed The Blues« wären.

Frank Schäfer: »Hobo« geht genauso los wie das erste Album, aber schon der zweite Song »Rose In The Vine« ist eine achtminütige Suite. Es geht hier auch um Könnerschaft. Vielleicht ist das ein bisschen das Problem bei diesem Album, dass die Band schlicht zu viel kann und der Zeitgeist ihr auch keine Grenzen auferlegte.

Uwe Kalwar: Das waren nicht mehr »unsere« Lucifer's Friend. Zuviel Experiment und dies und das, zu wenig Hard Rock. Die Band wurde in den Folgejahren zum Chamäleon der Stile. Sie konnten alles spielen und spielten es auch, und das war wohl der Grund für den fehlenden Erfolg. Vielleicht hatten sie aber auch zu viele Einflüsterer.

Peter Hesslein: Ja, wir haben uns auch für andere Musik interessiert. Vor dem zweiten Album hatte ich das Mahavishnu Orchestra entdeckt, mit John McLaughlin an der Gitarre, davon war ich begeistert, natürlich vor allem von McLaughlin, also habe ich gesagt, lass uns mal mehr in die Richtung gehen.

Hard Rock wurde uns irgendwann ein bisschen langweilig. Da gab es auch schon die Scorpions, die so etwas gemacht haben, und das fand ich gar nicht so gut. Ich habe gedacht, das ist mir zu langweilig, von jetzt an immer dasselbe zu machen. Wir wollten alle als Musiker weiterkommen, wir wollten besser werden und haben uns deshalb immer an anderer Musik orientiert. Ich habe in den Siebzigern nur noch Fusion gehört, da hatte ich dann ganz andere Vorbilder, McLaughlin, Al Di Meola. Im Grunde war das auch nicht unkommerziell, das war sogar ziemlich angesagt damals.

Klaus Walter: Es sind schlichte Dichotomien, die zu dieser Zeit den Pop-Diskurs prägen, allen voran das Dogma vom Grundwiderspruch: Kommerziell vs. Progressiv. Nach dieser simplen Logik ist ein schwarzer Mann mit Anzug und Kurzhaarschnitt, der 1968 mit Drei-Minuten-Boy-meets-Girl-Singles in die Charts geht, nennen wir ihn Marvin Gaye, eine willenlose Marionette der Kulturindustrie, die mit wertlosem Schund die werktätigen Massen sediert und so von der Vertretung ihrer wahren Interessen abhält. Er ist, in aller Verachtung: kommerziell. Eine weiße Band in Fetzen & Fransen, deren Songs wie ihre Haare proportional an Struktur verlieren, wie sie an Länge gewinnen, und die möglichst viele musikalische Einflüsse zu integrieren sucht, ist dagegen, in aller Wertschätzung: progressiv.

Peter Föller: Ich kam eher vom Prog Rock. Ich war ganz großer Fan der alten Genesis und auch von einer Band namens Gentle Giant. Und die Einflüsse sind natürlich in spätere LPs wie »Plastic People« oder »Backdoor Possibilities« geflossen. Bernd Noske fand das auch gut und Bruno Frenzel war schon ein Gitarren-Nerd. Der hat neben Kaffeetrinken und Zigarettenrauchen nichts anderes gemacht, als Gitarre zu spielen. Der hat sein Zimmer neben dem Proberaum gehabt und den ganzen Tag nur gespielt. Der war ganz in sich gekehrt. Und ja, wenn ich mir heute die Sachen anhöre, denk ich immer: Wow, der geht schon in die Zappa-Richtung. Ein ganz, ganz toller Gitarrist.

Uli Jon Roth: Ich kannte natürlich Grand Funk Railroad dem Namen nach, ich kannte auch Led Zeppelin und Black Sabbath, aber das hat mich nicht interessiert. Rudolf und Klaus kannten sich da gut aus, aber ich habe meine Inspiration woanders hergekriegt. Bei mir war das eine Mischung aus Jimi Hendrix und Klassik. Gut, das fing an mit Cream, ich liebte Eric Claptons Gitarrenspiel, dann Jimi Hendrix. Man kann schon Hendrix-Anklänge hören bei den Scorpions, ganz deutlich, aber es ist doch letzten Endes sehr europäisch und hat auch eine andere Melodieführung. Ich habe mir auch Bands angehört wie Yes, die fand ich sehr gut. Aber man wird nicht merken, dass bei den Scorpions davon irgendwelche Einflüsse zu hören sind. Später fing ich an, mich für Led Zeppelin zu interessieren, hab die Platten durchgehört und hab dann eben auch erkannt, was für ein genialer Komponist Jimmy Page ist, aber damals habe ich mich mehr für die Gitarre interessiert. Jeff Beck hat mich beeinflusst, als der 1975 »Blow By Blow« veröffentlicht hat, das Album hat mich in jedem Fall inspiriert. Es waren eben keine Rockbands, die mich interessiert haben.

Uwe Kalwar: »I'm Just A Rock & Roll Singer«, das dritte Album, kommt mit gospeligem Backgroundgesang und Bläsersätzen daher, und das vierte, »Banquet« von 1974, startet wie ein Santana-Aufguss von »Oye Como Va«. Doch da waren wir schon längst weggeritten.

Peter Hesslein: Da ich durch meine Studioarbeit viele Musiker vom NDR und auch vom James Last Orchester kannte, hatte ich eine Idee: Mensch, lasst uns doch mal ein Album mit Bläsern und Streichern probieren, das ist mal was anderes. Die Plattenfirma fand auch Gefallen an der Idee, und so haben wir »Banquet« gemacht. Da hatte dann jeder seine Stücke komplett durchkomponiert und aufgeschrieben, das war schon etwas anderes.

Wenn wir eine Idee für ein neues Album hatten, mussten wir erst mal mit den Bossen sprechen und sie überzeugen. Mit dem zweiten Album waren sie nicht ganz zufrieden. Also haben wir gesagt, das dritte Album wird wieder etwas einfacher, außerdem haben wir ein billigeres Studio genommen. Damit waren sie einverstanden. Und »Banquet« war dann wieder ein aufwendiges Projekt, weil so viele Orchestermusiker mitmachten, die mussten ja alle bezahlt werden. Also gab es wieder eine große Konferenz. Wir, die gar keine Ahnung von dem Business hatten, die Plattenfirma, der Verlag, und dann wurde verhandelt. Aber wir konnten sie schließlich doch überzeugen. Das ist jetzt mal was total Neues, das gab es noch nie. Und sie nickten das ab. Gut, versuchen wir das noch mal. Und so haben wir uns von Album zu Album gehangelt.

Ingeborg Schober: Auch die neue LP der Lucifer's Friend, »Banquet« (Vertigo/Philips 6360 618), darf man zu den bestproduzierten Alben der letzten Zeit rechnen. Die Hamburger Gruppe, die bisher auf jeder Platte mit neuem Gesicht aufwartete, enttäuscht auch hier nicht. Dieses Mal gibt es weniger harte Stücke, dafür aber sehr subtile, originelle Orchesterarrangements, die den durchweg melodiösen Kompositionen und der prägnanten, variablen Stimme von Sänger John Lawton etwas sehr symphonisch-dramatisches verleihen. Die Professionalität der Musiker ist wirklich erstaunlich und von einer überzeugenden Treffsicherheit.

Peter Hesslein: »Banquet« wurde zu so einem Kultalbum. Vor allem in Japan standen die da drauf. Im Grunde gibt es auch nichts, was man mit dem vergleichen könnte, stilistisch meine ich. Durch die Verbindung der unterschiedlichen Stile. Allein das Saxofon von Herb Geller. Das gab es bei keiner anderen Rockgruppe, dass ein Jazz-Saxofonist da über mehrere Chorusse loslegen durfte. Das war schon was Besonderes in der Zeit.

Frank Schäfer: Das 1976er-Album »Mind Exploding« ist der nachgereichte Vermittlungsversuch zwischen Hard Rock und AOR. Der zeitgenössische Glam Rock ist hier die Referenzgröße. »Blind Boy« erinnert an Elton John. Es gibt ausgefeilte Chöre, alles sehr bombastisch, aber eben auch gelegentlich wieder mit härteren Gitarren.

Sounds: Höllischer Hard Rock der Hamburger Freunde des Teufels. Mitreißende Melodien, gepaart mit ausgefeilten Ar-

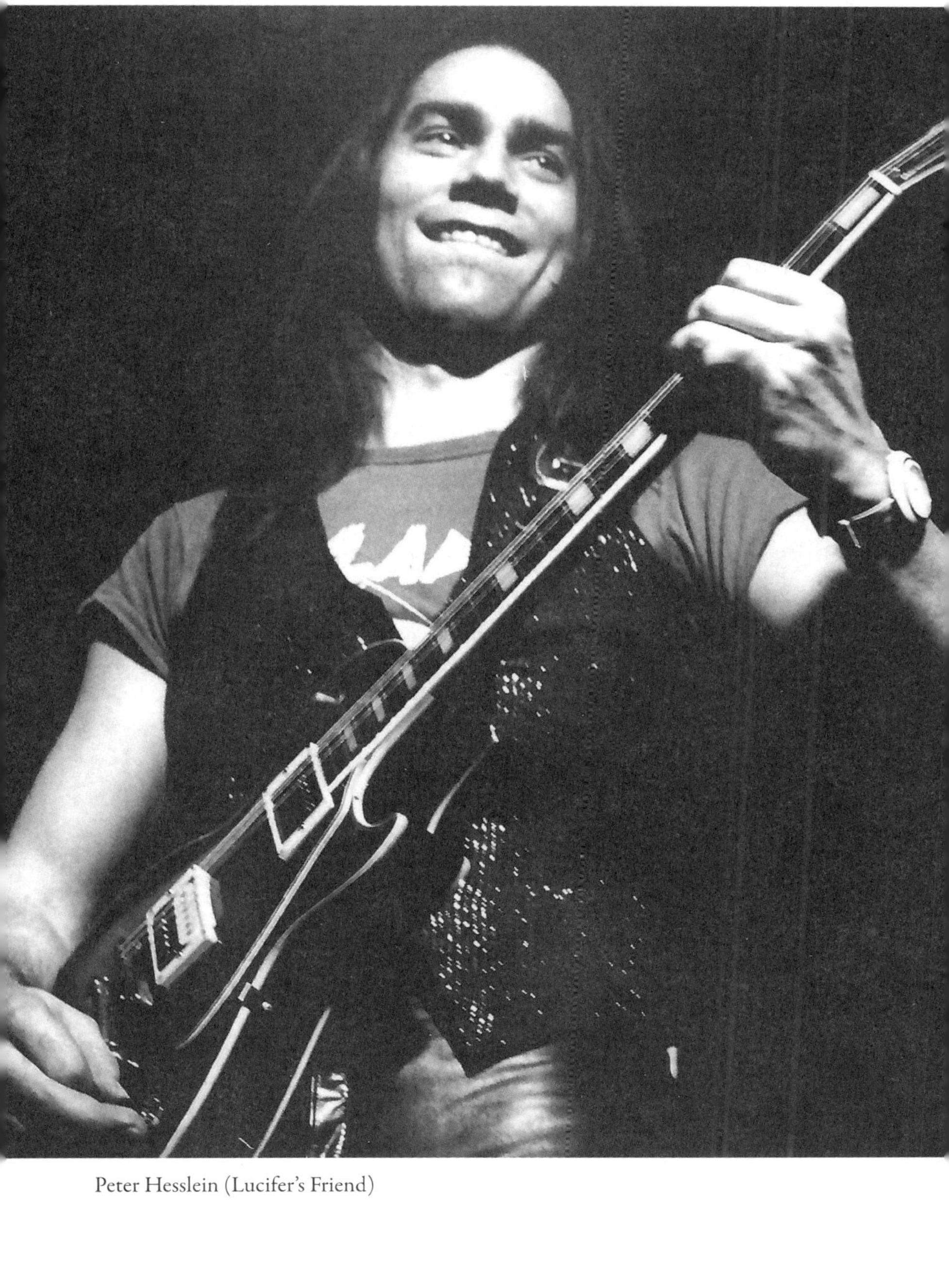

Peter Hesslein (Lucifer's Friend)

rangements. Perfekte Produktion von höchstem Standard, die anglo-amerikanische Konkurrenz das Fürchten lehren dürfte. Schade, dass die Typen nicht endlich Les H. und James L. Tschüss sagen und zusammen auf die Bühne klettern.

PETER HESSLEIN: Das war im Grunde Musik für Kritiker, sonst hätten die nicht so positiv darüber berichtet. Anders hätten wir vielleicht viel mehr verkauft. Wahrscheinlich sogar, aber nun gut, wir wollten nie stehen bleiben.

STEFAN JOSEFUS: Wir haben keine Musik für Musikkritiker gemacht. Ganz im Gegenteil. Wir sind in »Sounds« verrissen worden, und je mehr wir verrissen wurden, desto mehr haben wir verkauft. Da wusste ich, wir sind auf der richtigen Spur. Du brauchst einen Hit, der bei den Leuten ankommt, aus welchen Gründen auch immer, und du brauchst die Technik. Die muss natürlich auch stimmen. Wenn der Sound nicht konkurrenzfähig ist, geht ein Lied unter.

PETER FÖLLER: Mein Einfluss war eindeutig Prog. Ich bin heute noch ein richtiger Fan davon. Und ich glaube, das hat die Band dann doch beeinflusst, was man dann ja an »Plastic People« auch hört. Das fanden wir alle gut, aber das hat sich leider nicht mehr verkauft. Da kam aber auch schon der ganze Umbruch. Da kam auf einmal Punk und Neue Deutsche Welle und das ganze Zeug und es war erst mal vorbei mit Rock. In den 80ern und 90ern hatten wir aus den 70ern alle nicht mehr viel zu tun, abgesehen von den wirklich Etablierten.

SOUNDS: Lucifer's Friend. The Devil's Touch Fontana 6434 306. Ein Compilation-Album von den Freunden Luzifers: Schade eigentlich, dass Deutschlands beste Hardrock-Band noch immer in der Unterwelt vor sich hinrockt, während Bands aus der zweiten Liga, wie zum Beispiel die Scorpions, schon in Japan groß aufspielen ... Bringt diese heiße deutsche Band endlich auf die Bühne! Morgen! Heute! Jetzt!

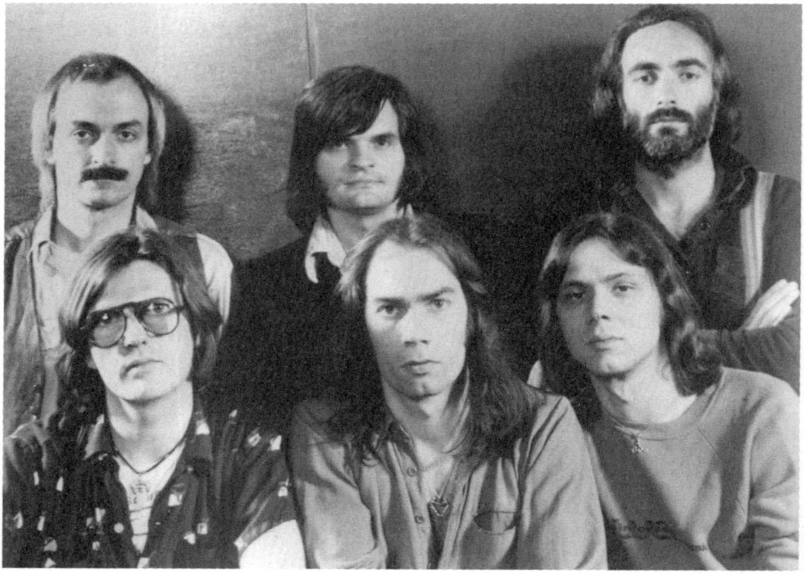

Lucifer's Friend

Die Plattenfirma hat uns nicht reingeredet

Peter Hesslein: Als John zu Uriah Heep ging, haben wir wieder was Neues gemacht. Da kam die WEA auf uns zu und meinte: Wir würden euch gern unter Vertrag nehmen und stellen uns vor, dass Lucifer's Friend richtigen Erfolg haben könnte. Gern, aber wir haben ja jetzt keinen Sänger mehr. Dann finanzieren wir euch die Suche nach einem Ersatzsänger. Gut, aber dann müssen wir nach England, in Deutschland gibt es zu wenige für das internationale Geschäft. Wir wollten keinen Sänger, der vielleicht Fehler macht bei den Texten oder Probleme hat mit der englischen Aussprache, wir wollten schließlich auch auf den englischen und amerikanischen Markt.

Günther v. Radny: Das Problem war das Englisch. Weißt du, wenn du dir die ganz alten Scorpions-Platten anhörst, da hast du auch immer das Gefühl, der kann kein Englisch. Der Detlef [Schreiber, Gitarre und Gesang] und ich hatten dasselbe Problem. Detlef ist außerdem Berliner, der hatte einen ziemlichen Slang. Uns wurde da schon von wichtigen Leuten aus der Plattenindustrie gesagt: Mit dem Englisch kommt ihr nicht weit. Wir haben so zwei Alben gemacht, und die waren auch nicht schlecht, aber uns wurden die Grenzen aufgezeigt. Heute kann das jeder. Jeder Dreizehnjährige spricht heute so gut Englisch wie ich, aber damals hat das keiner gut gekonnt.

Stefan Josefus: Mit der deutschen Sprache waren wir auf der richtigen Spur. Das hat uns attraktiv gemacht. Und im Übrigen muss ich auch sagen, wie ein Engländer nicht auf die Idee gekommen wäre, »Bock auf Rock« zu singen, weil er dabei an eine Ziege gedacht hätte, bin ich auch nicht in der Lage, konkurrenzfähige Lyrics zu Ed Sheeran zu machen. Wenn du dir mal die englischen Texte von deutschen Bands anhörst, das ist ja hanebüchen, da fällst du um. Das ist deren Problem. Wenn du auf Deutsch singst, bist du natürlich nur national im Geschäft, wenn du auf Englisch singst, bist du weltweit angesagt, aber wenn das ein erbärmliches Englisch ist, dann bist du plötzlich nur noch Provinz.

MICHAEL RAUHUT: In der DDR galt das ungeschriebene Gesetz: Wer in die Medien möchte, muss deutsch singen. Die Texte waren das Zünglein an der Waage, wenn über die Produktionswürdigkeit von Songs entschieden wurde. Die Verantwortlichen für Rundfunk und Schallplatte nahmen jedes einzelne Wort unter die Lupe und setzten auch gern den Rotstift an. Also Zensur. Die Texte stammten entweder von Profis wie Katherina Koch, Jan Witte und Kurt Demmler oder wurden von den Bands selbst verfasst. Formel I sangen im Berliner Dialekt über das Arbeitermilieu – »Willste nich uffstehn« (1982) – und falsche Freunde – »Eddie« (1983). Alltagsthemen und keine hochgestochene Poesie. Die Bodenhaftung passte zu ihrem Publikum. Harter Sound und pralles Leben, Kraft und Wahrhaftigkeit. Nicht immer waren die Wege der Lektorate ergründlich. Manchmal rutschten Songs durch, die für Unmut sorgten oder gar auf dem Index landeten. Für »Kipper Keule«, das Porträt eines Bauarbeiters, musste sich der Rundfunk in einem Sonderbeitrag, der bei Jugendradio DT 64 lief, rechtfertigen. Das Lied war 1978 in seinen Studios von der Leipziger Gruppe SET eingespielt worden. Die Zeile »das geht los wie Sau« schlug den Hütern des guten Geschmacks gehörig auf den

Magen. Darf man so etwas sagen? War das noch sozialistisch? Ansonsten wurde im Hard Rock und Heavy Metal all das bedient und thematisiert, was man auch aus anderen DDR-Produktionen kannte: Zwischenmenschliches, der Weltfrieden, Sehnsucht zwischen den Zeilen, verquaste Lyrik.

Jutta Weinhold: Ich wollte unbedingt andere Texte schreiben, ich wollte mich bei alten Mythologien bedienen, bei der Klassik, der Nibelungensage, King Arthur, Parzifal, Maria Stuart oder später auch Kafkas »Verwandlung«, solchen Themen. Das ist ja das, was ich auch lese. Das sollten meine Texte sein. Diese Art von Texten hätten zu herkömmlicher Rockmusik nicht gepasst, um das unterzubringen, brauchst du eine stramme Musik. Ich dachte mir immer, »Pilgerchor«, »Tannhäuser«, das sind so geile Melodien, die müssen da mit drauf. Oder ich habe über die Walküren gesungen, »Rheingold« usw. Ich wollte nicht immer nur die üblichen Rock'n'Roll-Texte schreiben. Und dazu kommt, Englisch ist auch nicht meine Muttersprache. Ich habe immer gedacht, ich muss abgedrehte Texte schreiben, denn die haben eine Chance weltweit akzeptiert zu werden. Und ich habe recht gehabt, denn als wir mit »Pilgrimage« in England waren, haben die Kritiker was von »extraordinary lyrics« geschrieben. Das hat mir gut gefallen. Einige Zuhörer haben dann manchmal das Problem, dass sie die Texte nicht sofort verstehen, aber wichtig ist doch, dass man sich damit intensiv befasst. Ich bin immer noch der Meinung, dass Musik mehr ist als Konsum und Kommerz, ich glaube daran, dass diese Musik ideelle Werte vermitteln kann, die es auch nicht mehr so gibt in unserer materiellen Welt. Ich glaube da einfach dran, das sind meine alten Rock-Roots.

Günther v. Radny: Mit dem Jack bin ich dann bei einem großen Konzert in München ins Gespräch gekommen. Er hat Bass gespielt wie ich. So sind wir zusammengekommen. Das hat gepasst, wir waren glücklich, wir mussten uns nicht mehr um die Texte kümmern und kein Mensch hat mehr gesagt, das musst du aber anders aussprechen. Es gab viele, die haben die Stimme vom Detlef super gefunden, aber es war im Studio ein Kampf, das zumindest so hinzukriegen, dass man es auf Platte pressen konnte. Wir hatten schon den Anspruch, international zu werden.

Peter Hesslein: Wir sind dann also rüber nach England, dort wurde ein Studio gebucht, und dann haben wir 50 Sänger getestet. Die Plattenfirma hatte da vorher Anzeigen geschaltet und Termine gemacht fürs Studio, und dann ist da eine ganze Batterie an Sängern aufgelaufen. Wir brauchten aber einen, der Johns Höhen singen konnte. Und da ging das dann los. Wir haben viele gute Sänger gehört, aber die sind alle abgebrochen bei der Höhe. Mike Starrs war eigentlich der einzige, der das gut hingekriegt hat. Stimmlich klang er schon anders, so ein bisschen wie Freddie Mercury, aber das fanden wir gut und das passte auch, sogar die Leute von der Plattenfirma waren begeistert, als sie die ersten Aufnahmen gehört hatten. Die WEA wollte ja von vornherein, dass wir mehr in eine Poprichtung gehen. Philips und Phonogram davor haben dazu gar nichts gesagt, die haben uns freie Hand gelassen, aber die WEA wollte es eingängiger haben, weniger hardrockmäßig, nicht so kompliziert.

Peter Föller: Die Plattenfirma hat uns nicht reingeredet in der Zeit. Die haben nie versucht, irgendwie Einfluss zu nehmen auf die Musik. Und die haben diese ganzen Studiosachen auch finanziert, das muss man sagen. So was gibt es ja heute nicht mehr. Natürlich hat man sich über einen Etat unterhalten oder auch mal gestritten, wenn die je nach den Verkäufen weniger ausgeben wollten, aber immerhin hat die Plattenfirma für die letzten beiden Alben mit mir David Hitchcock als Produzenten engagiert, der mit Camel zusammengearbeitet hat, und, ich glaube, mit Genesis. Das muss ich fairerweise sagen, die CBS hat uns immer gut unterstützt, bis halt wirklich die Verkäufe das nicht mehr hergegeben haben. So ist das halt in der Marktwirtschaft.

Ulli Meissner: Ein Vertrag über drei Platten bedeutete, jedes Jahr bzw. alle anderthalb Jahre musste man liefern. Das haben wir dann auch gemacht. Das zweite Album ist komplett in Hamburg entstanden, in den Teldec-Studios. Es wurde leider relativ schnell klar, dass wir uns mit der zweiten LP nicht so konsequent in eine Richtung entwickelt haben, wie es hätte sein müssen. Da war zu viel Mischmasch drauf. Das lag daran, dass die musikalischen Interessen in der Band unterschiedlich waren, weil wir aus verschiedenen Lagern kamen. Ich hatte Stones, Blues-Rock-Sachen und so ein Zeug gemacht, Kalle Rothert neigte dazu, Songs zu komponieren, die etwas schöner waren und nicht so total bretthart. Da ist eine komische Mixtur herausgekommen, man hätte im Grunde drei Bands daraus machen können. Uwe Tessnow war auch nicht sehr zufrieden mit dieser Scheibe. Deshalb hat er beim dritten Album gesagt: Ihr seid doch live viel unterwegs, und das geht auch gut ab bei euch, dann produzieren wir das doch als Live-LP. Das haben wir dann auch gemacht, im Sounds in Hamburg und in Kiel im Ball Pompös, mit Conny Planks mobilem Studio. Conny Plank war ja damals einer der geachteten Studioleute.

Stefan Josefus: Wir hatten das Demo von »Bock auf Rock« aufgenommen, und als wir das abmischen wollten, stehen wir vorm Mischpult und ich sag so zum Conny Plank: Hör mal zu, Conny, ich stelle mir da ein Echo vor, »Rock-Rock-Rock«, vor Kurzem ist eine Single von Sweet rausgekommen, da ist das auch so, »Fox on the Run-Run-Run«. Da hat der einen Wutanfall gekriegt: Ich hab die Kraftwerk gemacht, ich hab es nicht nötig, mir was anderes anzuhören, so eine Scheiße! Und hat dann die ganzen Regler runtergerissen. Damals gab es noch keine Automation. Da wäre mein Bruder beinahe ausgerastet. Das Geld hatten wir uns geliehen, das war unsere Existenz. Aber die Frau von Conny Plank hat das dann bereinigt, und nach einer Stunde haben wir das Ding zu Ende gemischt. Es ist doch legitim und vernünftig, ins Studio zu gehen und zu sagen: Pass mal auf, so einen Sound stelle ich mir vor. Oder so eine Snare. Hör dir das doch mal an!

Ulli Meissner: Abgemischt wurde in den Teldec-Studios, und da nahm das Unheil seinen Lauf. Wir haben mit einem anderen Mixer gearbeitet als bei den ersten beiden Produktionen, und der hat sich da enorm eingebracht, wir haben dann noch ein paar Gitarren gedoppelt und solche Sachen, um den Sound etwas fetter zu kriegen. Aber dann musste Udo Lindenberg plötzlich ins Studio, und wir mussten umstellen von Tag- auf Nachtschichten, und das alles hat dann dazu geführt, dass wir mit dem Mixen der Scheibe nicht in der verabredeten Zeit fertig wurden. Das hat den Tonmeister und uns aber nicht interessiert. Wir dachten, wir sind, was den Sound angeht, auf dem total richtigen Weg, und das ziehen wir jetzt durch. Leider hatte sich Uwe Tessnow 1979 selbstständig gemacht mit einem Label namens Line Records, das sich unter anderem für Mitch Ryder, Roger Chapman und viele andere zu Unrecht vergessene Könner erfolgreich einsetzte. Sein Nachfolger, wie das oft so ist – neue Chefs misten gern aus –, hat dann verschiedene Leute aus den Verträgen rausgekegelt. Zum Beispiel auch Zeus B. Held, den Birth-Control-Keyboarder mit seiner Soloproduktion. Dass wir damals die Studiozeit überzogen hatten, war dann für ihn ein willkommener Anlass zu sagen: Nee, Leute, akzeptiere ich nicht.

Peter Hesslein: Zwei Alben haben wir gemacht mit Mike Starrs. Und mit ihm haben wir auch wieder live gespielt, das wollte die WEA unbedingt. Wir hatten drei »Rockpop«-Sendungen im Fernsehen, einen »Rockpalast«. 1978 ging das los, bis 1980. Und in der Zeit sind wir auch erstmals wieder auf Tour gegangen. Gelohnt hat sich das nicht. Am ehesten kam noch was rein über unsere Auftritte im Fernsehen. Aber unsere Produktionen waren immer zu teuer, jedenfalls vor »Mean Machine«. Wir haben im Studio immer unser Budget überzogen.

Und mussten das erst mal zurückzahlen. Das Budget wurde immer kleiner, aber wir haben immer länger gebraucht. Wir waren da manchmal mit 40.000 D-Mark in der Kreide, die Summe wurde uns erst mal von den Schallplattenverkäufen abgezogen. Sodass wir nie Geld gekriegt haben. Wir haben einfach weiter unsere Jobs gemacht, ich eben bei James Last. Das hat mir auch Spaß gemacht, mit so vielen weltbekannten Musikern zu spielen.

Ulli Meissner: Nicht nur wir waren verpflichtet, eine Platte zu liefern, die Firma war auch verpflichtet, sie rauszubringen. Damals haben die Labels das so geregelt, wenn die einseitig den Vertrag aufgekündigt haben, dass man dann das ganze Material bekam. Auf dem Stand, wie es war. Wir konnten also alles mitnehmen, die 16-Spur-Bänder, die fertige Mischung usw., und haben das Material rumgeschickt an andere Firmen. Da war die Metronome zunächst sehr interessiert. Und jetzt kommt es zu einer der großen Enttäuschungen, die in diesem Business passieren können. Wir hatten schon einen Termin zur Vertragsunterzeichnung, sind nach Hamburg gefahren und zehn Minuten, bevor der Vertrag unterzeichnet werden sollte, hatten die eine Sitzung und dabei entschieden, das doch nicht zu machen. Wir haben uns also unsere Fahrtspesen ausbezahlen lassen und sind wieder nach Haus getuckert. Das war ein Schlag ins Kontor, denn die Metronome war seit vielen Jahren bekannt für ihre äußerst erfolgreiche Zusammenarbeit mit deutschen Bands. Das hätte uns noch mal einen richtigen Schub gegeben. Dann haben wir uns mit dem hannoverschen Label Lava Records zuammengetan, dort im Studio haben wir dann den Rest abgemischt. Und das haben die auch ganz gut hingekriegt, die Unterschiede zwischen der Hannover- und der Hamburg-Mischung hört man kaum.

GÜNTHER V. RADNY: Wir hatten einen Major-Deal. United Artists war eine Weltfirma, aber die haben es sich leicht gemacht, irgendwann hat United Artists Deutschland Konkurs angemeldet und deshalb haben wir nie einen Pfennig Geld gesehen. Eine Frechheit, aber so ist das Geschäft.

PETER HESSLEIN: Man hat uns schon übers Ohr gehauen. Andererseits konnten wir uns auch nicht beschweren, wir durften ja immer wieder eine neue Produktion machen und haben ständig überzogen. Wir haben eigentlich damit gerechnet, dass da nicht viel rüberkommmt, aber wir wollten zumindest eine Platte machen. Die Band war im Grunde ein Liebhaberding, aber von allen. Von John Lawton genauso. Das war künstlerisch sein Hauptprojekt. Bei Uriah Heep haben andere Leute die Texte geschrieben. Er musste so singen, wie die das wollten, bei den Les Humphries Singers sowieso. Deswegen wollte er eigentlich immer, dass Lucifer's Friend weitermachen.

ULLI MEISSNER: Meines Wissens haben wir von allen drei Alben zusammen nicht mehr als 30.000 Stück verkauft, wobei ein Teil davon auch ins Ausland ging. Das habe ich an den GEMA-Abrechnungen gesehen, da kamen immer mal wieder aus Japan, den USA oder Kanada Kleinbeträge angekleckert. Das war nicht so viel, damals haben die Plattenfirmen mit ganz anderen Margen gerechnet. Der Plattenverkauf lief ja damals durch die Außendienstmitarbeiter der Labels. Die haben alle vier Wochen einen Schwung mit neuen Produktionen gekriegt und sind dann losgezogen und haben in den ihnen zugeteilten Gebieten die Schallplattenläden abgeklappert: Ich bin von der Teldec und wir haben die und die neuen Sachen. Da hast du ja nie Einfluss drauf gehabt, wie und ob die überhaupt dein Produkt anpreisen. Oder ob die dein Album nicht gerade ganz unten im Stapel lassen und sagen: Das kann ich Ihnen eigentlich nicht empfehlen. Da lieferst du in einer Stadt einen super Gig ab, aber die Leute finden dann die Platte im Laden nicht.

Das war es auch, was mich in dem Geschäft irgendwann genervt hat, als ich es durchblickt hatte, es passieren unheimlich viele Dinge, oder sie passieren eben nicht, auf die du überhaupt keinen Einfluss hast. Es spielen so viele Zufälle eine Rolle. Wen kennst du, wen kennst du nicht. Das Einzige, was du machen konntest, war, oft nach Hamburg zu fahren, viele Besprechungen mit der Plattenfirma anzuberaumen, um denen immer wieder auf die Finger zu klopfen: Habt ihr da was angeschoben, ihr wolltet doch das machen, was können wir noch zusammen auf die Beine stellen? Du musstest da ständig hinterher sein. Die haben damals einfach so funktioniert. Ich erinnere mich, dass Udo im Hause Teldec nur noch Udo Nervenberg hieß, weil der denen jeden Tag auf den Füßen gestanden hat. Der hat Tag und Nacht an allen Rädern gedreht. Nur so geht es. So richtig geschafft hat man es in dem Geschäft ohnehin erst, wenn Labels, Agenturen, Veranstalter etc. von DIR abhängig werden und nicht umgekehrt.

Günther V. Radny: Wir haben eigentlich immer gut verkauft, bis zum Schluss. Stand 1988 hatten wir etwa 200.000 Platten verkauft. Als wir dann bei der Teldec waren, da gab es regelmäßig Geld. Ab »Slaughter House« haben wir immer Vorschüsse bekommen und zusammen mit den GEMA-Tantiemen und Auftrittshonoraren konnten wir davon gut leben. Wir haben natürlich auch viel reinvestiert in die Band, wir hatten als eine der wenigen eine richtige Lichtanlage. Man hat nicht groß an Geld gedacht, wir wollten leben, wir wollten Spaß haben, und das hat funktioniert. Das konnten wir zehn Jahre lang.

Ulli Meissner: Der Vorteil von Major-Labels ist ja, dass die weltweit ihre Partnerfirmen haben und überall ihre Platten vertreiben, das ist schon eine Sache, die man sich nicht selber stricken kann. Ich weiß nicht, ob man am Anfang so groß denkt, ich glaube nicht, dass wir gedacht haben, wir werden aus eigener Kraft international bekannt oder berühmt, das geht eher einen Schritt nach dem anderen und man kuckt dann, wie man das noch erweitern kann. Das kann man sich nicht vornehmen und nicht planen.

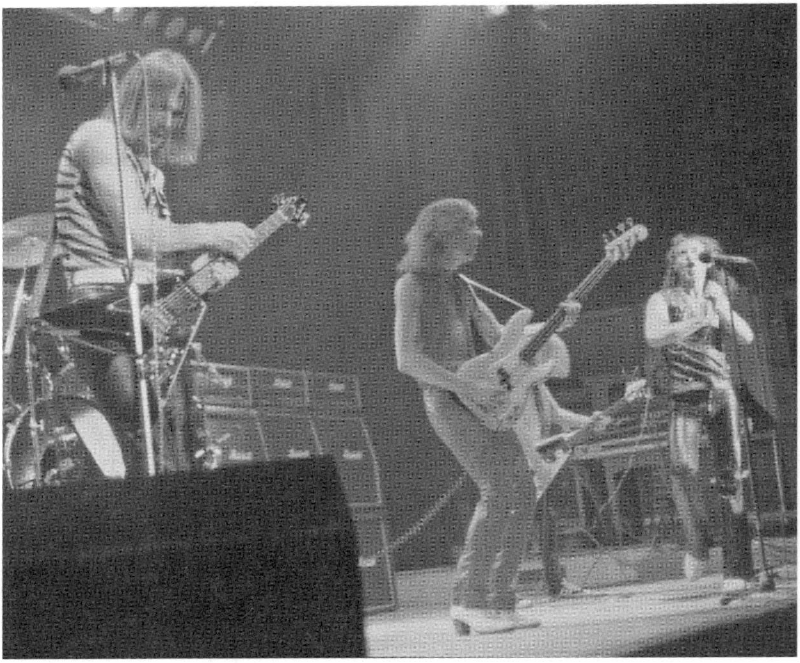
Scorpions

Jede Platte war ein Quantensprung

ERNST HOFACKER: Günter Körber und Bruno Wendel gründeten 1972 mit Brain das im weiteren Verlauf wichtigste Label für deutsche Bands, dem dann auch erste kommerzielle Erfolge gelangen. Zu denen, die in den folgenden Jahren als Brain-Künstler einigermaßen respektable Plattenumsätze feiern konnten, zählten unter anderem Birth Control, Jane, Guru Guru, Grobschnitt, Harmonia, Scorpions, Neu! und Novalis. Was nicht unerheblich auch daran lag, dass die gesetzliche Aufhebung der Preisbindung im Einzelhandel der Bundesrepublik ab 1. Januar 1974 dafür gesorgt hatte, dass aktuelle Langspielplatten plötzlich nicht mehr 20 oder gar 22 Mark, sondern nur noch 14 oder 15 Mark kosteten.

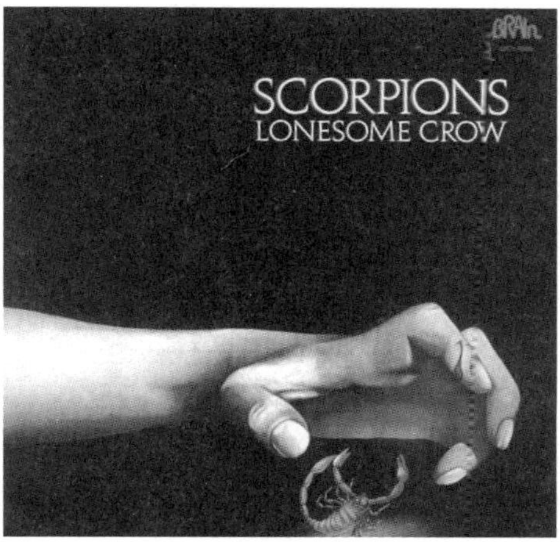

FRANK SCHÄFER: Das Scorpions-Debüt »Lonesome Crow« bewegt sich vornehmlich im verspielten, verträumten und wie im Titelsong strukturell auch schon mal aus dem Leim gehenden Psychedelic Rock. Nicht ohne Grund erscheint das Album auf dem Krautrock-Label Brain. Vor allem der juvenile Michael Schenker darf sich hier nach Herzenslust verausgaben und wird dann ja auch bald von UFO abgeworben. Viel ist nicht hängen geblieben vom Debüt, aber mit »In Search Of The Peace Of Mind« enthält das Album immerhin eine Hymne, die Michael Schenker heute noch bzw. wieder spielt. Eine Art Powerballade avant la lettre.

Uli Jon Roth: Die Scorpions flogen auseinander, als Michael zu UFO ging. Da war ich bei Dawn Road, mit Jürgen Rosenthal, Francis Buchholz und Achim Kirschning, der hat Keyboards gespielt und gesungen. Die Scorpions existierten im Prinzip nicht mehr, es war nur noch Rudolf da, und der wollte erst mal eine Pause machen. Michael hatte mich bei Rudolf empfohlen als seinen Nachfolger. Eines Tages rief er an, es stand noch ein Konzert aus, das bereits gebucht war mit der alten Besetzung. Das haben wir dann gemacht, nach einer Probe. Aber das war es dann mit den frühen Scorpions. Nach einiger Zeit kam Rudolf zu den Proben von Dawn Road in unseren Proberaum, das war eine schöne Aula in Langenhagen. Wir waren eine Schülerband, hatten noch kaum Auftritte, anders als mit meinen Bands davor, wir haben fast nur geprobt. Aber Rudolf gefiel das wohl, kurze Zeit später kam auch Klaus Meine dazu, dann waren wir sechs, und das war die Konstellation, in der wir »Fly To The Rainbow« aufgenommen haben. Wir wurden dann die neuen Scorpions. Rudolf hat uns ursprünglich gemanagt und viele Gigs rangebracht. Unser Terminkalender wurde schnell voll.

Günther V. Radny: Wir haben oft als Vorgruppe gespielt, für Rose Tattoo und Thin Lizzy. Mit UFO haben wir drei richtige Tourneen gemacht. Auch schon in den frühen Siebzigern, als der Michael Schenker noch dabei war. Da habe ich den richtig kennengelernt. Ich war sogar bei dem Konzert, als Scorpions in Regensburg an der Uni gespielt haben, als Vorband von UFO. Bei UFO ist der Gitarrist nicht mitgekommen, der Bernie Marsden hatte irgendein Problem am Zoll mit seinem Pass. Beim Soundcheck war dann klar, der kommt nicht, und so wurde Schenker gefragt, ob er nicht aushilft, und dann ist der da eingestiegen. Die haben nicht lange rumgemacht, die gingen auf die Bühne und das hat funktioniert. Die Songs waren damals etwas anders strukturiert als heute, das waren im Grunde Rock'n'Roll-Abläufe, und das UFO-Programm war nicht so schwierig, allein der »Boogie« hat ja eine halbe Stunde gedauert. Einer wie der Schenker, der ja nun ein sehr, sehr, sehr guter Gitarrist ist, der hat damals schnell gecheckt, wie das geht. Ich habe mitgefiebert, dass es hinhaut.

Fargopeter Knorn: Schenker hatte keine Berührungsängste, er ist in der UFO-Zeit auch mal mit einem Klappfahrrad von der Fledermaus in Hannover aus nach London gefahren. Später ist er mit seiner damaligen Freundin auf einem Mofa nach Spanien gedüst. Keine Ahnung, was ihn getrieben hat, das ist ja nicht gerade das zuverlässigste Gerät. Ob er da gerade seinen Führerschein verloren oder noch gar keinen hatte, ich weiß es nicht.

Uli Jon Roth: Als wir anfingen, die neuen Scorpions an den Start zu bringen im Sommer 1973, hatten wir ein Fernsehkonzert in Lindau am Bodensee. Da spielten Inga Rumpf mit Atlantis, Guru Guru, verschiedene Deutschrockbands, und wir eben auch. Es gab ja in Deutschland damals nur drei Sender, ein Fernsehauftritt war schon was Besonderes. Und wir haben zwei Stücke gespielt, live, das klappte auch gut. Wir hatten einen Musikverleger, Rudolf Schlesak, der hat diesen Fernsehauftritt einem Manager von RCA vorgespielt. Die haben das Potenzial der Scorpions erkannt und einen 5-Jahresvertrag aufgesetzt, und der wurde dann ja auch erfüllt. Die erste Platte mit RCA war »Fly To The Rainbow«.

Peter Föller: Als wir »Rebirth« beim Dieter Dierks aufgenommen haben 1974, da waren die Scorpions auch gerade da, die haben zur gleichen Zeit aufgenommen. Da fing das an mit denen. Die haben da noch mehr reingehört. Wie gesagt, wir haben Deep Purple wenig gehört, ich glaube, das haben wir eher unbewusst ein bisschen umgesetzt, ansonsten war es eher diese Prog-Rock-Geschichte. Ich hab danach noch diese zwei Prog-Rock-Platten mit eingespielt. Nossi wollte nur noch singen, und da haben sie Manni von Bohr als Schlagzeuger geholt. Der und Horst Stachelhaus kamen aus der Band Message, die waren unzertrennlich, also wurde Stachelhaus der Bassist und ich war draußen. Aber das hat sich auch nicht als erfolgreich erwiesen.

Uli Jon Roth: »Fly To The Rainbow« haben wir selbst produziert. Wir hatten dafür ein Budget von 10.000 Mark, was natürlich lächerlich wenig ist. Das hat eine Woche gedauert mit allem. Bei »In Trance« trat dann Dieter Dierks auf den Plan, der war schon eine andere Hausnummer als Produzent und hat von da an alle Platten betreut. Und das hat er auch sehr gut gemacht. Ich muss aber auch sagen, es war einfach, die Scorpions zu produzieren, weil wir einen genauen Plan hatten. Wir gingen sehr gut vorbereitet ins Studio, da wurde keine Zeit verschwendet, und letzten Endes war es eigentlich nur eine Frage, die Mikrofone richtig vor den Verstärker zu stellen und aufzunehmen. Er hat sicher dazu beigetragen, dass die Rhythmusgruppe kompakt war, darauf wurde viel Zeit verwendet. Aber als ich meine Gitarren eingespielt habe, das dauerte zwei Tage, da hat er mir überhaupt nicht reingeredet, ich hatte völlig freie Bahn. Die Songs standen ja schon. Was wir bei Dieter Dierks gelernt haben, war Arbeitsmoral. Der hat extrem hart gearbeitet, das ging nächtelang mit höchster Konzentration. Das hab ich staunend wahrgenommen und hab mir da eine Scheibe abgeschnitten. Wie man um Qualität kämpft im Studio. Insgesamt war Dieter genau der richtige Produzent für uns, aber der volle Dirks-Einfluss kam erst in den 80er Jahren zum Tragen, wo ich nicht mehr dabei war. Da hat er auch mehr in die Arrangements eingegriffen.

Frank Schäfer: Das allzu Verkrautete, das sich in den langen Titelsuiten der beiden Vorgängeralben »Lonesome Crow« und »Fly To The Rainbow« manifestierte, wird auf »In Trance« vom Produzenten Dieter Dierks auf ein konsumierbares Maß gestutzt. Der Erfolg gibt ihm Recht. Rudolf Schenker und Klaus Meine haben sich beim Songwriting aufeinander eingeschossen und können beim Hard Rock (»Top Of The Bill«, »Robot Man«) genauso überzeugen wie in ihrer Paradedisziplin, der Power-Ballade (»In Trance«). Die typische

Siebziger-Verspieltheit hört man aber auch immer noch. Vor allem Uli Roth darf sich hier austoben und seinen Status als Gitarrenheros ausbauen. Die Liebe zu Jimi Hendrix (»Sun In My Hand«) hat er längst in einen gleißenden, zu Recht bewunderten Personalstil sublimiert. Die grandiosen Leads in »Dark Lady« machen sogar seine Gesangsversuche vergessen. Na ja, fast.

Uli Jon Roth: Jede Platte war ein Quantensprung. »Fly To The Rainbow« basierte auf Stücken, an denen Michael teilweise noch mitkomponiert hatte, ich habe relativ wenig beigetragen, nur zwei Songs oder so, für mich war das alles Neuland. Das war ein Jahr später aber schon total anders. Da hatte ich mich vollkommen in meiner Rolle gefunden und die elektrische Gitarre für mich selbst auf ein anderes Level gebracht, spieltechnisch und vom Songwriting her. Das war schon ein Unterschied, deshalb hörst Du auf »In Trance« auch viel stärker meinen Einfluss. Wir haben immer exakt Einjahresabstände gehabt zur nächsten Platte, und jedes Mal merkte man einen deutlichen Schritt nach vorn, vor allen Dingen im kompositorischen Bereich, aber auch in der Ausführung. »In Trance«, möchte ich sagen, ist die erste Platte der Scorpions, die wirklich Hand und Fuß hat. Die »Fly To The Rainbow« hatte Highlights und sehr starke Momente, aber man merkt das Experimentelle an der Platte, das ist noch nicht so ausgefuchst.

Axel Rudi Pell: Ich habe Scorpions gehört und auch gekauft, auf Vinyl damals noch, da war ich 15 oder 16. Das fing an mit »In Trance«, dann »Virgin Killer«, die höre ich immer noch gerne. Natürlich haben wir das alles wahrgenommen, auch Accept, allerdings erst ab »Breaker«, die davor habe ich mir dann später nachgekauft. »Breaker« war geil, ich habe Accept dann im Vorprogramm von Judas Priest in der Essener Grugahalle gesehen, auf der 81er-Tour, das war sensationell. Klar haben wir das alles mitgekriegt. Genau da wollten wir ja hin, wir wollten auch mal im Vorprogramm in der Gruga- oder Westfalenhalle spielen. Und danach natürlich überall auf der Welt.

GÜNTHER V. RADNY: Ich habe mit den Scorpions ohnehin einige komische Erlebnisse gehabt. Ich wollte mal von meiner Mutter zum Scorpions-Konzert gehen in Regensburg, 50 Meter vom Haus meiner Mutter entfernt, geht eine Brücke über die Donau, und da stehen die Scorpions auf der Brücke. Ich kannte die ja, aber bevor die mich sehen, höre ich, wie der Klaus Meine zum Rudolf Schenker sagt: Wenn wir heute nicht ins Hotel gehen, steige ich aus. Tatsache. Anscheinend sind die an dem Abend ins Hotel gegangen, denn ausgestiegen ist er ja nicht. Und dann habe ich die Scorpions noch mal im Marquee in London getroffen. Da kam gerade der Herman Rarebell aus Amerika von Steppenwolf, den kannte ich schon, als er noch bei RS Rindfleisch aus Saarbrücken war, der hat auch mal bei mir gewohnt. Da habe ich erfahren, dass die Scorpions mit dem Rudy Lenners nicht mehr zufrieden waren, das wird heute anders dargestellt, aber die wollten den nicht mehr in der Band haben. Und da habe ich dem Schenker gesagt, da ist jetzt gerade der Herman da, der kommt von Steppenwolf, und da haben die gleich eine Session ausgemacht, und dann ist er bei denen geblieben. Da war ich also auch dabei, das ist natürlich bloßer Zufall.

Peter Föller: Wir hatten keine Animositäten gegenüber den Scorpions, aber wir haben nie mit denen gespielt. Ich kenne keine andere deutsche Band, die mit den Scorpions gespielt hat. Das ging auch ziemlich schnell mit dem Bekanntheitsgrad, die waren sehr schnell im Ausland.

Uli Jon Roth: RCA war ein großer Konzern, die hatten Büros in London, Paris, Hamburg, New York usw. Das schwappte rüber in die anderen Länder. USA hat zunächst nicht geklappt und das hatte einen Grund. »Virgin Killer« war draußen und das hatte ja dieses Skandalcover mit dem Mädchen. Dieter Dierks ist nach New York geflogen und hatte einen Termin mit Bob Summers, dem weltweiten Chef von RCA. Der wusste nichts von seinem Glück. Und bei dem Termin zeigt ihm Dieter ganz stolz die Platte, und Bob Summers stand auf aus seinem Sessel und sagte: Thank you, you made my day. Der verließ das Gebäude und kam nicht wieder. Das ging natürlich in den USA überhaupt nicht. Ich kann ihm das auch nicht verdenken, das Cover war eine Katastrophe. Das Album ist dort erschienen, mit anderem Cover, aber den Support, den wir dort gebraucht hätten, gab es nicht. Die Scorpions haben danach kein Bein mehr auf den Boden gekriegt in Amerika. Das änderte sich erst später, als die Band zu EMI ging. Kurz nach »Tokyo Tapes«, als ich die Band schon verlassen hatte, ist dann doch eine US-Tour zustande gekommen, die habe ich aber nicht mehr mitgemacht. Klaus hat zwar versucht mich zu überreden, aber ich wollte das nicht mehr. Strategisch gesehen, war das wahrscheinlich ein Fehler. Es wäre besser gewesen, wenn ich die noch mitgemacht hätte, aber damals war ich noch nicht so klug und habe nicht strategisch gedacht.

ANDREAS NEUDERTH: Die Scorpions haben viele Wellenbrecher gehabt, was den Härtegrad angeht, aber zum gradlinigen (Fast-)Metal wurde es erst, als der Hippie die Band verlassen hat.

ULI JON ROTH: Ich wollte experimentieren, das konnte ich bei den Scorpions nur in einem bestimmten Rahmen. Das war der einzige Grund. Persönlich gab es in der Band nie Probleme, wir waren ein sehr gutes Team. Es gab ein paar Meinungsverschiedenheiten, ein paar Songs, da hatte ich einfach keinen Bock, die zu spielen, aber das haben wir dann letztlich doch gemacht. Das waren künstlerische Meinungsverschiedenheiten, aber Streit gab es nie. Das fand ich sehr angenehm. Und das war auch einer der Gründe für den Erfolg der Scorpions. Der menschliche Aspekt in der Band hat funktioniert. Bei vielen Bands war das eben nicht so. Das ist mein Song, das ist dein Song. Da gab es Eifersucht und was weiß ich noch alles. Das existierte bei uns nicht. Wir hatten ein sehr organisches Gefüge.

ANDREAS NEUDERTH: Uli Roth hat die Band, was ich übrigens grandios finde, in den Siebzigern festgehalten. Bei Judas Priest musste 1979 ein sehr verspielter Drummer gehen, damit ein straightes Holzfäller-Drumming »British Steel« zu einem durchgehenden Metalalbum machte. Ich denke, dass es die verschiedenen Einflüsse der Mitglieder waren, die so manche Band von einem eher »reinen Stil« abgehalten haben. Das kann man ja auch durchaus gut finden, wenn man Seventies-Fan ist. Das Extrem sind ja dann auch Queen. Da kommt fast schon Metal, gefolgt von 20er-Jahre-Charleston-Musik – direkt hintereinander.

Uli Jon Roth: 1978 habe ich Electric Sun gegründet und bin bei den Scorpions ausgestiegen. Das war ein Scheideweg. Wir haben »Tokyo Tapes« gemacht und einen Monat später habe ich mit Electric Sun angefangen und sofort die erste Platte aufgenommen, »Earthquake«. Meine Uhr war abgelaufen. Alles hat seine Zeit. Ich hatte Rudolf gesagt, am Anfang, als wir uns zum ersten Mal zusammengesetzt hatten: Ich bleibe fünf Jahre hier bei dir, dann muss ich was Eigenes machen. Das hatte ich zwischendurch vergessen, aber dann erinnerte ich mich wieder. Und genauso wars, es waren exakt fünf Jahre, fast auf den Tag. Für mich war das eine tolle Reise. Ich war damals 19 Jahre alt, ich wollte lernen, wie es geht, wie man Schallplatten aufnimmt, Tourneen macht. Ich habe sehr viel dort gelernt. Wir haben uns jedes Jahr weiterentwickelt, die Band hat ihr Potenzial jedes Jahr verdoppelt, wir schwammen damals auf einer Welle, die wir selbst mitkreiert hatten. Eine sehr kreative Zeit, die späten Sechziger und die frühen Siebziger, da ist am meisten passiert. Ich war vier Jahre lang Feuer und Flamme für die Band, wollte dann aber lieber frei sein, dieser selbst auferlegte Rahmen wurde mir zu eng. Wir hatten keinen Stress oder so etwas, wir haben die Songs zusammen ausgewählt, das war alles überhaupt kein Problem, aber ich fing an Songs zu schreiben, die überhaupt nicht mehr da hineinpassten. Das waren kleine Symphonien, »Earthquake« zum Beispiel, ein Instrumentalstück von über 12 Minuten, ich wollte musikalisch einfach woanders hin. Und ich habe auch nicht auf Kommerz geschaut. Rudolf und Klaus wollten internationalen Erfolg, ich dachte mir, gut und schön, ich habe kein Problem damit, aber ich möchte ihn auf eine Weise, bei der ich mich nicht musikalisch in irgendeiner Weise kompromittiere. Womit ich nicht sagen will, dass Rudolf und Klaus sich kompromittiert hätten, haben sie nicht, die haben genau das gemacht, was sie wollten. Nur ich wollte ein bisschen was anderes. Und dann gingen die Texte, als Hermann in die Band kam, immer mehr in Richtung Sex, Drugs und Rock'n'Roll, und das war mir einfach zu billig. Damit will ich nichts zu tun haben. Ich möchte Texte, die Bedeutung haben und bei denen ich nicht peinlich berührt danebenstehe. »Virgin Killer«, ein Text von mir, hat so eine gesellschaftskritische Bedeutung, wenn man sich den mal ansieht und nicht das Cover. Wir hatten damals wirklich Scheißcover. Ich wollte etwas Künstlerisches, Songs mit einer Message, und die frühen Scorpions-Sachen hatten auch diese Message, »Fly To The Rainbow« oder »In Search Of The Peace Of Mind«, ein sehr schöner Text von Klaus. Mit solchen Sachen konnte ich mich identifizieren, mit »He's A Woman, She's A Man« nicht. Musikalisch schon, aber textlich nicht. Ich hatte gar keine Wahl, ich musste einfach was anderes machen. Wir haben uns dann sehr gütlich getrennt und sind bis heute Freunde. Das ist doch auch was.

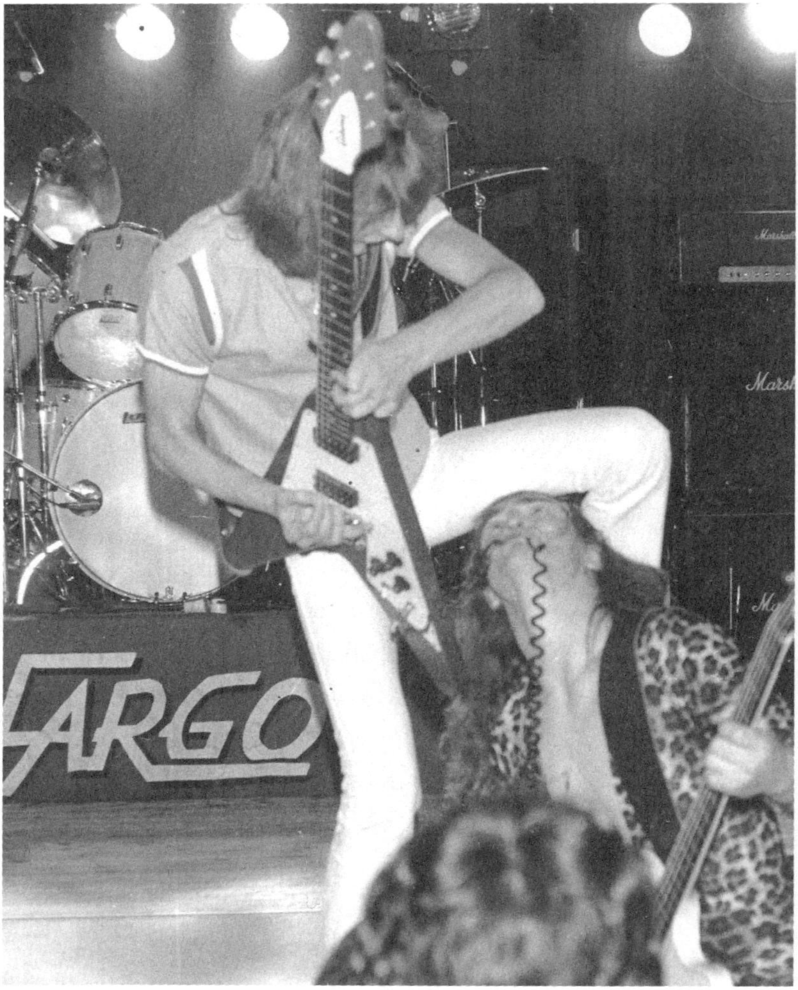

Härte hat mich nicht interessiert

Stefan Kaufmann: Ich bin aufgewachsen mit dem Glam-Rock-Zeug, Slade, Sweet, T. Rex usw., später Deep Purple, Rainbow und Blackmore, natürlich Priest, schon ganz früh. Ich habe Priest das erste Mal im Vorprogramm von AC/DC gesehen, das muss 1979 gewesen sein. Und ich erinnere mich, damals gab es Radio Hilversum usw., die ganzen Piratensender, und da habe ich das erste Album von Van Halen gehört, da war das hier noch gar nicht draußen. Klar, sind das Einflüsse, die du irgendwie verarbeitest. Als Instrumentalist denkst du dir, so etwas Ähnliches willst du auch mal machen. Als Schlagzeuger war mein großes Vorbild immer Mick Tucker von Sweet, von dem kann ich bis heute jeden Schlag in- und auswendig trommeln. Aber es war nie so, dass man sich gesagt hat: Oh, das Album ist aber erfolgreich, lass uns mal so etwas Ähnliches machen. Das hat uns nie interessiert. Wir haben immer unser Ding durchgezogen. Und das war auch gut so, sonst hätten wir ja keinen eigenen Stil entwickeln können.

Jutta Weinhold: Zwischendurch habe ich immer mit der Jutta Weinhold Band gespielt, und da habe ich dann auch mein erstes Soloalbum aufgenommen, zusammen mit dem Panikorchester. Karl Allaut hat das damals produziert. Ich hab schon immer gerne Songs geschrieben, aber auch das muss man lernen. 1976 war ich dann so weit, bei »Coming«. Der Rhythmusgitarrist Werner Grabowski und ich haben fast alle Songs geschrieben. Rainer Baumann kam noch dazu, ein supergeiler Gitarrist. Dann habe ich die zweite Platte gemacht, »Jutta Weinhold«, das war 1978. Und dann wollte ich da raus, es hatte sich so ein Rock'n'Roll-Fließband entwickelt, so ein leicht oberflächlicher Schlichtrock. Eigentlich wollte ich heavier werden, ich wollte auch keinen Blues mehr singen. Irgendwas musste sich ändern. 1980 habe ich dann eine Platte gemacht für den Hamburger Senat, die hieß »Mach ’nen Bogen um die Drogen«, und da gab es einen Song, der hieß »Teddy«, und der war für die Zeit richtig heavy. Die Live-Version mit Klaus Walz und Bernie Kolbe von Epitaph bzw. Jane, die war schon ziemlich amtlich. Und da dachte ich, das will ich jetzt mal fortführen. Da muss es längsgehen.

Axel Rudi Pell: Die erste Band hatte ich schon 1974. Wir hießen Silver Stones und haben uns dann später umbenannt in Firebird. Das hatte Schülerbandniveau. Meine Anfänge auf der E-Gitarre halt, das kann man eigentlich gar nicht als richtige Band bezeichnen. Wir haben uns zweimal in der Woche zum Proben getroffen, in so einem Keller unter einem Jugendheim. Das war okay, aber natürlich nicht richtig erfolgreich. Die nächste Band hieß dann Devil’s Death. Das war so um 1978 und schon relativ hart, so eine Art Steeler-Vorstufe, aber noch in einer ganz anderen Besetzung. Bei Steeler war außer mir niemand mehr dabei. Die habe ich dann alle ausgetauscht, hähä.

Peter Hesslein: Die haben sich wahrscheinlich an alten Sachen orientiert, nachgeforscht, wo das entstanden ist, und so sind sie drauf gestoßen. Und auf diese Weise ist es im Laufe der Jahre zu so einer Art Kultstatus gekommen. Man wurde dann ja auch oft kopiert. Judas Priest haben einen Titel, der ist von »Ride The Sky« geklaut, das Gitarrenriff, die Gesangsmelodie, das hört man sofort. Ich habe das meistens erst später rausbe-

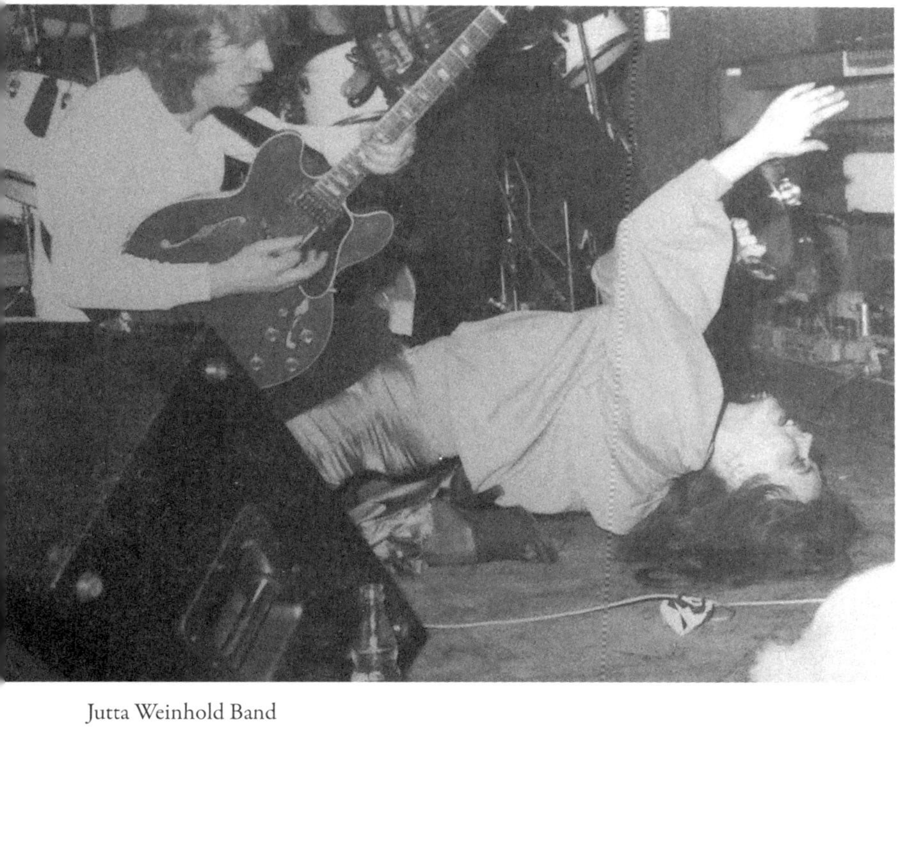

Jutta Weinhold Band

kommen. Sogar ein Rapper in England, der ist mittlerweile verstorben, hat von »Mind Exploding« ein Stück gesampelt. Und das Gitarrenintro von »Toxic Shadow« lief ewig im amerikanischen Werbefernsehen. Aber ich hab natürlich nie Geld gesehen, irgendwelche Werbemusiker haben das einfach genommen. Man kann das ja auch als Kompliment sehen. Aber eine kanadische Band hat »Keep Going« gecovert und dann als eigenen Titel ausgegeben, da hört es dann auf. Das ist Diebstahl.

FARGOPETER KNORN: Wir haben Epitaph sehr bewundert, weil die beiden Gitarristen geile Sachen gespielt haben, Bernie Kolbe, toller Sänger, zweistimmige Gitarren, das waren für uns die deutschen Wishbone Ash, wenn man so will. Wishbone Ash waren ja auch nicht wirklich Hard Rock. Die waren sehr melodisch. Das war die Musik, die damals angesagt war. Ten Years After war mal meine Lieblingsband, die waren ja auch kein Hard Rock. Die erste Band, die mich wirklich umgehauen hat in der Richtung, war Grand Funk. Die haben schon ganz gut hingelangt, da habe ich dann gedacht, oh, da gibt es ja noch was anderes. Der erste Impuls in die härtere Richtung war das vierte Fargo-Album, »F«, da war dann Tommy Newton dabei, mit dem ich später Victory machte. Aber eigentlich sind wir erst danach härter geworden, mit »Constellation«. Es gab eigentlich den Moment nicht, wo wir uns gesagt hätten, so, jetzt wollen wir aber härter werden. Das wäre auch unglaubwürdig gewesen. Warum sollten wir die Bösemännermusik plötzlich gut finden? Wir fanden Free immer geil, oder Humble Pie, »Up Our Sleeves«, was für ein Song, da kamen wir gar nicht auf die Idee, brachiale Klänge machen zu wollen.

Peter Föller: Es gab nie Bemühungen, wieder härter zu werden, oder irgendeine Probe, in der gesagt wurde: Wir müssen mal wieder so einen Song wie »Gamma Ray« machen. Vielleicht haben wir uns einfach in unserem Umfeld so wohl gefühlt, dass uns das egal war. Es geht uns ja allen gut, es funktioniert noch, wir leben. Alles ist gut, wir dürfen machen, was wir wollen. Ich weiß auch nicht, ob das geklappt hätte. Bruno Frenzel hätte das sogar gemacht, glaube ich. Der war eher so ein Typ, der da schon drauf eingegangen wäre.

Uli Jon Roth: Härte hat mich nicht interessiert. Ich wollte nur Musik machen, die melodiös ist und den Rock-Charakter hat. Die Stratocaster durch einen lauten Marshall zu schicken, das allein ist schon ein harter Grundansatz. Das ist etwas anderes, als wenn ich mit einer Geige in einem kleinen Zimmer spiele. Das ist schon ein Schrei nach Aufmerksamkeit. Hier sind wir. Aber das Wort »Härte« existierte nicht in meinem Vokabular, im Gegenteil, ich habe immer versucht, extrem intensiv zu spielen, aber gleichzeitig auch so sensibel und empfindsam die einzelnen Noten zu platzieren. Das war eine merkwürdige Gradwanderung zwischen zwei Welten. Wir waren laut. Marshall-Verstärker sind sehr laut, und davon hatten wir reichlich auf der Bühne. Die Bands aus England und den USA waren auch so, die deutschen eher nicht. Denn die deutschen Bands, jedenfalls habe ich das so wahrgenommen, waren keine Gitarrenbands. Wir waren eine Gitarrenband.

Günther V. Radny: Auf den Festivals in den Siebzigern spielte Joan Baez neben den Scorpions, AC/DC, und dann

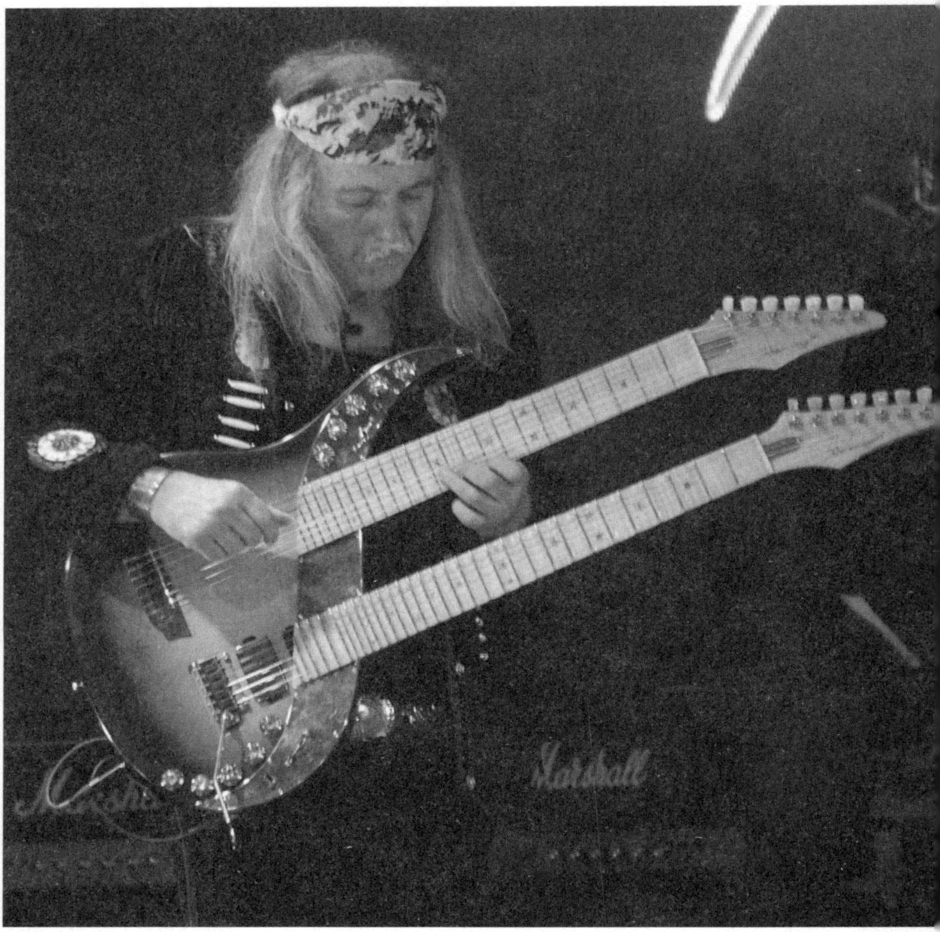

Uli Jon Roth, 2017

kam wieder Witthüser und Westrupp und wie die alle hießen. Das war kein Problem. Wenn es dir nicht gefallen hat, bist du halt rausgegangen und hast einen Joint geraucht. Die Bands hatten auch keine Probleme untereinander, egal, was die für Musik gemacht haben. Wir haben oft mit Amon Düül gespielt, haben sogar mal eine Session-Tournee mit denen gemacht.

STEFAN KAUFMANN: Es gab noch nicht eine solche Club-Szene wie heute, wie den Hirsch in Nürnberg oder so, also mit Kapazitäten für 500, 600 oder 700 Leute. Du hast viel in Jugendzentren gespielt, in kleinen Stadthallen, Event-Kneipen, manchmal in Schulen. Sehr häufig im Haus der Jugend, die haben da Veranstaltungssäle, und da war vollkommen egal, welche Band da gespielt hat, Hauptsache, da hat eine Band gespielt.

Wir haben mit Karthago gespielt, mit Franz K., die Bands aus der Generation vor uns. Das ging kreuz und quer durch den Gemüsegarten. Auf der einen Seite ist das natürlich eine schöne Sache, es war auch nie so, dass wir komplett auf die Schnauze gefallen sind damit, ich kann mich jedenfalls nicht daran erinnern, dass es mal total peinlich war. Aber du hast dann tatsächlich mit totalen Krautrock-Bands zusammen gespielt, mit Guru Guru, Kraan usw., da waren wir eigentlich komplett außen vor, aber wir sind da genauso gut angekommen, da gab es noch nicht solche Scheuklappen, da sind Bands mit deutschen Texten aufgetreten, mit englischen Texten, das waren die Anfänge in den späten 70er Jahren.

GÜNTHER V. RADNY: Das erste Album, das wir gemacht haben, ist nie veröffentlicht worden. Unser Sänger hatte ein massives Drogenproblem, als das Album fertig war, war der so am Ende, wir konnten mit ihm gar nicht mehr auf die Bühne gehen. Der hat sich dann auch später umgebracht. Deshalb haben wir das gar nicht veröffentlicht, dummerweise sind die Tapes irgendwann verschwunden. Ich habe bloß eine Kassette mit vier Songs. Die Sabbath-Zeit war dann vorbei, das hat sich verändert. Ich habe mir gestern noch mal die erste von Judas Priest angehört, die »Rocka Rolla«, so ähnlich war unser Zeug auch. Das war so ein bisschen Boogie-Metal.

GÜNTER EHNERT: Das Trio Radny/Eder/Schreiber ging Ende 1976 ins Studio, um die Debüt-LP »Back To The Music« einzuspielen. Nach dem Motto »Wir machen Musik, die in unsere Zeit passt: Realitätsbezogen, aggressiv und laut« (Radny) spielten sie einen respektablen – wenn auch nicht optimal produzierten – »Schwermetall«-Rock ein, der bisweilen an Rory Gallagher und Black Sabbath erinnert.

JÖRG GÜLDEN: Right on, Jungs! Das passt jetzt wie die Faust ... Hier merkt man gleich, welche Musik gemeint ist. Mass hat's schwer, wie jedes Schwermetall-Trio seit Cream. Aus so'ner Konstellation was Neues rauszuholen, ist kaum möglich. Man kann sich nur anständig schlagen. Und das tut diese Band. Ihre Version des Creation-Hits von 1976, »Painter Man«, kann sich hören lassen, und auch das eigene Material ist den Umständen entsprechend. ZZ Top oder Rush sind vielleicht etwas trickreicher, aber das liegt nicht zuletzt daran, dass ihre Produzenten und Studiofüchse mehr draufhaben.

Fargopeter Knorn: Wir hatten nicht mal Demos. Wie hätten wir die auch machen können? Wir hatten ja nicht mal einen Kassettenrekorder für so etwas. Das hat sich anders ergeben. Es war ja nicht so, dass irgendeiner gesagt hätte, ich finde euch gut, da können wir was draus machen, kommt mal zu mir ins Studio. Es war ganz anders. Ich habe für die Band Eloy ein Konzert veranstaltet, es kamen wenige Leute, und deshalb sind die nicht aufgetreten, das war eine bittere Sache, und so fühlte sich Frank Bornemann wohl etwas schuldig, denke ich mir. Und für Jane habe ich auch eine Menge gemacht, ich habe denen öfter mal einen LKW geliehen, ich war bei den Scorpions bei einigen Shows der Lichtmann und habe mitaufgebaut. Gerade diesen drei Bands habe ich viel geholfen, nicht dass die auf mich angewiesen gewesen wären, um Gottes Willen, aber ich war zur richtigen Zeit am richtigen Ort und war erreichbar und dafür waren mir alle drei Bands dankbar im Nachhinein. Von den Scorpions wurde ich nicht nur einmal am frühen Morgen angerufen, weil ihr LKW mal wieder in den Kasseler Bergen liegen geblieben war, die hatten damals nur Schrottmöhren. Dann habe ich also den Fargo-LKW alleine ausgeladen und bin da hingebrettert und habe die abgeholt. Das waren Sachen, die haben sie nicht vergessen. Die Scorpions waren mir sehr viel später ungleich hilfreicher, als die mich an ihren Manager weitergeleitet haben. Und so ähnlich war es auch mit Bornemann. Der und Klaus Hess von Jane kamen irgendwann zueinander, wir haben ja auch öfter zusammen gespielt, und schließlich durften wir im Jane-Studio aufnehmen, vermutlich weil Bornemann versprochen hat, das Album dann an eine Plattenfirma zu verkaufen. Hess und Bornemann hatten da einen Deal, vermute ich mal. Und so haben wir, wenn es gerade mal passte, peu à peu dort aufgenommen. Das dauerte viele Wochen.

Stefan Josefus: Die deutschen Produktionen klangen immer alle so klein und muffig. Das wollte ich anders machen. Bei der Produktion der Single war ich ja dabei. Ich bin zur EMI gefahren und warte also, dass ich an die Reihe komme. Da haben die vor mir die neue Dire-Straits-Single überspielt. Und dann bin ich dran, und obwohl die Pegel die gleichen waren, klangen Dire Straits bestimmt ein Drittel lauter. Ich frage also den Techniker: Was ist das denn? Wie kommt das? Ja, sagt er, die nehmen besser auf, die haben viel bessere Studiogeräte als du. Wenn du ein Sennheiser-Mikro für 280 D-Mark hast, hat der ein Mikrofon, das kostet 5000 D-Mark. Und so geht das weiter, Hallgeräte etc. Ich bin dann also nach Hause gefahren und hab gesagt: Peter, das läuft so nicht mehr, wir müssen uns bessere Mikros besorgen und ein Lexicon-Hall. Ja, aber so ein Lexicon-Hall hat damals 40.000 D-Mark gekostet. Mein Bruder Peter war ja Elektriker und hatte Spaß daran, also haben wir dann angefangen, das Geld dort reinzustecken und uns ein großes Studio zu bauen.

Fargopeter Knorn: Wir hatten keine Ahnung. Wir hatten eine ungefähre Vorstellung, wie das klingen könnte, aber wie man dahinkommt, das wussten wir nicht. Wenn er denn mal da war, saß Klaus Hess hinterm Mischpult, und wenn nicht, war es ein Roadie, der wusste, wie man das Mischpult anschaltet. So, dann macht mal schön. Mit diesen Aufnahmen ist Bornemann irgendwann zur EMI gegangen, das war die Plattenfirma von

Eloy, die waren damals ein richtig großer Fisch. Und die haben sich davon was versprochen. Bornemann kann gut reden, der wird denen das Blaue vom Himmel heruntergelogen haben. Wir haben ja viel gespielt. Da wird die EMI sich gesagt haben, na gut, dann nehmen wir den Saftladen Fargo mal, dann haben wir es bei der Vertragsfortführung von Eloy vielleicht etwas einfacher. Meine Unterstellung. Jedenfalls fuhren wir dann ins Studio N nach Köln, und da wurde abgemischt und noch einiges dran gemacht.

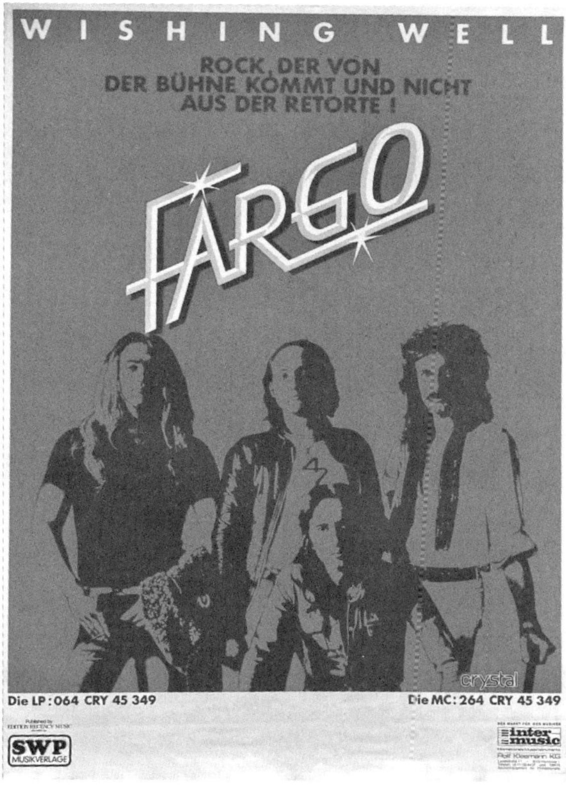

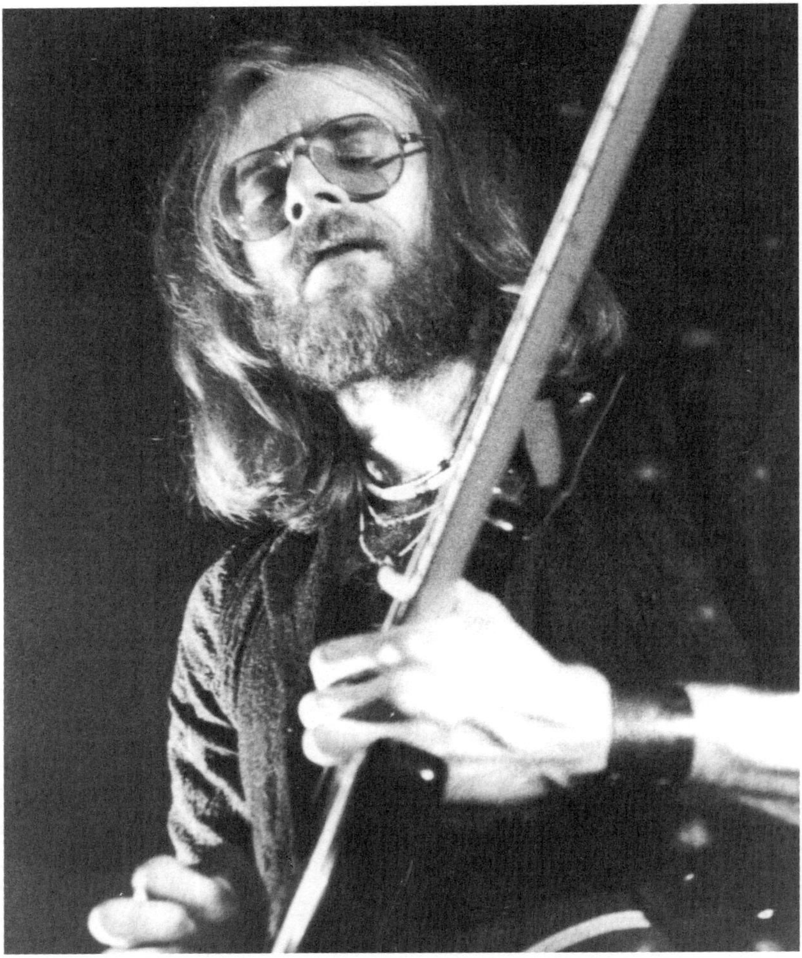

Ulli Meißner (Bastard)

Am Kassenhäuschen hängt das Schild »Ausverkauft«

Ulli Meissner: Damals gab es viel weniger Möglichkeiten, sich selbst zu vermarkten. Es gab praktisch nur die Plattenfirma und den Musikverlag, die den Kontakt zu den Medien und zur Presse hatten. Da haben die ihre Sachen hingeschickt, und dann musste man sehen, dass man hier und dort mal in Musikzeitschriften präsent war. Da gab es die »Bravo«, die für den Rockbereich aber nicht so relevant war, dann gab es »Pop«, »Musikexpress«, »Sounds«, »Riebe's Fachblatt«, aus dem dann später das »Fachblatt Musikmagazin« wurde. Im Fernsehen spielte sich ja kaum was ab in der Richtung, der »Beat-Club« war auch eher englisch-orientiert. Sehr rührig war aber damals der Rundfunk, da gab es richtig geile Musiksendungen. Auf NDR 2 gab es nachmittags nach der Schule immer eine Stunde »Musik für junge Leute« mit Moderatoren, die totale Musikexperten waren. Die brachten die neuen Scheiben von Miles Davis oder Edgar Winter ausführlich im Hauptprogramm oder lange Live-Interviews mit deutschen Bands aus dem Sendegebiet – das kann man sich heute in Zeiten der Formatradios gar nicht mehr vorstellen. Oder den »Club«, der hieß erst »5 Uhr Club«, und dann wurde der auf später verlegt. Das war auch eine Sendung, wo man sich ungeheuer viele musikalische Ideen herholte oder wo man überhaupt neue Bands kennenlernte, weil die ständig neue Sachen gespielt haben. Danach ist man losgegangen und hat sich die Platten gekauft. Wir hatten gute Kontakte zum NDR, wir sind mehrfach zu Interviews und Gesprächen eingeladen gewesen, und die haben uns auch eingekauft für das große NDR-Festival auf der Freilichtbühne in Kiel. Zu denen hatten wir einen sehr guten Draht, die mochten uns irgendwie. Mit dem WDR haben wir eine zweistündige

Livesendung gemacht, bei der wir anderthalb Stunden gespielt haben. Ebenso mit dem SWR, die eine komplette Show live vor 2000 Leuten übertragen haben.

STEFAN JOSEFUS: Ich habe in den Interviews mit den Radioredakteuren oft gehört, die Songs sind zu lang und ein bisschen zu kreischig und so weiter. Das beißt sich mit den harmonischen Gesängen. Daraus haben wir dann unsere Schlüsse gezogen und sind zur Singleform übergegangen. Bekanntheit erreichst du nur, wenn ein Song richtig gut im Radio läuft, und wenn du als Profi arbeiten willst, musst du bekannt werden, sonst verdienst du kein Geld.

FARGOPETER KNORN: Von dem Augenblick an, als man bei einer Plattenfirma war, es gab ja nicht so irre viele, und eine Schallplatte auf den Markt kam, gab es Anzeigen in den Musikheften. Die hatten außerdem Promoterteams in ganz Deutschland, die sind zu den Radiosendern gefahren und haben denen erzählt: Hier, die neue Weisheit der Rockmusik. Und da gab es welche, die haben uns unterstützt. Im Süden der Republik zum Beispiel ein gewisser Frank Laufenberg, ein sehr angesagter Radiomoderator beim SWR. Der Typ war im schwäbischen Raum eine Hausnummer, und der hat in lockeren Abständen Konzerte veranstaltet, und wenn Laufenberg einen kannte und mochte, war die Hütte voll. Wir haben da mal in einer Turnhalle gespielt, die war mit 900 Leuten gerammelt voll.

ULLI MEISSNER: Wir wurden schon unterstützt von der Plattenfirma. Die haben ja Etats bei den Labels. Damit machen sie dann zum Beispiel eine ganze Seite Anzeige im »Musikexpress«. Bei uns haben sie gesagt: Ihr seid ja live ganz gut zugange, wir finanzieren euch mal richtig geile Plakate. Dann haben die von diesen übergroßen Dingern 3000 Stück produziert. Solche Sachen waren schon hilfreich.

FARGOPETER KNORN: Da merkte man, mit einer Plattenfirma im Kreuz, da geht was. Und dann darf man auch nicht vergessen, es gab damals das Musikverlegertum, das es ja heute auch noch gibt, aber das war damals aus einem ganz anderen Holz geschnitzt. Der normale Deal ist, 60 Prozent der GEMA-Kohle bekommt der Künstler, 40 Prozent der Verleger. Für was? Für gar nichts. Damals aber gab es eine Handvoll Verleger, die wirklich was geleistet haben. Wir waren bei Bernd Guckelberger im SWP-Verlag, der hat wirklich reichlich gemacht, der hat Anzeigen geschaltet für die Bands, bei dem waren auch Jane, der hat die Rundfunksender genervt, der hat hier und da Konzerte rangeholt, weil er sich gesagt hat, je mehr Platten die verkaufen, desto mehr kriege ich vom Kuchen ab.

ULLI MEISSNER: 6. Oktober 1978. Heute ist Probe im Bunker Hannover-Badenstedt. Kalle, unser Leadsänger und Bassist, zieht feierlich ein Papier aus der Tasche und verkündet mit dem protokollarischen Ernst eines Lottozahlenansagers: »Nächste Woche spielen wir in Hamburg, Nürnberg, Mannheim, Dortmund, Offenbach und München. Und zwar mit AC/DC«. Dieses Mal ist es keiner von Kalles üblichen Scherzen. Unser Musikverlag hat den Konzertmogul Lippmann + Rau überzeugen können, uns bei dieser Tour unterzubringen.

(Und das, obwohl Herr Rau unseren Bandnamen Bastard eigentlich nicht mag, weil er die Jugend anno 1978 ohnehin schon zu verroht findet.) Große Freude bricht aus, die aber schon nach wenigen Minuten von den nun notwendigen Planungen abgelöst wird. Unsere 2-köpfige Roadcrew muss umgehend gebrieft werden. Und ein schlagkräftiges Set muss her: Wir dürfen 30 Minuten spielen plus eine vertraglich garantierte Zugabe. 30 Minuten, in denen man alles gewinnen oder alles verlieren kann. Aber auch seine wirklich besten Songs unterbringen kann. Und dann muss noch kurzfristig ein Gig abgesagt werden, der in diese Zeit fällt. Dessen Veranstalter ist natürlich stocksauer und wird uns nie wieder buchen. Kollateralschaden, aber es geht nicht anders. Wir bekommen 300 DM Gage pro Abend plus jeweils 500 DM Unterstützung von unserer Plattenfirma Teldec. Backline ist natürlich mitzubringen, Hotels etc. vom Budget zu bezahlen. Das ist machbar und wir müssen nichts drauflegen.

Günter Ehnert: Inzwischen haben die in England und Amerika schon mehrfach nach Deutschland geguckt. Einige deutsche Bands brachten ihre Platten sogar in den englischen und amerikanischen Charts unter. Und auch in Frankreich und Italien weiß man, dass die Weltspitze der elektronischen Rockmusik weitgehend von deutschen Musikern gebildet wird. Andere haben den Traum vom Milch- und Honig-Land aufgegeben und sich auf das Gebiet konzentriert, in dem man – als deutsche Band – immer noch am schnellsten Karriere machen kann: Deutschland. Dabei zeigte sich, dass man mit Heavy Rock, Jazz Rock, Folk Rock und elektronischem Rock hierzulande zu Umsätzen kommen kann, von denen renommierte ausländische Bands nur träumen.

Woran liegt es nun, wenn viele deutsche Rockgruppen heute 10.000 Exemplare und mehr von einer Langspielplatte verkaufen und einige sogar die 100.000er-Zahl erreichen? Es liegt natürlich an der Musik. Sie ist besser geworden; das Angebot ist breiter. Es liegt an den Musikern. Sie agieren nicht mehr mit dem Habitus eines Musikdozenten, sondern spielen mit Spaß fürs Publikum. Es liegt am Publikum. Das ist jünger geworden und damit (weil weniger durch die frühere anglo-amerikanische Vorherrschaft beeinflusst) objektiver, aufgeschlossener. Es liegt auch an den Medien. Im Funk und vor allem im Fernsehen sind Ansätze zu erkennen, deutsche Gruppen den ausländischen Formationen gleichzustellen. So standen in fast allen Musiksendungen, von »Rockpop« über »Disco«, »Pop«, »Szene« bis zur »Plattenküche« deutsche Bands vor den Kameras. Und wenn beim »Rockpalast«-Festival zur Jahreswende 78/79 mit Grobschnitt »überraschend« eine deutsche Gruppe auf Platz 1 nach Auszählung der Zuschauerwünsche landete, sollte dies ein Anstoß sein, in deutschen Redaktionsstuben noch einmal mehr über die Programmzusammensetzung nachzudenken.

Ulli Meissner: 13. Oktober 1978. Das Audimax ist Hamburgs größter Hörsaal mit 1647 Sitzplätzen und wird für Veranstaltungen aller Art vermietet. Wir sind selbstbewusst, aber auch etwas aufgeregt. Nicht wegen der anstehenden Performance, sondern größte Sorge ist, dass man uns soundmäßig verheizen könnte. Schnell ist jedoch klar, dass man uns rundum gut behandeln wird. Toll! Tourmanager Bernd Hefner ist kommunikativ und immer ansprechbar. Ebenso die vielköpfige britische Crew. Man klärt uns auf: »16.000 Watt nach vorn plus 8000 Watt Monitor. Ihr bekommt einen Teil davon. Inklusive dreier Tonleute: Hauptpult, Monitormix Frontstage und Monitormix speziell für den Drummer.« Am frühen Abend wage ich zusammen mit unserem Drummer den Weg Richtung AC/DC-Garderobe. Als einziger anwesend ist Sänger Bon Scott. Freundliche Begrüßung, bevor Bon sofort beim für ihn Wesentlichen ist: »Habt ihr Zigaretten?« – »Na klar doch!«. Eine volle Schachtel HB wechselt den Besitzer. Sofort reicht uns die Reibeisenstimme eine frische Flasche Whiskey. »Alles Gute, Jungs. Wir sehen uns.«

GÜNTHER V. RADNY: Ein befreundeter Veranstalter aus Regensburg fragte uns, ob wir nicht Lust hätten, Bon Scott aus dem Hotel abzuholen und zur Konzerthalle zu bringen. Der kommt aus dem Aufzug heraus, rennt auf uns zu und stellt sich vor, und du hast das Gefühl gehabt, du kennt diesen Menschen schon seit zwanzig Jahren, so offen war der. Und dann nach dem Konzert kam er gleich an: Wie habt ihr es gefunden? Wir haben ihn dann wieder ins Hotel gebracht. Leider ist er kurze Zeit später gestorben, ich glaube, mit dem hätten wir noch viel Spaß gehabt.

ULLI MEISSNER: Stunden später: Der Gig wird Hammer. Seitlich nach hinten auf jeder Bühnenseite türmen sich gleich meterweise und mannshoch 8000-Watt-Sidefills. Dermaßen zugedröhnt und berauscht vom eigenen Sound, scheint die eigene Energie plötzlich unerschöpflich. Für eine Zugabe reicht es heute dennoch nicht. Im hohen Norden kommen die Leute bekanntermaßen schnell auf den Punkt. Und der heißt an diesem Abend: Ihr wart OK, aber nun möchten wir so schnell wie möglich AC/DC sehen. Backstage bekommen wir noch Besuch von Sängerin Jutta Weinhold (»Jungs, ihr seid ja ganz nassgeschwitzt«), die damals ebenfalls bei der Teldec unter Vertrag ist. 30 Minuten später hören wir dann AC/DC zum ersten Mal live. Eine wahnsinnige Energie kommt von der Bühne – auch in Sachen Lautstärke, die selbst für Hartgesottene in der Halle kaum erträglich ist. Der Schalldruck drückt und pumpt dermaßen hart in die schutzlose Magengrube, dass ich nach einer halben Stunde lieber wieder backstage gehe, zumal mein Adrenalinpegel ohnehin noch deutlich erhöht ist. Es wird dann auf der ganzen Tour so bleiben, dass ich kein Konzert der Australier komplett von der Halle aus erlebe. Körperlich nicht auszuhalten. Zu Beginn unseres Sets war hinter der Bühne nervöse Unruhe bei den AC/DC-Verantwortlichen ausgebrochen. Um zwei Ecken erfahren wir den Grund: Unser Opener »Tearing Nights« ist unüberhörbar nach dem AC/DC-Muster gestrickt: Einsames, markantes Gitarrenriff zu Beginn, dann stampfender Geradeaus-Hard-Rock ohne Schnörkel. Unser weiteres Programm – wenngleich nicht weniger hardrockig – zerstreute dann aber die Befürchtungen, es könne sich bei uns um eine Art AC/DC II handeln. Wir sind nur ein LKW, AC/DC jedoch dreschen mit der ganzen Wucht australischer Monstertrucks mit Dauervollgas über die Bühne.

Am nächsten Tag ist erst mal Autobahn angesagt. 600 Kilometer von Hamburg nach Nürnberg. Ian Dury brachte es beim

Anblick der trostlosen Location mit dem ihm eigenen Sarkasmus auf den Punkt: »Ich dachte, Nürnberg sei nach dem Krieg wiederaufgebaut worden.« Wenig Spaß hat an diesem Tag eine lokale Band, die mit kummervollen Gesichtern neben ihrem Bus vor der Halle steht. Die Jungs hatte der örtliche Veranstalter Concertbüro Hensel als Vorgruppe eingeplant. Frohgemut angekommen, hatten sie soeben erfahren, dass ihr Gig nicht stattfinden wird. Sie tun mir ein wenig leid, aber so ist dieses Geschäft nun mal. Hier entscheiden letztendlich die Tourveranstalter Lippmann + Rau und nicht Hensel. Der Abend läuft noch besser als am Vortag in Hamburg. Natürlich ausverkauft, Stimmung erstklassig. Wir spielen unsere Zugabe und anschließend beben wieder die Wände ... Eintrittspreis übrigens DM 16,- im VVK.

Peter Hesslein: Auf der ersten Tour waren wir im Vorprogramm von Manfred Mann's Earthband, mit denen haben wir eine Deutschlandtour gemacht. Das war sehr gut. Wir sind gut angekommen, haben uns gut verstanden mit der Band. Das waren alles dufte Musiker. Die zweite Tournee war mit den Scorpions und das fanden wir unheimlich scheiße. Die konnten wir auf den Tod nicht ausstehen. Erst mal, weil die uns damals kopiert hatten. Und dann waren die unglaublich arrogant, die wollten gar keinen Kontakt mit uns, haben ständig den Star raushängen lassen, das war so was von blöde. Das war eine Scheißtour.

Ulli Meissner: Weiter geht's nach Mannheim in die Rheingoldhalle. Wir nehmen das erstbeste Hotel am Wege, leider fast eine Absteige. Wir haben noch ein Date mit unserem rührigen Musikverlag SWP. Sofort eisen die beiden Verleger uns aus dem obskuren Hotel los und besorgen ein weitaus besseres. So was nennt man Stil. Der Abend ist, tja – richtig gut wie zuvor. Mittlerweile dämmert mir, dass AC/DC wohl letztmalig vor nur dreitausend Fans spielen werden. Denn die Hallen sind bereits jetzt viel zu klein. Alle Gigs sind komplett ausverkauft, und vor den Kassen stehen jeden Abend Massen von Enttäuschten, die keine Karten mehr bekommen haben. Das wird auch in der zweiten Hälfte der Tour so bleiben. Und so war es damals oft, in Zeiten ohne Internet, ohne Mobilfunk und ohne weiträumigen Vorverkauf: Man fährt voller Vorfreude zum Konzert und am geschlossenen Kassenhäuschen hängt das Schild »Ausverkauft«.

Auch am dritten Tag haben wir null Kontakt zu den uns gleichaltrigen Brüdern Young & Co. Heute weiß ich, dass die wie ein Clan funktionieren: Kontakte nur innerhalb der »Familie«, niemals nach außen. Ausnahme ist Sänger Bon Scott. Der will Spaß, immer nur Spaß und noch mehr Spaß. Sex & Drugs & Rock'n'Roll am besten 24 Stunden am Tag und alle Tage im Jahr. Während wir den Opener machen, steht er allabendlich an der Bühnenseite und hält seinen Daumen hoch: »Jungs, ihr macht das!« Ein Bild, das sich mir fest eingebrannt hat. Später tauschen wir dann unsere aktuellen Alben mit Autogrammen aus. Wir sind gerade mit »Tearing Nights« herausgekommen. AC/DC haben das heute legendäre Livealbum »If You Want Blood ...« frisch im Gepäck. Bon signiert es für uns freundlich mit »Good Luck to the Bastards«. Tourbegleiter Hefner hat den härtesten Job von allen. Weil er als Außenposten von

Lippmann + Rau Ansprechpartner für alles ist, was rund um den Tag passiert. Spätnachts ins Bett und morgens um 5 wieder raus. Das geht nicht lange gut, wie sich bald zeigen wird. Vor unseren Augen wird Hefner leichenblass und fällt ohnmächtig einen Meter in die Tiefe. Kreislaufkollaps. Sofort sind die Backstage-Sanitäter da und holen den Gestrauchelten zurück ins Leben. Glück im Unglück: Hefner hat sich nur das Knie geprellt und bekommt für den Rest der Tour eine Krücke als ständigen Begleiter.

Nächste Station ist Dortmund, Westfalenhalle 3. Wieder ausverkauft bis zum Anschlag und wieder läuft alles wie geschmiert. Danach haben wir ein Day-off, weil die Aussies in der Schweiz spielen und für uns alles zu kurzfristig kam, um die nötigen Ein- und Ausfuhrpapiere zu organisieren. Ich nutze die Zeit für einen Verwandtenbesuch in Bochum und fahre am übernächsten Tag mit dem Zug nach Offenbach. Die dortige Stadthalle ist bestuhlt, und nicht mal eine Minute nach Einlass sind die ersten Reihen von heranstürmenden und um die besten Plätze rangelnden GIs komplett belegt. Die Jungs sind heiß wie ein Brikett. Das machen wir uns im Set zunutze: »Any Americans here? Next song is especially for you!«

PETER HESSLEIN: Danach hatten wir die Europatour mit Van Halen. Das war natürlich für mich ein Knaller, weil ich da Eddie Van Halen kennengelernt und mit ihm immer gejammt hab in der Garderobe. Wir sind im Großen und Ganzen eigentlich besser angekommen als die. Da haben wir richtig abgeräumt auf dieser Tournee. Aber Eddie fand das alles lustig, der stand tierisch auf uns, und ich hab mich mit ihm angefreundet. Nur der Sänger David Lee Roth, der war total genervt, der hat Mike Starrs mit seinen Securitytypen bedroht. Die haben ihm Prügel versprochen und wollten Mike nicht mehr auf die Bühne lassen, wenn er nicht macht, was man ihm sagt. Und das bedeutete: Keine Show auf der Bühne, ein Quadratmeter Bewegungsradius, solche Sachen. Das war alles sehr unangenehm, das ging aber nur von David Lee Roth aus, die anderen haben sich da gar nicht drum gekümmert. Ich war, wie gesagt, mit Eddie befreundet, und der sagte mir dann: Der ist so auf Koks, der ist völlig durchgeknallt, mit dem darf man gar nicht reden. Das war unsere letzte Tour. Danach sagte Mike: Nee, dann hör ich lieber auf. Der wollte nicht so weitermachen und hat dann mit unserem zweiten Keyboarder Adrian Askew ein eigenes Projekt gestartet. Und damit war das Thema beendet.

Ulli Meissner: Da wir noch kein Hotel haben, machen wir uns bei Nacht und Nebel Richtung München auf. In Frankfurt ist gerade Buchmesse, da sind Zimmer im gesamten Großraum rar wie Edelsteine. Auf halbem Wege nahe Nürnberg checken wir in eine Herberge ein (»vom ADAC empfohlen«) und erleben dort bayerische Gastlichkeit. Die Zimmer sind eiskalt, die Betten klamm, die Regelräder an den Heizkörpern abgeschraubt. Der Wirt hat dafür nur ein Achselzucken übrig und entpuppt sich als Meister derber Rhetorik: »Was brauchen's a Heizung, wenn's nachts schlafen?«

In München ist Tourfinale. Da noch Geld in der Tourkasse ist, ziehen wir mit unseren treuen Backlinehelfern Fritz Bauermeister und Jürgen Kalms ins Hilton-Hotel. Natürlich auch in der vagen Hoffnung, mit den AC/DClern eine kleine Abschiedsparty feiern zu können. Die jedoch nicht stattfindet, da die Jungs öffentliche und private Kontakte meiden wie der Teufel das Weihwasser. Spielstätte ist das Schwabingerbräu an der Leopoldstraße – eine besonders skurrile Location. Der altehrwürdige Festsaal lag im ersten Stock, während der »Backstagebereich« aus einem Gewirr von schmalen Treppen und mit allerlei schrottreifem Mobiliar und Gerümpel vollgestellten Winkeln und Kammern bestand. Das Gebäude hat die Kaiserzeit überlebt und das Dritte Reich. Doch heute wird es mit 24.000 Watt seine wohl schwerste Prüfung erleben. Draußen Hunderte, die keine Karten mehr bekommen haben. Drinnen qualvolle Enge. Völlig überfüllt, da passt kein Blatt Papier mehr rein. Wenn hier was passiert, gibt's Tote, so viel ist sicher.

Von der Tourleitung bekommen wir zum heutigen Abschluss ein überraschendes Geschenk. Wir haben uns in den vergangenen Tagen Respekt erarbeitet und dürfen heute sogar zwei Zugaben geben. Die holen wir dann auch, denn das Publikum ist so extrem und fanatisch in Stimmung, als gäb's kein Morgen mehr. Und Bon hat wieder mal den Daumen für uns oben. Später müssen AC/DC mitten in ihrer Show für einige Minuten umdisponieren. In einem der besagten Treppenwinkel kauert Angus Young, dem weißer Schaum aus dem Mund quillt wie aus einem Waschzuber. Offenbar ein epileptischer Anfall. Bei ihm ein Sani mit der (vertraglich vereinbarten!) Sauerstoffmaske. Kurze Zeit später geht es für Angus auf der Bühne weiter. The show must go on. Nach dem Gig sehen wir zu, so schnell wie möglich aus diesem hinfälligen Gemäuer an die gepflegte Hotelbar zu wechseln. Das Bräu ist heute längst abgerissen.

Schwer mit Euphorie betankt und um unbezahlbare Erfahrungen reicher, hätten wir am nächsten Tag nach Hause fahren können. Doch im Terminplan stand schon seit Längerem Herdecke am Rand des Ruhrgebiets. Eine schwere Prüfung erwartet uns, von der wir auf der 600 Kilometer langen Anfahrt allerdings nichts ahnen. Und schon gar nicht, dass wir sie nicht bestehen werden. Immerhin sind wir ausgeschlafen, während unsere wackere Crew schon frühnächtens auf dem langen Umweg über Hannover ist, um dort das Fahrzeug zu wechseln und PA- und Lichtanlage (nebst Lichtmann) zu laden, die pünktlich in Herdecke stehen muss. Merkwürdig, dass solche Dinge immer und immer wieder funktioniert haben, von denen man sich heute nicht mehr vorstellen kann, dass sie ohne Mobilfunk jemals hätten funktionieren können. Am Ziel trifft uns der Schlag: Eine Schulturnhalle, mittendrin ein Bühnenpodest. Und sämtliche Zuschauer Luftlinie mindestens 20 Meter entfernt, in vier Meter Höhe auf einer kleinen Tribüne ohne Verbindung zum Innenraum, von der man normalerweise wohl Handballspiele und Turnvorführungen anschaut. Rundum schrumpfen wir an diesem Abend auf wenige Prozent unserer zuletzt gewohnten Größe. 200 Zuschauer statt 2000, 1000 statt 20.000 Watt und 16 statt 160 Scheinwerfer. So sehr wir uns auch bemühen, der in nicht mal 24 Stunden erfolgte Abstieg von der Europa- in die Regionalliga ist einfach viel zu krass und zieht uns in Rekordzeit jede Energie aus dem Leib. Wir spielen nicht gut, das Publikum sitzt einen gefühlten Kilometer weg. Alles dreht sich runter in ein immer tiefer werdendes Loch und nach 70 Minuten haben wir endgültig keine Lust mehr. Den darauf fälligen Streit mit dem Veranstalter schafft später wieder einmal unser rühriger Verlag aus der Welt.

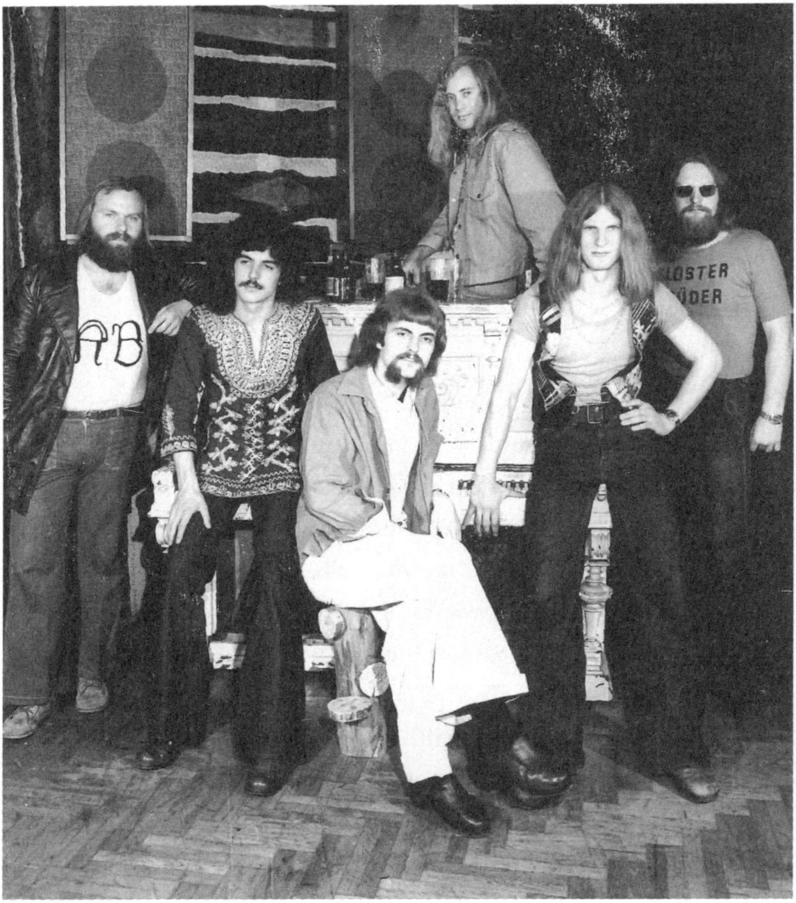

Klosterbrüder

Kein Mensch hat von Heavy Metal gesprochen

Günther V. Radny: Wir haben ja immer eher harten Rock gemacht, aber beim »Slaughter House«-Album kann man schon feststellen, da kommt manchmal richtiger Hard Rock oder sogar Metal raus. Wir spielen von dem Album auch heute noch was. »Tomorrow's World« zum Beispiel. Wenn du dir den Text anhörst, dann denkst du, wir waren Hellseher. »If you think about tomorrow's world, tomorrow's world is burning.« Das sagt ja eigentlich alles.

Axel Rudi Pell: Das fing alles an, glaube ich, als »Doctor, Doctor« herauskam, also mit dem ersten UFO-Album, bei dem Michael Schenker gespielt hat, »Phenomenon« von 1974. Dann die Scorpions mit »Virgin Killer«. Das Album, das mich dann wirklich weggeklatscht hat, war »Lovedrive« von 1979. Uli Roth war da ja nicht mehr dabei, da war Matthias Jabs am Start, und Michael Schenker hat auch noch bei ein paar Songs mitgespielt, die hatten einen Sound, allein von den Rhythmusgitarren, da habe ich gedacht, wow. Das hatte ich vorher noch nie so gehört.

Michael Rauhut: In der zweiten Hälfte der siebziger Jahre verschrieben sich etliche Bands konsequent dem Hard Rock. Die meisten sind namenlos geblieben, weil sie ausschließlich live unterwegs waren und größtenteils gecovert haben. In die Medien schafften es Berluc, Babylon oder Prinzip. Letztgenannte, 1974 von Gitarrist Jürgen Matkowitz gegründet, genossen das meiste Airplay. Vor allem ihr Titel »Sieben Meter Seidenband« von 1975. Ich habe Prinzip als Teenager in meiner Heimatstadt Großräschen erlebt, im Kulturhaus Tatkraft, vermutlich 1978.

Es war damals üblich, dass DDR-Bands an den Wochenenden zwei Konzerte pro Tag gaben, das erste am Nachmittag und das zweite, dann in der nächsten Stadt, am Abend. Mein knapp 14.000 Einwohner zählender Geburtsort, in der tiefsten Brandenburger Provinz, fasste nur die Nachmittagsshow ab. Wir saßen in dem bestuhlten Saal, der notdürftig verdunkelt war. Ich kann mich nicht mehr an die Musik erinnern, aber an den Schlagzeuger Klaus Scharfschwerdt. Uns klappten die Kinnladen weg, während wir die zerdroschenen Sticks zählten. Ich glaube, er brachte es auf insgesamt vierzehn. Dann erlosch das Licht, Klaus zündete die Knüppel an und spielte ein fürwahr feuriges Solo. Das war eine für DDR-Verhältnisse ungeheuerliche Showeinlage. Irgendwann machte die Saalanlage schlapp, und die Sicherungen flogen raus. Peng! Stille.

Uli Jon Roth: Die Siebziger waren experimenteller, sehr echt, sehr konsequent, und es war cutting edge, es gab keinen, der das so gemacht hat. Die Scorpions hatten dann aber Welterfolg in den Achtzigern, weil man so weit war. Der Erfahrungsschatz war da, wie man sich auf einer großen Bühne bewegt, das muss man ja auch erst mal lernen. Aber vor allem hatten die Scorpions eine große Palette an echten Hits, die sich international übersetzt haben. So viele andere Bands hatten das nicht. Das Alte ist nicht so kommerziell und auf Perfektion getrimmt, geht dafür aber mehr unter die Haut. Bei einigen jedenfalls, die etwas mehr danger und ein paar mehr Kanten haben wollen. Das sind zwei Welten, und ich finde beide gut. Ich finde den Erfolg der Scorpions sensationell. Die haben etwas ganz Besonderes geschafft, und man darf niemals versuchen, ihnen das wegzunehmen. Die wenigstens können das. Das war kein Zufall.

Axel Rudi Pell: Kurz danach kam für mich Judas Priest. Die ersten Priest-Sachen fand ich noch relativ komisch, aber als dann die »Killing Machine« herauskam und dann vor allem »Unleashed In The East«, das Livealbum, das hat mir die Schuhe ausgezogen. Das war mega! Hier habe ich wirklich gesagt, das ist kein Hard Rock mehr, das ist jetzt Metal, weil die Gitarren so ultrabrutal waren. Diese Hacker-Rhythmen, die vorher noch keiner so richtig verwendet hat. Für mich waren Priest da Innovatoren, wenn man das so sagen kann. Und natürlich Accept. Accept waren für mich die erste deutsche Band, die auch diese Hacker-Gitarren gespielt hat, ich sag immer Hacker-Gitarren, weil ich kein besseres Wort dafür habe. Accept waren schon relativ Priest-ähnlich am Anfang. Die fand ich auch richtig gut. Das waren die beiden Bands, die es ausgemacht haben.

Charly Hübner: Bei mir war das tatsächlich »The Hammer«. Einerseits dieser Schock und zugleich die tiefe Faszination für das, was da stattfindet. Und dann gehst du dem nach, und dann siehst du auch im Vergleich, Deep Purple, Led Zeppelin, das andere ist alles sehr gerade, das ist gekonnt, meisterhaft, es geht immer nach oben. Das war für mich schon fast, das ist jetzt hart, die Ecke James Last. Alles ist erkennbar. Und Motörhead ist bis heute nicht richtig erkennbar. Das kriege ich nicht zu greifen. Das hat für mich schon einen philosophischen Aspekt. Aus Insiderkreisen landete eine Information aus dem Umfeld der Band bei mir. Das Geheimnis. Dieser MC5-Klang,

Distortion. Das Ziel war, dass alle Töne klar sind, dass man aber alles über einen zentralen Lautsprecher fährt, sodass kein Ton mehr direkt verfolgt werden kann, es also immer eine solche Unsauberkeit gibt. Das einzelne verschwindet hinter einer Wand, es soll nicht mehr erkennbar sein. Keine Ahnung, ob das stimmt! Wenn du Heavy-Metal-Bands aus der DDR hörst, da ist alles ganz präzise, alles deutlich hörbar. Sogar Black Sabbath ist erkennbarer in der Tonalität als das, was Motörhead da anzetteln. Das hat mich nachträglich noch mal inspiriert, darüber nachzudenken. Also du schaffst einen Raum in der Welt, der unglaublich laut ist, fett, aber auch nicht begreifbar, auch im tonalen Sinne nicht. Das wäre auf der tiefenpsychologischen Ebene auch noch ein Grund, warum die SED das nicht akzeptieren konnte. Das ist viel zu unberechenbar. Da findet auf der unterbewussten Ebene möglicherweise etwas statt, das dann doch furchtbar rebellisch ist. Man darf natürlich Snaggletooth nicht vergessen mit der Pickelhaube, das ist das alte Preußen, den kann man nicht so einfach in die DDR reinlassen.

Jutta Weinhold: Dann habe ich eine Band gehabt mit Jochen Roth, Zeno. Auch schon tot. Wir haben anderthalb Jahre zusammen gespielt, mit Zappa Lindner am Schlagzeug. Auch der ist schon gestorben. Das war Hard Rock, es wurde mächtiger. Wir haben in Clubs gespielt, aber davon gibt es leider keine Aufnahmen. Leider wollte Jochen dann mit einem Sänger arbeiten und nicht mit einer Sängerin. Und dann habe ich 1981 von der EMI einen Anruf gekriegt. Da ist eine Band im Studio, die haben eine Sängerin, aber die sind nicht zufrieden damit. Ob ich nicht runterkommen und mir das mal anhören könne.

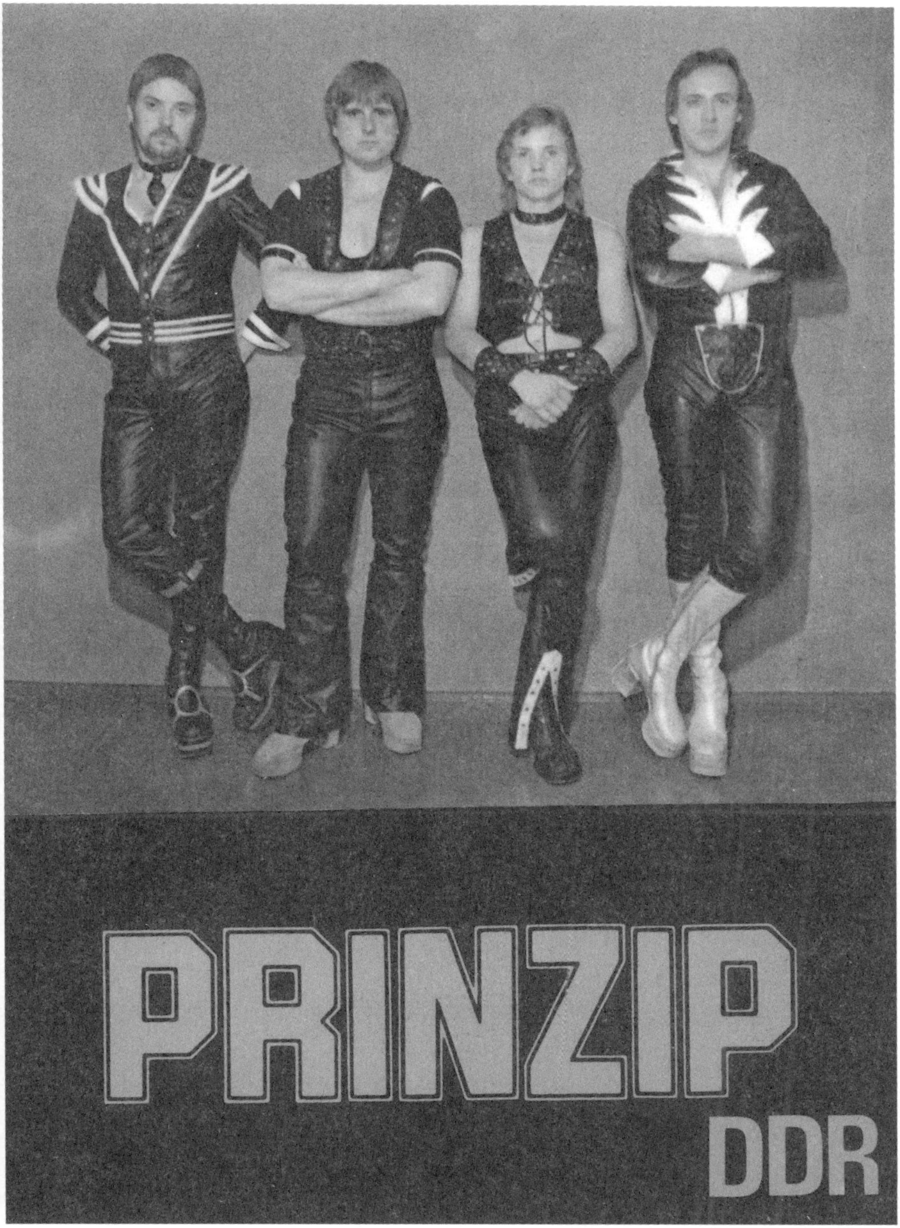
PRINZIP
DDR

Das war Breslau. Und das war ja nun AC/DC mit deutschen Texten, das war schon ziemlich heavy. Da habe ich dann mitgemacht und in ein paar Tagen die ganze Platte eingesungen. Das ging ratzfatz. Alex Parche war ja ein sehr guter Gitarrist, er hat das Konzept erfunden und die ganzen Texte geschrieben und ich bin dann eingestiegen und hab das alles übernommen als Job. Es war auch finanziell ein Angebot, das man nicht ablehnen konnte. Ist ja auch mal schön. Leider ging das dann total in die Hose, weil es in die rechte Ecke gedrückt wurde. Das war furchtbar. Das war wirklich grausam. Wenn man das vergleicht mit den Bands, die es heute gibt, dann war das Kindergarten. Es spielt schon so ein bisschen damit. Ich bin natürlich in keiner Weise rechts und habe mit so etwas überhaupt nichts zu tun, aber ich habe damals auch über so etwas gar nicht nachgedacht. Ich habe nur gedacht, super, wie das hier läuft, und das machst du jetzt. Aber dann war es passiert, man hat die Band wirklich zerrissen und in die rechte Ecke gesteckt.

Das ging damals gerade los, da waren die Hools in den Fußballstadien im Gespräch, und da wurden Breslau dann einfach mit hineingenommen. Aber das stimmt nicht. Auch Alex war kein Nazi, der hat einfach sehr provokante Texte geschrieben. Heute ist das eine Kunstform, so provokativ zu sein. Wir hatten ja sogar einen farbigen Bassisten in der Band, Zwiebel Truhöl. Da war wirklich keiner ein Nazi. Ich bin dann sofort ausgestiegen, ich konnte damit nicht leben. Ich habe mir damals geschworen, nichts mehr zu singen, wo ich nicht zu 100 Prozent hinterstehe, also keine fremden Texte mehr, und einfach in der Zukunft sehr sehr aufzupassen. Auch wenn man nicht parteipolitisch engagiert ist, gesellschaftspolitisch ist es eben doch immer relevant, was man tut, und da muss man einfach aufpassen. Das lag nicht an der Musik, von der war ich schon angefixt.

Ich war in einer Talkshow im NDR und da haben die mich fertiggemacht. Ich war nicht gut vorbereitet und über politische Themen habe ich mich damals auch nicht gut ausdrücken können. Ich bin da wirklich überrannt worden, und das hat mir so leidgetan, aber ich konnte es nicht ändern. Ich wusste nicht, wie ich mich rechtfertigen sollte, ich konnte da nichts erwidern. Ich war dem Thema einfach nicht gewachsen. Und von der Plattenfirma hat uns auch niemand beigestanden, die haben uns einfach ins Wasser fallen lassen. Die waren der Meinung: Besser so ein Skandal als gar keiner. Wir haben dann auch nur ein paarmal gespielt. An einen spektakulären Gig erinnere ich mich aber noch, das war bei den Bones in Mannheim, die hatten Zehnjähriges, und vor der Bühne lag ein Riesenhaufen Knochen. Ein bestialischer Gestank. Der Alex wollte, einige Jahre, bevor er gestorben ist, eine Reunion mit mir machen, aber ich wollte das nicht. Ich habe ihm dann abgesagt: Lieber Alex, ich liebe dich als Gitarrist, du bist ein Supertyp, aber ich kann mir das nicht mehr antun, das war zu schmerzhaft damals.

Alex Gernandt: In meinen Augen beginnt die moderne Heavy-Metal-Ära in Deutschland 1980 mit dem Debüt von Iron Maiden. Black Sabbath, Deep Purple, Judas Priest und aus deutscher Sicht die Scorpions hatten in den 1970ern für den Nährboden gesorgt. Doch jetzt wuchs eine neue Headbanger-Generation heran, zu der auch ich mich zählte – hungrig nach neuen Helden! Zunächst kamen frühe deutsche Bands wie Accept, Trance, Sinner, Faithful Breath und auch Breslau, das Projekt von Jutta Weinhold, mit deutschen Texten. Das war neu. Doch Maiden waren es, die als Anführer der New Wave of British Heavy Metal den modernen Metal mitbegründeten. Ich war damals begeisterter »Bravo«-Leser, es gab ja zu der Zeit auch nix anderes. Auf Seite 3 wurde eines Tages von einer neuen britischen Band berichtet: Iron Maiden, die eisernen Jungfrauen. Auf dem Foto: Fünf coole langmähnige Typen in Lederjacken, mittendrin Horrorfratze Eddie. Mein Interesse war sofort geweckt. Keine fünf Minuten später radelte ich los zum lokalen Elektroladen, um mir in dessen Mini-Plattenabteilung vom Taschengeld »Iron Maiden« zu kaufen. Allein der Anblick des Covers – unvergesslich. Gespannt legte ich die Scheibe auf, die ersten Riffs des Openers »Prowler« brachen los, dann »Running Free« und »Phantom Of The Opera« – und für mich begann eine neue Zeitrechnung. Es war eine Offenbarung. Iron Maiden wurden meine großen Helden. Im Oktober 1980, ich war 14, dann die Krönung, das allererste Konzert meines Lebens: KISS in Karlsruhe, Special Guest Iron Maiden mit Paul Di'Anno! So was vergisst man nie.

GÖTZ KÜHNEMUND: Alles geht auf Maiden zurück. Generell. Iron Maiden sind der Grund, warum wir beide heute hier sitzen. Mit ihrem Debüt waren die noch im Vorprogramm von KISS, aber mit »Killers« wurden die riesengroß, auf einmal konnten die schon ihre eigene Tour machen, die Hallen waren ausverkauft, »Killers« kam 1981, und ich denke, dass das der Anstoß war, dass da die Industrie gemerkt hat, vor allem die EMI damals, da ist ein Trend spürbar. Dieser Trend war Maiden. Die New Wave of British Heavy Metal hätte es auch ohne Maiden nicht gegeben. Es gab zwar Motörhead und Judas Priest, die größer waren zu dem Zeitpunkt, aber die haben keine Szenen losgetreten, die haben nicht dafür gesorgt, dass auf einmal alle Leute sich kleiden wie die Band, alles nachmachen und selber Bands gründen.

Uli Jon Roth: Vom Schalldruck her hat die Gitarre geführt. Und dann kam die Stimme von Klaus dazu, das war eine unheimlich intensive Kombination. Die anderen deutschen Sänger haben nicht annähernd so gesungen wie Klaus, er war der einzige, der diesen intensiven Strahl kreierte, aber Klaus, genau wie ich, hatte eben auch diese melodiöse und sensitive Seite. Das war bei ihm immer eine Mischung aus dem intensiven Schreien und dem Sensiblen, Tiefergehenden. Das war bei meiner Gitarre genau das gleiche. Insofern haben wir uns wunderbar ergänzt. Sowohl auf der Bühne als auch auf den Schallplatten. Accept haben sich auch dieser Stilmittel bedient, aber die kamen ja viel später. Da war ich schon bei den Scorpions raus. Wir haben Accept nicht wahrgenommen, das erste Mal, dass ich die wahrgenommen habe, war zur Zeit von Electric Sun, aber nicht vorher. Die gehörten schon zur zweiten Welle. Aber in den Siebzigern, als sich alles entfaltete, kann ich mich nicht erinnern, dass es da eine Band in Deutschland gab, die vergleichbar gewesen wäre.

Günther V. Radny: Wir waren früher dran, aber richtig los ging es dann erst mit Accept. Scorpions waren auch wichtig, wenn es die nicht gegeben hätte, wäre die deutsche Rockmusik schon ärmer, aber wenn man vom richtigen Metal redet, dann muss man natürlich Accept nennen. Aber die Entwicklung besteht ja nicht nur aus einer Band, es gibt immer eine Masse Bands. Wenn du dir mal die Entwicklung der New Wave of British Heavy Metal anschaust, da war ja nicht nur eine Band und erst zehn Jahre später kamen andere, da gab es zum selben Zeitpunkt Hunderte von Bands. Es ist ganz schwierig zu sagen, wer da wen beeinflusst hat. Ich kann nur sagen, was auf mich Einfluss hatte, das waren Black Sabbath und später dann Judas Priest. Judas Priest jedenfalls so lange, bis sie angefangen haben mit Synthesizern zu arbeiten, bei »Turbo Lover« war es bei mir vorbei.

STEFAN JOSEFUS: Accept hatten wir mal im Vorprogramm, da fingen die gerade an erfolgreich zu werden. Da habe ich gedacht, wow. Wir haben Hard Rock gemacht, aber das war Metal. Wir haben viele Gigs für Jugendämter, Jugendzentren und für die IG-Metall-Jugend gemacht. An dem Abend haben wir fürs Jugendamt Schwelm in einer Schule gespielt. Und ähnlich wie zuvor beim Übergang von der Beat- zur Rockmusik bei Hendrix, habe ich auch bei Accept gemerkt: Hier passiert was, das sind natürlich noch härtere Klänge, noch aggressivere Sounds. Das hat mit den Spieltechniken zu tun. Aber die sind auch gleich mit dem Marshall aufgewachsen, wir haben mit kleinen Verstärkern angefangen. Ich kann mich noch genau daran erinnern, das fand ich so was von irre. Die haben allerdings auch mit zwei Gitarristen gearbeitet. Wir waren eingespielt mit der einen Gitarre, und dann kommt noch dazu: Sämtliche Songs von Franz K. sind eine harmonische Musik mit zwei-, dreistimmigem Chorgesang. Das ist im Metal ja meistens nicht

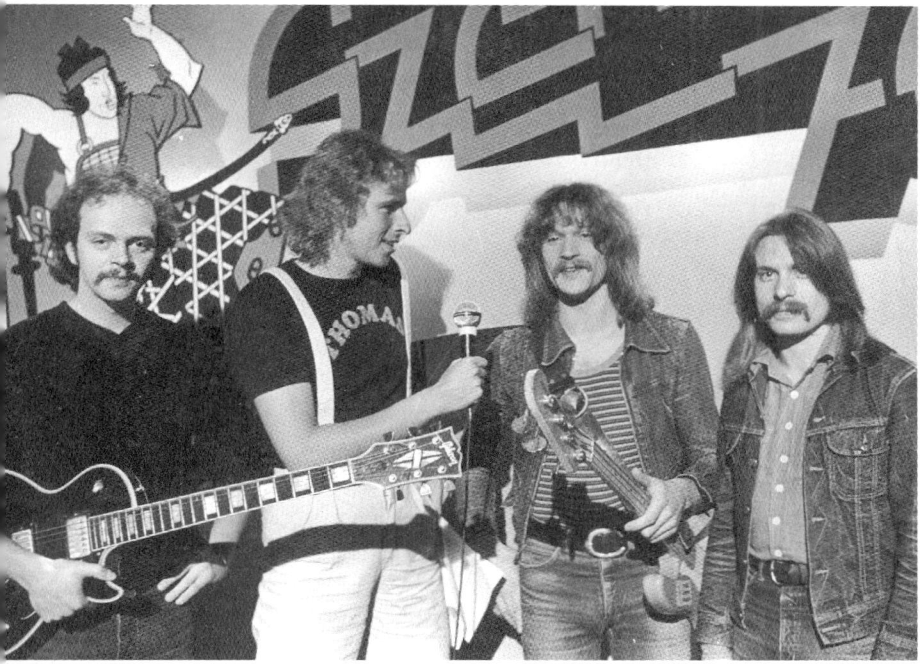

Franz K. mit Thomas Gottschalk

so. Da waren wir traditioneller. Insofern sahen wir gar keinen Bedarf, das auch zu machen. Uns hat das gefallen, wir sind gut angekommen, warum sollten wir das ändern?

Stefan Kaufmann: Ich erinnere mich noch, dass ich nach dem »I'm A Rebel«-Album mit dem Management, wir hatten damals noch ein anderes Management, nach London gefahren bin, um Plattenverträge, Verlagsverträge und Ähnliches abzuwickeln, und damals hat noch kein Mensch von Heavy Metal gesprochen. Den Begriff gab es noch nicht, der ist uns drüben im Jahr 1978 oder 1979 zum ersten Mal über den Weg gelaufen. Soviel ich weiß, kam das aus irgendeiner Zeitung, in der hatte ein Journalist über ein Album geschrieben, keine Ahnung, welches das war, »it sounds like heavy metal slamming down to the floor«. Seitdem sprach man also von Heavy Metal. Wir hatten uns bis dahin immer nur als Hard-Rock-Band bezeichnet.

Uli Jon Roth: Das hieß Hard Rock, der Begriff Heavy Metal existierte zwar, man hatte davon schon mal gehört, aber man kannte keine Bands, die dafür standen. Wenn man schon ein Etikett draufkleben muss, dann war das bei uns Melodic Hard Rock. Ich glaube, wir waren in Deutschland die einzigen, die so orientiert waren, mit den zwei melodiösen Gitarren, mit dem extremen Gesang. Das war völlig anders als das, was deutsche Bands sonst so gemacht haben zu dem Zeitpunkt. Ich kann mich nicht erinnern, dass wir auf einem Festival gewesen wären, wo eine Band gespielt hat, die so ähnlich war wie wir. Und ich glaube, das hat uns auch ermöglicht, ins Ausland zu gehen. Die anderen Bands haben alle den Sprung ins Ausland nicht geschafft. Von Kraftwerk mal abgesehen, aber das ist ja eine ganz andere Schiene, das kann man nicht vergleichen.

ULLI MEISSNER: Diese ganzen Genrebezeichnungen sind heute mit dem entsprechenden Geschichtsverständnis viel klarer als damals. Heute weiß man viel genauer, was Hard Rock, Heavy Metal oder New Wave ist, von den ganzen Unterarten mal abgesehen. Das war damals alles gar nicht so differenziert. Wenn du in die Popzeitschriften reingeguckt hast, da gab es Jazz, Pop, Rock und Schlager, das waren die Abteilungen. In meiner Erinnerung gab es den Begriff Heavy Metal 1977 oder 1978 überhaupt noch nicht. Zum ersten Mal habe ich davon Kenntnis bekommen, als mir ein Bekannter aus London einen Hinweis schickte, dass der Titelsong unseres ersten Albums »Back To The Nature« in den Charts der britischen Zeitschrift »Sounds« auftauchte. Ein angesagter Plattenladen in London hat da zusammengestellt, was in den letzten beiden Wochen gut gelaufen ist, und da waren wir plötzlich auf Platz 4 in den sogenannten Heavy-Metal-Charts.

UDO DIRKSCHNEIDER: Wir haben angefangen neben Bands wie Hölderlin, Jane, Kraan, Amon Düül II, du liebe Güte. Meine Devise war damals, ich wollte in der lautesten und härtesten Band Deutschlands spielen. Was ich dann ja auch geschafft habe. Meine Einflüsse waren die ersten Alben von AC/DC, dann gab es auch noch Deep Purple, Uriah Heep, Black Sabbath, das war alles sehr interessant, aber wir haben schon früh angefangen, unsere eigenen Sachen zu machen. Ich habe auch persönlich nie versucht, jemanden zu kopieren. Ich wollte nie so klingen wie der oder wie der. Man hat mir damals schon oft gesagt, du hast eine außergewöhnliche Stimme. Okay, wunderbar! Ich habe einfach gesanglich mein Ding gemacht.

STEFAN KAUFMANN: Was gerade en vogue ist, was in der Szene so abgeht, das war uns bei Accept immer schon scheißegal. Wir sind mit Scheuklappen durch die Gegend gelaufen und haben einfach unser Ding gemacht. Und letztendlich machen wir jetzt genau das gleiche.

UDO DIRKSCHNEIDER: Wir haben mal eine Tour gemacht mit Guru Guru, Uli John Roth und Amon Düül II. Dann hat man uns auf einen Sampler gepackt mit Extrabreit und solchen Geschichten. Damals war ich ja auch der Manager der Band, so ein bisschen alles in einer Person, die haben mich gehasst bei der Metronome, weil ich da nur Theater gemacht habe. Ich habe denen gesagt: Entschuldigung, aber das ist nicht die Zielsetzung dieser Band. Wir sehen uns hier nicht als Krautrock- oder als Deutschrock-Band, wir wollen international wahrgenommen werden. Da gab es richtig anständige Reibereien mit der Plattenfirma.

STEFAN KAUFMANN: Das Label Brain war nicht glücklich mit uns, die hatten ja vor allem Krautrock, Neue deutsche Welle und so etwas. Teilweise war das ein bisschen schräg. Ich erinnere mich noch an ein ganz komisches Festival, wo wir gespielt haben, mit ausschließlich Brain-Bands. Da waren wir natürlich komplett fehl am Platze.

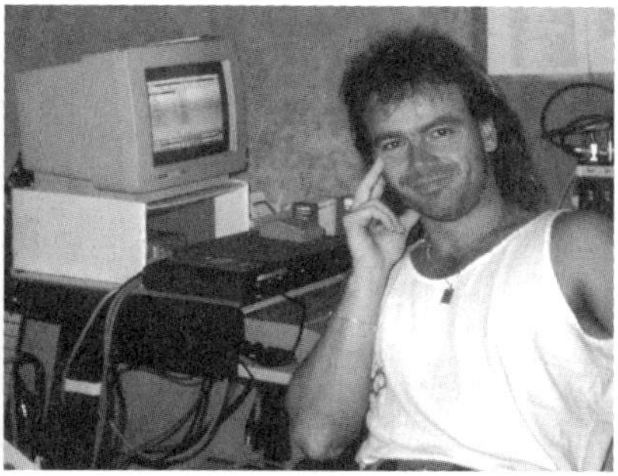
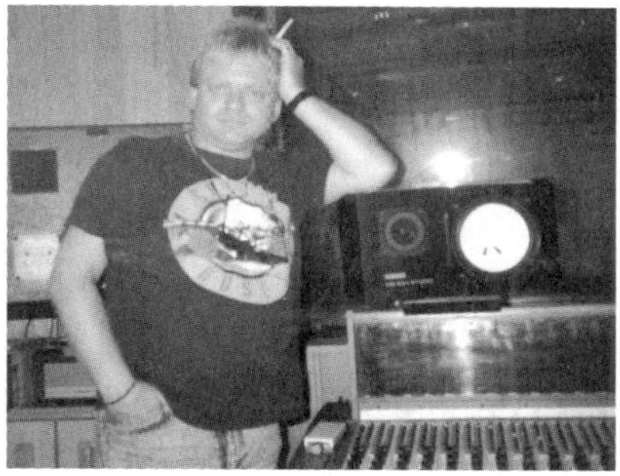
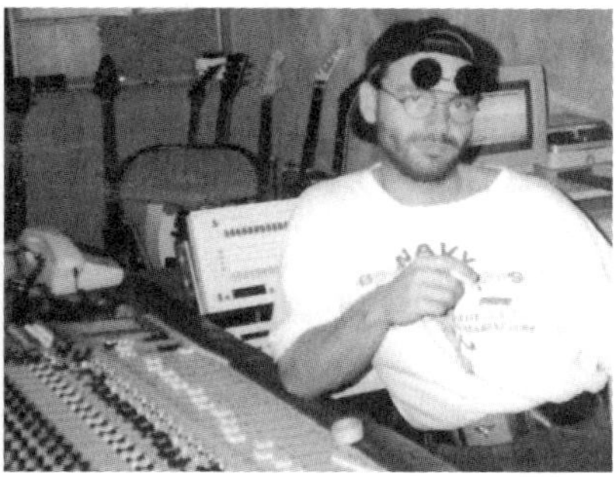
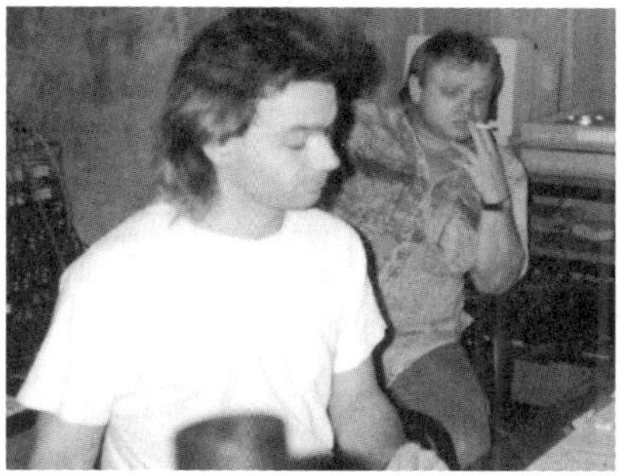
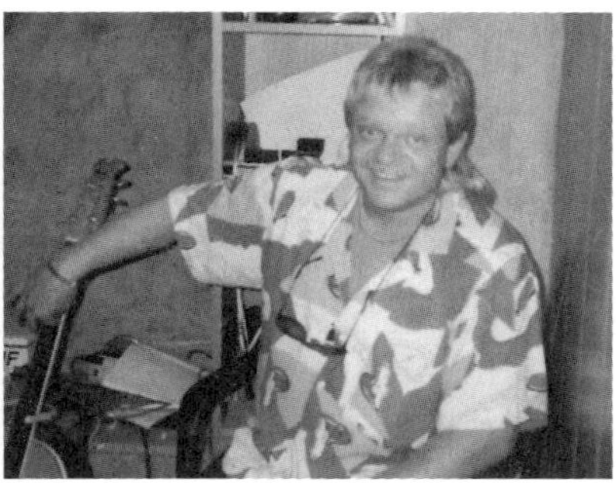
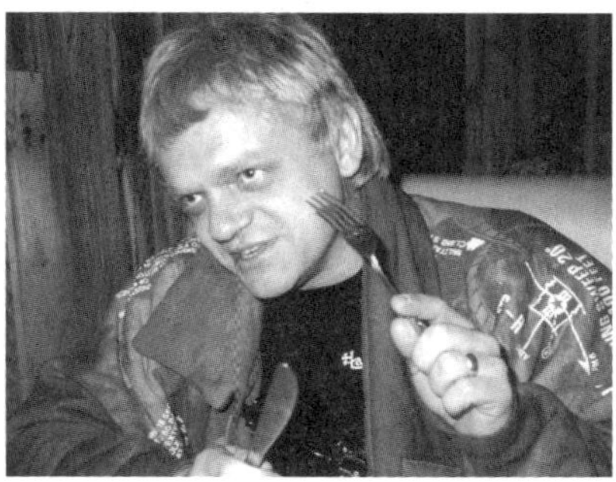

Accept im Studio

Ulli Meissner: So viele Hard-Rock-Bands in Deutschland gab es damals nicht, glaube ich. Da lief noch viel Krautrock. Die anderen bekannten Bands, die fast alle aus Hannover stammten, wie Epitaph, Eloy, Jane, die haben völlig andere Musik gemacht. Härtere Sachen haben wir zumindest nicht wahrgenommen. Scorpions, klar. In anderen Städten war das auch nicht so angesagt. In Berlin gab es kaum Hard Rock, da lief ja dann auch schon die Punk-Welle an, weshalb wir angesichts des Namens auch manchmal für eine Punk-Band gehalten wurden. Wir haben in Berlin ein paarmal gespielt, und die Stimmung da war anders. Wir hatten einen Interview-Termin mit dem Stadtmagazin »City«, und die erste Frage, die man uns gestellt hat, war: Warum macht ihr keine deutschen Texte? Tja, weil wir halt international sein wollten und Rock mit deutschen Texten damals noch in den Kinderschuhen steckte.

Udo Dirkschneider: Mit dem ersten Album haben wir in Holland schon vor 1500, manchmal 2000 Leuten gespielt, da waren das in Deutschland noch Clubs mit 30 oder 40 Leuten. Deshalb haben wir uns dann auf Belgien und Holland konzentriert. Und dann kam der »Aardschok« raus, und das Magazin hat uns dann auch in Deutschland bekannter gemacht. Die Szene da war richtig thermisch. Hier noch nicht. Die Scorpions waren für mich Weichspüler, man möge mir verzeihen. Ich ziehe den Hut vor den Scorpions, aber die waren mir damals zu weich. Aber auch bei den Scorpions war es so, das hat mir Klaus Meine später mal erzählt, dass sie sich erst nach dem Erfolg im Ausland hier etablieren konnten. Die waren bereits ziemlich bekannt in Frankreich, da habe ich sie noch in einem kleinen

Club in Moers gesehen. Später waren die Scorpions dann unser Türöffner für Amerika, das muss man schon so sagen.

Peter Hesslein: In der Zwischenzeit rief John Lawton wieder an und meinte: Ich bin bei Uriah Heep ausgestiegen und hätte eigentlich wieder Lust auf Lucifer's Friend. Na ja, wir haben dann gesagt: Gut, wir müssen ohnehin noch ein Album machen laut Vertrag, dann singst du das ein. Und das war dann »Mean Machine«. Wir wollten uns jetzt wieder ein bisschen mehr orientieren an den alten Sachen. Wir hatten nicht viel Zeit, das Album aufzunehmen, das war ein bisschen blöd. Wir hatten auch ein schlechtes Studio, das wurde von der Firma gebucht, das war irgendwo in England auf dem Land und noch gar nicht richtig fertig. Eine Baustelle. Den Sound fanden wir nicht gut. Wir mussten da auch wohnen, weil es schnell gehen sollte, das wollte eigentlich keiner. Und so haben wir gerade so mit Ach und Krach das Album fertiggekriegt. Alles in allem haben wir da vielleicht 14 Tage dran gesessen. Ich weiß gar nicht mehr, wer der Produzent war. Stimmt, da hatten wir gar keinen Produzenten mehr. Mal der eine, mal der andere. Wer gerade Lust hatte. Der Toningenieur hat dann wohl auch was dazu gesagt. Und danach war erst mal wieder Funkstille. Das Album hat sich auch nicht mehr gut verkauft. Wir sind damit nicht mehr getourt. So lange weg zu sein von Zuhause, ohne dabei richtig Geld zu verdienen, das war schwierig für alle. So richtig gelohnt hat sich das nicht.

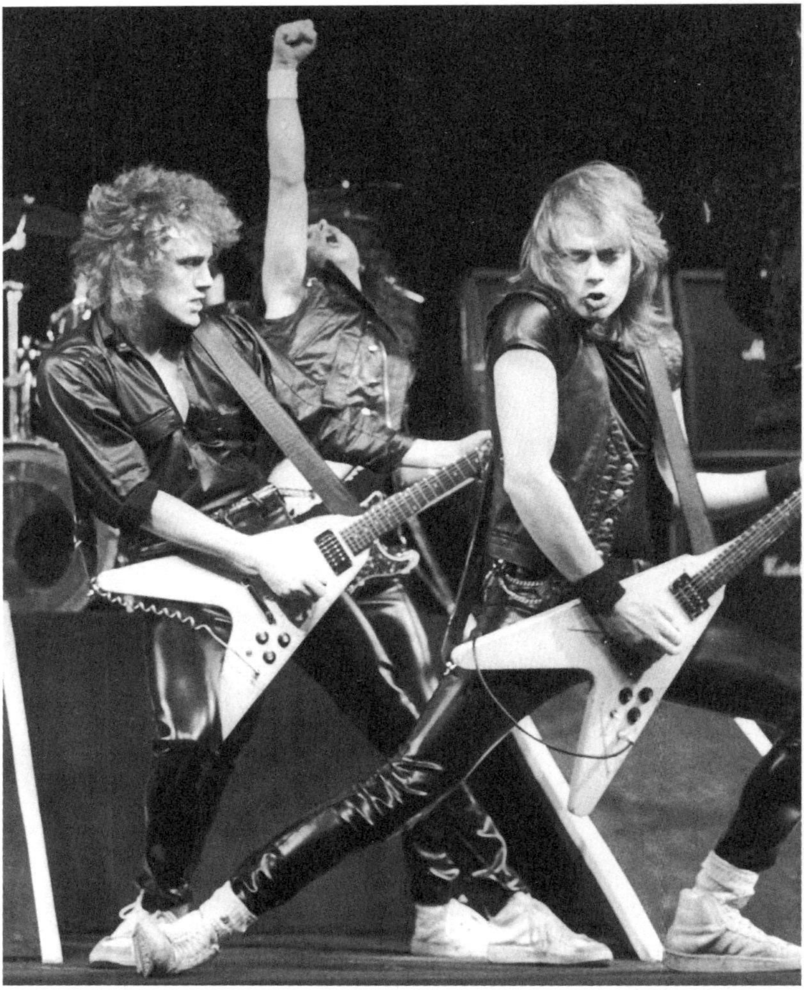

Accept

»Breaker« war ein Kulturschock

Andreas Neuderth: Die ersten beiden Alben von Accept haben für mich auch einen eigenen Charme, ich liebe die Teile. Hier wird quasi noch erforscht, was man in Zukunft so treiben möchte. Das gilt nicht nur für die Band, sondern auch für die Tontechniker und das Studio. So mancher Siebziger-Song wäre mit dem Wissen von 1981 oder 1985 schon Metal gewesen. »Fireball« von Deep Purple etwa. Die Coverversion von Wargasm beweist es ja. Deutschland war dennoch eher spät dran und ich könnte mir vorstellen, dass der Erfolg der Scorpions mit »Tokyo Tapes« und die Energie des Punk, wenn er auch nur teilweise bei uns spürbar war, ihren Anteil daran haben.

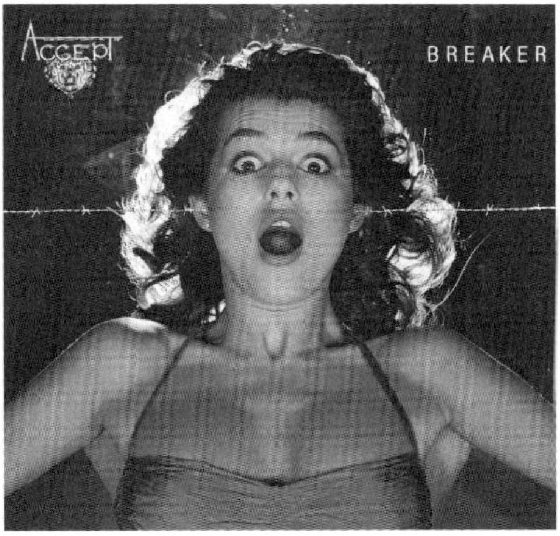

Stefan Kaufmann: Das kann man sich heute gar nicht mehr vorstellen, es gab damals keine Produzenten oder Toningenieure, die den Sound, wie wir uns den vorgestellt haben und wie wir ihn live oder im Proberaum schon hatten, im Studio rüberbringen konnten. Das waren alles Leute, die kamen vom Radio, vom Fernsehen, du hast da wirklich Toningenieure gehabt, die morgens um 8 angefangen und um 16 Uhr den Hammer fallen lassen haben.

Michael Rauhut: In der Anfangszeit hat sich vor allem der Rundfunk um die jungen Bands gekümmert, das volkseigene Label Amiga öffnete der härteren Gangart nur zögerlich die Plattenstudios. Viele belächeln heute den »Nalepa-Sound« – in der Ostberliner Nalepastraße hatte der Rundfunk seinen Sitz. Den Aufnahmen der 1970er fehlte oftmals der Druck, das änderte sich aber im folgenden Jahrzehnt. Auch, weil die technische Ausrüstung deutlich besser wurde. Da ist eine Menge Westgeld investiert worden. Aber am Anfang klang es meist ziemlich dünn, der Biss fehlte, die Gitarren waren nicht optimal abgemischt, dem Bass mangelte es an Präsenz. Das hing nicht zuletzt damit zusammen, dass der Bereich Studiotechnik von der Deutschen Post nach ihren Parametern verwaltet wurde. Post Rock, sozusagen. Sie war an gesetzliche Standards gebunden, die sogenannte TGL – »Technische Normen, Gütevorschriften und Lieferbedingungen« –, und ignorierte die spezifischen Soundmuster eines Genres. Aufnahmepegel wurden aus Kostengründen begrenzt, es gab Vorschriften, in welchem Verhältnis Gesang und Musik zueinander zu stehen hatten. Und doch kenne ich etliche Rundfunkproduktionen, die noch heute gut klingen. Für mich, persönlich. Einfach auch, weil sie den Zeitgeist einfingen. In den Siebzigern verstanden es einige Tontechniker, das Schlagzeug perfekt zu mikrofonieren. Das ging in den Achtzigern und mit dem Einzug des Drumcomputers völlig flöten. »Fieber« von den Klosterbrüdern (1975) halte ich nach wie vor für eine amtliche Produktion.

Stefan Josefus: Wir haben einen Fernsehauftritt beim Südwestfunk gehabt, Volker Lechtenbrink war der Moderator, und es war Vorgabe, live zu spielen. Beim Soundcheck haben sich die Techniker vom Fernsehen ganz dicke Wattebäusche in die Ohren gesteckt, die quollen aus den Ohren raus, um zu dokumentieren, dass das alles viel zu laut war. In der Sendung ist auch Mike Oldfield aufgetreten, »Moonlight Shadow« mit Maggie Reilly. Der Oldfield war natürlich ein Oberprofi, der hatte auch unterschrieben, dass er live spielt. Und was macht er? Er kommt da mit der ganzen Truppe an und spielt Halbplayback. Nur die Frau hat gesungen. Der war uns gegenüber natürlich unheimlich im Vorteil, weil der seine Studioproduktion mitgebracht hatte. Daraus habe ich gelernt. Kurze Zeit später hatten wir einen Job im Bayerischen Rundfunk, da sollten wir auch wieder live spielen. Und denen habe ich dann gesagt: Tut uns leid, wir können nicht live spielen, wir haben morgen einen Gig in Norddeutschland, das schafft der LKW nicht. Da haben wir die Oldfield-Nummer abgezogen, um nicht wieder Theater zu haben mit den Technikern.

Stefan Kaufmann: Das Video zu »I'm A Rebel« zum Beispiel, das ist in einem durchgeschossen, da ist nichts geschnitten worden. Wir haben einfach gespielt in einer Fernsehsendung und da saß einer in der Regie und hat dann die einzelnen Kameras gedrückt, und fertig war das Video nach einer halben Stunde. Am längsten hat wahrscheinlich die Maske gedauert.

Das heißt, damals gab es die technische Infrastruktur noch gar nicht – für Heavy Metal.

Frank Schäfer: Es gibt ja beim Debüt und bei »I'm A Rebel« noch diverse Verbindungen zum Krautrock. Die melodiösen Quasi-Hippie-Chöre zum Beispiel, die fallen später weg. Das will man irgendwann offenbar nicht mehr. Man setzt sich bewusst ab von der Musik der älteren Generation, man will härter werden.

Stefan Kaufmann: Da wird viel zu viel hineininterpretiert. Es ist ja nicht so, dass wir uns gesagt hätten, diese Chöre machen wir jetzt nicht mehr, wir machen jetzt was anderes. Wir haben nie darüber nachgedacht, jetzt müssen wir das mal ändern, wir brauchen jetzt noch einen Double-Bass-Song, wir brauchen jetzt noch einen Shuffle oder eine Ballade. Das waren nie so rationale Entscheidungen, das hat sich einfach so ergeben. Wir haben immer nur drauflosgeschrieben, und wenn uns was gefallen hat, haben wir das aufgenommen. Oder was der Produzent als das Schärfste empfunden hat, wenn wir einen Produzenten hatten. »Restless« und »Balls« haben wir ja selber produziert, das heißt, wir haben einfach die zehn, zwölf stärksten Songs aufgenommen.

Bei »Balls To The Wall« wäre es ja komplett abwegig, da einen hohen Chor unterzubringen. Also haben wir uns gesagt, da machen wir jetzt so ein tiefes Ding. Es ist auch nicht so, dass wir die ganz weggelassen hätten, ein Song wie »Losing More Than You've Ever Had« hat ja noch diese mehrstimmigen Sätze. Bei »Breaker« hast du im Grunde beides, bei »Midnight

Highway« gibt es diesen schönen Satz, du hast dann aber auch »Down And Out«. A song gets what a song needs. So sehe ich das bis heute.

Udo Dirkschneider: Das erste Album ist für die damalige Zeit richtig gut gelaufen, und alle haben gedacht, das ist eine englische Band. Das war schon interessant. Beim zweiten Album waren wir schon etwas gefestigter, aber es war noch ein Suchen und Finden. Wir waren immer noch auf einem Pfad der Erkenntnis. Wohin wollen wir? Da hat ja Peter Baltes auch zwei Nummern gesungen. Das war noch so eine Art Mischmasch. Das Produzententeam wusste offenbar nicht genau, wo es uns hinstecken sollte. Bei »Breaker« hatten wir uns dann gefunden. Da haben wir uns die härteren Sachen vom ersten Album und von »I'm A Rebel« rausgesucht, und dann waren die Riffs auf einmal da. Wir haben ja im Kellerstudio von unserem Verlag in Hamburg die Demoaufnahmen gemacht und da ist irgendwas passiert. Das kann man auch, glaube ich, gar nicht so wirklich realisieren. Es war auf einmal da, und wir haben gesagt: Ja, genau das ist es! Und das habe ich mittlerweile von vielen gehört, von Metallica oder Mötley Crüe und anderen. Als Kai Hansen »Breaker« gehört hat, war ihm klar: Solche Musik will ich machen.

Stefan Kaufmann: Für die Demos zu »Breaker« hat uns der Schacht-Verlag ein Achtspur-Studio zur Verfügung gestellt, damals hatten die Verlage noch Studios. Da sind wir also zehn Tage nach Hamburg gefahren und haben die Demos gemacht. Das war, wie gesagt, kein geschenktes Geld, das haben wir zurückgezahlt, aber Schacht und Dieter Dierks haben an uns geglaubt. Es hätte ja auch in die Hose gehen können, dann hätten wir es nicht zurückgezahlt.

Matthias Mader: »Breaker« war keine an normalen Maßstäben zu messende Platte, »Breaker« war ein Kulturschock, die akustische Umsetzung des Cover-Artworks (Stacheldraht, der sich durch die Gehörgänge einer sommerlich gekleideten Schönheit frisst). Sorry, aber selbst im Jahr 1981 konnten weder die Tygers of Pan Tang, Saxon oder wie sie auch immer hießen, mit deutschem Stahl in Form von »Starlight«, »Breaker« oder »Burning« konkurrieren – derartige Stücke werden nicht bewusst komponiert, sie passieren einfach!

Wolfgang Bauduin: Bands wie Saxon versuchen den Erfolg hauptsächlich musikalisch – noch schneller oder härter oder sogar abwechslungsreicher. Andere begeben sich in die Geschmacklosigkeit; man denke an die Plattenhülle der aktuellen Iron-Maiden-LP »Killers«. Also, man sollte schon Grenzen nach unten setzen, finde ich … Nicht besonders viel besser sieht das Cover eines Albums aus, mit dem eine deutsche Band namens Accept den Durchbruch sucht (und wahrscheinlich auch findet). »Breaker« verbildlicht vorne eine laszive Dame, der – rechts hinein und links wieder hinaus – Stacheldraht (in Worten: Stacheldraht) durch den Kopf gezogen wird. Weshalb ich dies hier besonders erwähne: Die Musik auf der Platte ist wahrlich gut genug, ohne solche Dummheiten auszukommen. Und: Die Rückseite des Covers entspricht dem Sound von Accept viel besser: Zwei mittels Stacheldraht vereinte Flying-V-Gitarren der Firma Gibson – Sinnbild des in der Tat schneidenden Sounds, mit dem die Accept-Gitarristen Wolf Hoffmann und Jörg Fischer durchheizen. Hinzu kommt der Gesang von Udo Dirkschneider, der seit den Tagen von Ian Gillan bei Deep Purple erstmals wieder jenes Gefühl aufkommen lässt, das mit »ABC-Alarm« oder »Springflutwarnung« recht gut beschrieben werden kann. Ich meine, wenn schon denn schon: HM sollte extrem sein, und dann ist alle Gesangsduselei verkehrt. Mithin meine ich »ABC-Alarm« durchaus als Kompliment.

Udo Dirkschneider: Man hat mich einfach machen lassen. Damals bin ich unglaublich hochgekommen, da waren Töne bei, wow. Da musste mich keiner quälen. Da hat keiner einen Einfluss gehabt auf mich und gesagt: Mach das mal so oder so. Bei manchen Melodiebögen schon. Da sagt natürlich ein Produzent schon mal, wie man die Melodie verändern könnte, das sind die normalen Studiogeschichten, aber das Eigentliche war da, an der Basis hat keiner dran rumgefummelt.

Stefan Kaufmann: Wir haben schon in den jungen Jahren, wir waren vielleicht 19, 20 oder 21, festgestellt, dass live alles schöner war als auf Platte. Wenn wir live »I'm A Rebel« gespielt haben, klang das irgendwie zackiger als im Studio. Deshalb haben wir damals als Band eine Entscheidung getroffen. »I'm A Rebel« und »Breaker« hat ja beide Dirk Steffens produziert. Wir haben zu ihm also gesagt: Pass auf, wir möchten das neue Album live einspielen. Also nicht erst Schlagzeug, Bass und dann kommt nach und nach der ganze Kram. Wir wollten das gern gemeinsam machen. Und er hat sich darauf eingelassen. Und ob man es glaubt oder nicht, bis auf die Vocals ist alles auf diesem Album tatsächlich live eingespielt, sogar die Solos. Da ist vielleicht hier und da eine Rhythmusgitarre overdubbed worden, weil man unter dem Solo noch eine weitere brauchte, aber das wars dann auch. Dadurch sind die Songs prinzipiell härter geworden.

STEFAN JOSEFUS: Ich habe mich immer unheimlich geärgert, sogar beim Conny Plank. Nun muss man sagen, der hat Kraftwerk gemacht, der war mehr ein Elektroniker. Krautrock war ja eigentlich keine Rockmusik, das war elektronische Musik. Die Studios und auch beim Fernsehen, die haben das Schlagzeug alle so abgeklebt, dass da bloß nix mitrappelt. Wenn du eine englische Produktion dagegen gehört hast, das klang offener, da war nix abgeklebt. Da hat man die Feder von der Snare vielleicht ein bisschen mitgehört, aber es war voluminöser, hatte mehr Power. Bei uns in Deutschland waren die überempfindlich und konnten das nicht produzieren.

ANDREAS NEUDERTH: Ich bin bereits 1980, also mit neun Jahren, in den Genuss von gleich einigen Liveplatten gekommen – nicht nur der berühmten, in meiner Altersgruppe ständig genannten KISS-»Alive 1«, denn die hatte ich in der Tat nochmal mindestens ein bis zwei Jahre früher. Nein, der ältere Bruder eines Schulfreunds hasste den Applaus zwischen den Songs und in die Lieder hinein, und plötzlich hatte ich »Double Live Gonzo«, »All The Worlds A Stage« und auch »Unleashed In The East«. Zusammen mit den ersten Rock-sachen, den LPs von meinem Dad mit Creedence Clearwater Revival oder Rolling Stones, alles noch eher »live im Studio« als regelrechte Produktionen, hat das mein Hörempfinden stark geprägt. Dazu kamen ein paar regionale Bands, die dem Hard Rock zugewandt waren. In Frankenthal war das neben Rampage die Odin's Hammer Band. Dieser unfertige Klang auf solchen Veranstaltungen hatte auf mich eine gewisse Faszination. Es war anders als ein großes Konzert im TV, irgendwie ruppiger. Die Band musste das Beste draus machen. Da war nur ein Mikro in der Bassdrum, ein Verstärker war zu laut und man musste zwei Meter laufen, damit man auch den anderen Gitarristen hören konnte. Der ursprüngliche Sound, diese Live-Ästhetik, ist meine Grundlage.

Udo Dirkschneider: Michael Wagener war ja unser Tontechniker bei der Priest-Tour, da hat der uns live gemischt. Schon vorher bei »Breaker« war er der Tontechniker im Studio, Dirk Steffens war der Produzent, und die haben da beide mitgewirbelt. Bei »Restless And Wild« war er teilweise involviert und »Balls« hat er dann auch gemischt. Bei »Breaker« hat Michael schon Einfluss genommen, auch weil er mich gesanglich kannte. Da gab es immer so Diskussionen, wie das eben so geht im Studio: Nee, lass das den Udo mal ruhig so singen, der kann das schon. Wir hatten aber nie einen Produzenten, der uns wirklich sagen musste, was wir zu machen haben, das war immer eine Gemeinschaft. Also da hat nie einer gesessen und gesagt: Ihr macht das so, ihr macht so ... Das hat es bei uns nie gegeben.

Stefan Kaufmann: Wir hatten damals das Glück, dass bei dem »Breaker«-Album der Michael Wagener der Toningenieur war. Der hat uns damals schon teilweise live begleitet, die Tour, die wir in England gemacht haben, die hat er dann auch live gemischt, er hat aber auch vorher schon ein paar Sachen für uns gemacht. Das Gute war, dass er wusste, wie wir live klingen. Und das hat er im Studio, im Rahmen der technischen Möglichkeiten, die es damals gab, sehr, sehr gut rübergebracht. So klang das Album tendenziell härter und hat sich von unserem Live-Sound kaum unterschieden. Und zu dem Zeitpunkt haben wir uns dann auch gesagt, okay, offensichtlich sind wir eine Heavy-Metal-Band.

Wolfgang Bauduin: An dieser Stelle kann man ungefähr festmachen, weshalb ich Accept, die übrigens aus Solingen kommen, gut finde [...], »Breaker«, die neue LP, mit zehn Songs, die allesamt das besitzen, worum's geht: Schnelligkeit (Halt! Ein oder zwei relativ langsame Songs sind auch dabei), Dynamik, edle Gitarrenduelle und reichlich Obertöne, dass Eure Boxen die Hochtöner runzeln. [...] [T]rotz merklicher Erfolge konnten sie bis dato in der BRD kaum landen. In England verbuchte Accept gute Plätze in den HM-Charts mit den Singles »I'm A Rebel« und »China Lady«, derweil in Deutschland die Scorpions so taten (oder getan wurde), als seien sie die einzig kompetente Heavy-Metal-Band. Dem ist nicht so, Freunde. Ich bin gern einer der ersten, schlechte Musik und speziell dummen Heavy Metal zu verreißen. Bei Accept sieht das anders aus, wenn man die »Breaker«-LP zum Maßstab nimmt. Und ich bin sicher, dass da noch einiges im Busche klopft.

Udo Dirkschneider: Dann haben wir allein eine intensive Tour gemacht, und dann kam das Angebot, mit Judas Priest auf Europa-Tournee zu gehen. Und das war das Größte für uns und in Europa, würde ich schon sagen, unser Durchbruch. Das hat ziemlich gut funktioniert und wir haben dabei auch viel gelernt. Das war schon eine gute Schule. Wie man mit Publikum umgeht zum Beispiel. Da haben uns Judas Priest dann auch schon mal gesagt, ihr müsst das so und so machen. Ich erinnere mich an England, da saßen die Leute im Theater mit verschränkten Armen, du hast da oben auf der Bühne Gas gegeben ohne Ende, aber zwischen den Stücken kam gar nichts. Als wir fertig waren, sind die Leute aufgestanden und haben geklatscht. Am zweiten Abend haben wir dann bei Priest nachgefragt: Sagt mal, finden die uns nicht gut? Doch, die finden euch sensationell, wenn die aufstehen und klatschen für eine Vorband, hat das hundertprozentig funktioniert. Okay, schön, wenn das so ist. Wir haben da auch gelernt, mit verschiedenen Mentalitäten umzugehen. In Spanien und Griechenland ist es noch mal etwas wilder als in Schweden oder Finnland, da gibt es schon Unterschiede.

Ulli Meissner: Mit Judas Priest hätten wir 1979 eine ganze Tour machen können, wenn wir das nur früh genug gewusst hätten. Mittags bekam ich einen Anruf: Ich hätte mich heute Abend in der Niedersachsenhalle einzufinden, wir würden heute Abend mit Judas Priest spielen. Das war logistisch schon eine ziemliche Herausforderung, man musste ja seine Techniker und Roadies aktivieren, das Equipment musste rangeschleppt werden. Es blieb dann leider bei diesem einen Auftritt, eine ganze Tour mitzumachen, war für uns nicht möglich, so von einem

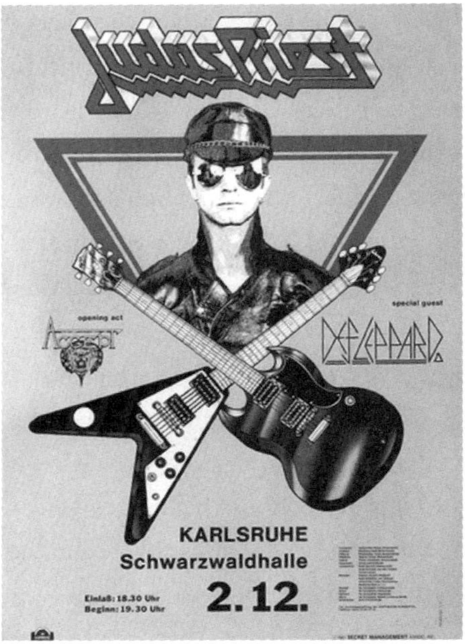

Tag auf den anderen. Der Gig lief dann sehr gut. Aber die waren fünfmal härter als wir. Was da für eine Wucht und Aggressivität von der Bühne gekommen ist, da musste man sich schon ziemlich warm anziehen. So ähnlich war es ja schon bei der Tour mit AC/DC 1978 gewesen. Da konnten wir nicht mithalten, dafür waren wir einfach zu brav. Ich meine gar nicht so sehr die Lautstärke, sondern die Art, mit der sie die Musik angehen, diese Kompromisslosigkeit, die Sache nach vorne zu spielen, die hatten wir nicht. Die konnten wir auch nicht haben, das ging alles viel zu schnell. 1977 wurden die ersten Aufnahmen gemacht und 1979 waren wir schon bei der dritten Scheibe, die Zeit war viel zu kurz, um da eine vernünftige Entwicklung hinzukriegen. Es gab die Band ja vorher so nicht, wir konnten uns nicht drei Jahre lang auf kleinen Bühnen die Hörner abstoßen.

Udo Dirkschneider: Die Tour war ein voller Erfolg, da gab es auch Lobeshymnen in der Presse, und ich bin ja immer sehr für Understatement, aber man muss schon sagen, da hatten Priest manchmal Probleme nach uns. Und das war dann auch der Punkt für mich, wo ich gesehen hab, das ist es, genau dahin wollen wir. Wir hatten etwas kreiert, was andere zu dem Zeitpunkt noch nicht hatten.

Stefan Kaufmann: Als wir 1981 die Tour mit Priest und Def Leppard gemacht haben, England, Benelux, Deutschland usw., hat uns der Schacht-Verlag 10.000 Mark geliehen. Das Geld ist draufgegangen für den Nightliner. Die Tour dauerte damals so etwa sechs Wochen, verpflegt haben wir uns selber. Wir haben da halt sechs Wochen in dem Bus gelebt und haben diese Tour gemacht, die für uns wirklich ausschlaggebend war. Da haben wir jeden Tag vor ausverkauftem Haus gespielt und hier in Deutschland in den üblichen Hallen, Philipshalle, Grugahalle, was auch immer. Durch die Tourerei hast du auf einmal andere Eindrücke. Und die neuen Eindrücke verarbeitet ein Musiker auch in seinen Songs. So ist eine Entwicklung irgendwie von sich heraus entstanden. Du reflektierst das ganz einfach. Du hörst und siehst viele Sachen, die du toll findest, und ohne großen Vorsatz übernimmt man was, sei es musikalisch, arrangementmäßig, soundmäßig, textlich, sei es bewegungsmäßig auf der Bühne, sei es showtechnisch, wie auch immer.

Ich erinnere mich noch an die ersten Gigs mit KISS 1984, das war natürlich auch etwas, wo wir gesagt haben: Boah. Gar nicht unbedingt wegen der Show, sondern wegen des hart Durchgeplanten. Bei denen ist wirklich jeder Witz und jede Bewegung

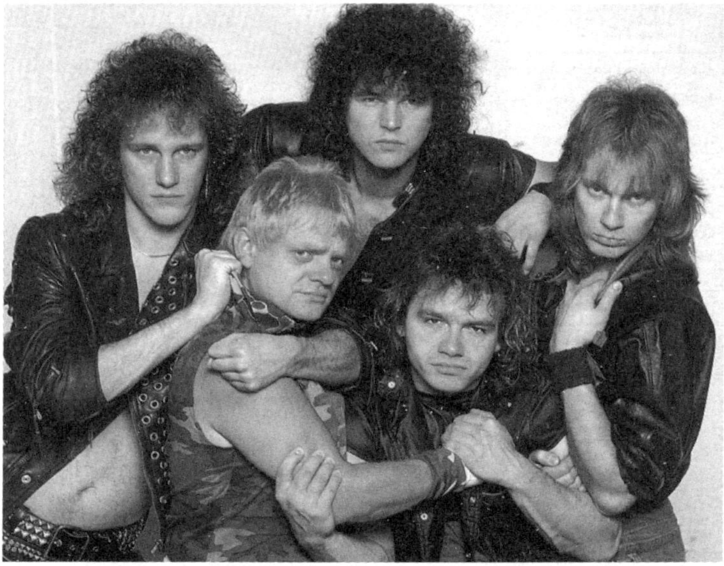

Accept

hart durchgeplant. Das merkst du natürlich nicht beim ersten Gig, aber der fünfte ist dann eben ganz genauso. Und das ist eigentlich eine ganz gute Sache. Du kannst ja nicht sagen, heute bin ich mal gut drauf, heute spiele ich einen guten Gig, morgen bin ich schlecht drauf, da spiele ich einen Scheißgig. Die Leute, die da unten stehen, haben immer das gleiche bezahlt und sollten deshalb eigentlich auch gleich gut bedient werden. Das ist nur ein Beispiel. Das reflektierst du und sagst dir, das ist eine gute Sache. Wir haben am Anfang mit vielen großen Bands zusammen gespielt, Priest, Iron Maiden, Saxon oder Dio und so weiter. Natürlich beeinflusst einen das auch irgendwie.

UDO DIRKSCHNEIDER: Bei »Breaker« mussten wir uns entscheiden, das ging nicht mehr, wir hatten mit der Band dann so viel zu tun, also haben wir uns gesagt: Dann gehen wir in den Wahnsinn! Ich hatte schon die Wahl, ich hätte auch die Firma meiner Eltern übernehmen können, aber ich wollte Musik machen. Hat ja auch funktioniert, toi, toi, toi. Es ging ja auch kontinuierlich nach oben. Da gab es nie den Punkt, wo ich gesagt hätte: Hättest du mal doch lieber weiter in der Werkzeugfirma gearbeitet. Der Gedanke kam mir nie.

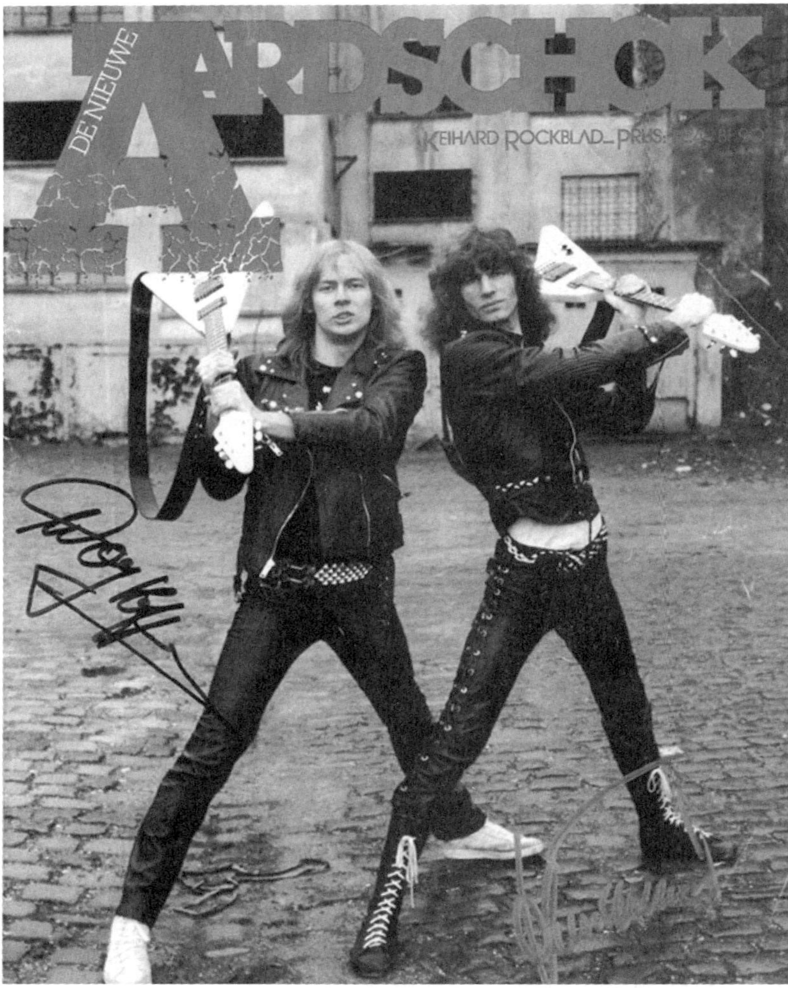

Man wollte einfach dazugehören

Götz Kühnemund: Den Anstoß gab der »Aardschok« aus Holland, der das erste Magazin war überhaupt in Europa. Das kannten wir, wir sind ja hier nahe der holländischen Grenze, und haben uns das immer besorgt.

Alex Gernandt: Die einstige Bedeutung von »Bravo« wird heute in der Metal-Szene verkannt. Ältere Fans wie ich, Jahrgang 1965, kennen noch eine Zeit, in der es keine »Fachpresse« gab. Da war »Bravo« die einzige Informationsquelle. Iron Maiden habe ich 1980 durch »Bravo« für mich entdeckt. Denn beim »Musikexpress« etwa war Heavy Metal damals total verpönt. In »Bravo« las ich dafür jeden Donnerstag über AC/DC, KISS, Led Zeppelin, Deep Purple, Thin Lizzy und Motörhead, ich erinnere mich an eine Homestory in Birmingham bei Judas Priest, Rob auf dem Sofa, Glenn in seiner Garage und KK Downing bei der Gartenarbeit. Das waren Einblicke, die man sonst nirgendwo bekam. Für mich das Tor zur großen weiten Welt. 1987/88 arbeitete ich eine Zeit lang bei »Metal Hammer« in Dortmund, wechselte im Frühjahr 1988 dann tatsächlich als Musikredakteur zu »Bravo«, meiner Jugendliebe. In meiner Zeit als Reporter flog ich um die Welt, berichtete auch über Slayer, Exodus, Entombed, Paradise Lost und war mal zu Gast bei Sepulturas Max Cavalera in Belo Horizonte, Brasilien. Dazu natürlich regelmäßige Interviews mit Metallica, die mich von Beginn an meine ganze journalistische Laufbahn begleiten.

Götz Kühnemund: Die New Wave of British Heavy Metal ist dann nach Deutschland rübergeschwappt, auf einmal hatten wir auch richtige Metal-Bands, Bands wie Accept, die sich so gekleidet und solche Musik gespielt haben. Weil das alles so neu und so geil war, wollte man einfach dazugehören zu dieser Szene. Und jeder hat auf einmal versucht, was auf die Beine zu stellen. Manche haben Tapes vertrieben, manche haben Fanzines gemacht, manche haben kleine Konzerte veranstaltet, jeder hat sich irgendeine Funktion gesucht, um Teil dieser Szene zu sein, weil das einfach so spannend war. In meinem Fall war es halt ein Fan-Club 1982. Den konnte ich aber irgendwann nicht mehr bewerkstelligen. Ich war ein 16-Jähriger Schüler, der Organisationsaufwand war zu groß, und so wurde aus dem Fan-Club Metal Maniacs Germany das Fanzine »Metal Maniacs«. In Dortmund gab es auch eins, das war »Rock Hard«. Wir haben in denselben Plattenläden ausgelegen, irgendwann haben wir uns zusammengelegt, kurz darauf kam das »Rock Power« heraus, das eine Fortführung des deutschen »Aardschok« war. Das hing alles irgendwie zusammen hier im Ruhrpott. Und dann gab es eben Leute wie Boggi Kopec, der erste, der sich Manager nannte in der deutschen Szene, der die Demo-Bands Sodom, Kreator, Rage, die noch Avenger hießen, hochgeholt hat.

Alex Gernandt: Dass ich in der Metal-Szene aktiv mitmischen wollte, wurde mir im Frühjahr 1981 auf einen Schlag bewusst. Damals entdeckte ich am Kiosk das »Heavy Metal Special«, eine einmalige Sonderausgabe des »Musikexpress« – und eine echte Offenbarung! Ich traute meinen Augen kaum: ein Magazin nur über Heavy Metal!? In gelben Lettern prangte das Logo auf der Zeitschrift. Jede Story verschlang ich wissbegierigst, Überschriften wie »Def Leppard – Kein Tierchen für Prof. Grzimek« sind bis heute in mein Gedächtnis gebrannt.

Götz Kühnemund: Das »Musikexpress«-Sonderheft war wichtig. Alles in Farbe, ich konnte es kaum fassen, dieses Heft in den Händen zu halten.

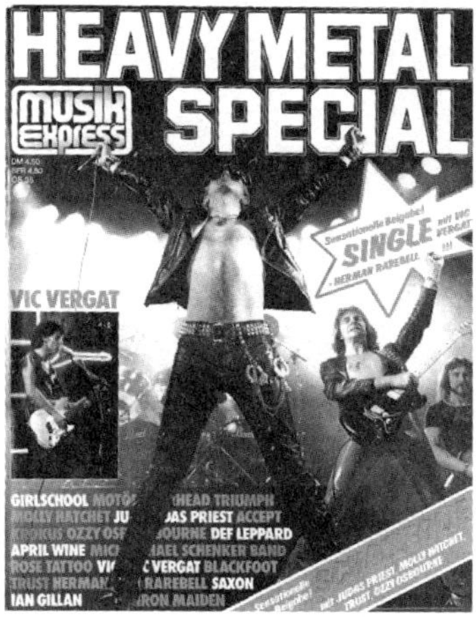

»Cat« the Cat: Die riesige Halle ist bis zum Platzen mit Jugendlichen gefüllt. Sie stehen dicht an dicht aneinandergepresst, stoßen mit aller Wucht ihre Fäuste in die Luft, schütteln rhythmisch ihre Köpfe. Die Münder sind weit aufgerissen, es scheint so, als ob sie aus tiefster Seele schreien würden, man hört aber nichts, außer dem Höllenlärm, der wie Blitz und Donner in der Luft liegt.

Hörst du genauer hin, erkennst du, dass die geballte Energie, die von der Bühne kommt, einen Sinn ergibt: eine aufheulende Gitarre, ein sich ständig wiederholender Rhythmus, der den Song zusammenhält, ein Riff, das dir den Schädel spaltet.

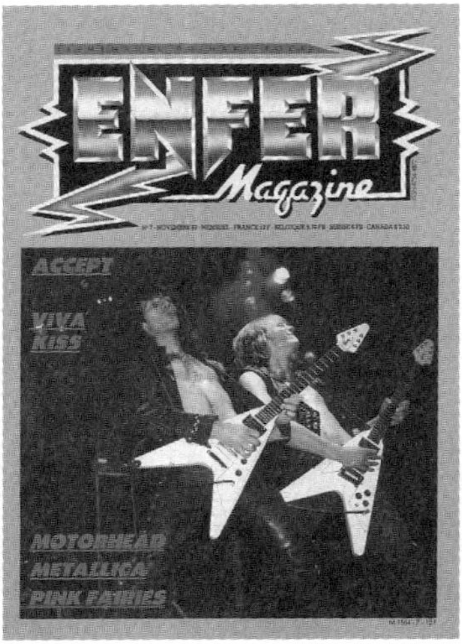

Wenn die Handwerker des Heavy Metal bei der Arbeit sind, bringen sie wieder einer neuen Generation von Jugendlichen ihre Art von Musik bei. Die Musik ist laut, hämmernd, jeden Gedanken in deinem Kopf auslöschend. Jeder im Publikum macht mit. Kein Jugendlicher steht abseits, es sei denn, er ist taub.

Heavy Metal ist eine Bewegung, die jede Samstagnacht in vielen Konzerthallen der Welt immer wieder ihre Triumphe feiert. Den restlichen Teil der Woche dröhnt die Musik aus Millionen von Radios, Kassettenrekordern und Stereoanlagen.

Alex Gernandt: Ich fing an, handschriftlich die Diskografien unter den Artikeln zu ergänzen, bewertete die Platten mit Punkten und kritzelte sogar meinen Namen aufs Cover. Denn mir wurde klar: genau so was wollte ich auch machen! Mein Name sollte mal unter einem Artikel stehen, Rockjournalist zu werden war mein Traum, nicht etwa Rockstar! Nur: wie das Ganze anstellen?

»Cat« the Cat: Die jungen Heavy-Metal-Gruppen spielen keine neue Musik, sie knüpfen ganz bewusst an die überlieferten Werte ihrer Vorfahren an. Sie haben in der heutigen Zeit (1980/81) mehr mit der Heavy-Metal-Musik von 1971 als der von 1975 gemeinsam, sie fühlen sich eher zu Led Zeppelin und Deep Purple hingezogen als zu KISS. Wenn man die Platten der jungen Heavy-Metal-Bands hört, kommt es einem vielfach so vor, als hätte es die zweite Hälfte der siebziger Jahre gar nicht gegeben. Die neuen Heavy-Metal-Bands sind in keiner Weise musikalisch durch Punk beeinflusst worden.

JUTTA WEINHOLD: Das Ethos des Punk fand ich gut, das hat mir sehr gefallen, nur von der Musikalität, vom Handwerk nicht. Ich wollte dann doch gern Gitarren hören, geile Soli, ich liebe Gitarren, ich wollte Melodien hören, gute Stimmen, das hat mich musikalisch nicht so gepackt.

GÜNTHER V. RADNY: Wir haben uns eigentlich immer als Hard-Rock-Band gesehen, wir haben das dann Heavy Metal genannt, weil es ein Modewort geworden ist. Neulich habe ich mal gelesen, wir hätten Metal Boogie gemacht, das stimmt auch, wir waren schon ein bisschen eine Boogie-Band auf unseren ersten Platten. Aber wenn ich mir »Angel Power« heute anhöre, dann finde ich, das klingt wie eine Punk-Band. Ich fand die Punk-Idee gut, aber dieses ganze Gespucke ziemlich eklig, damit hatten wir nichts zu tun. Aber vielleicht hat uns das unbewusst beeinflusst, man hat ja eine Zeit lang auch gar nichts anderes mehr gehört im Radio als Punk. Ich fand die Sex Pistols jedenfalls ganz originell, das waren im Grunde die neuen Rolling Stones.

»CAT« THE CAT: Wenn überhaupt, dann haben sie etwas von der Energie des Punk übernommen, spielen ihre Stücke etwas schneller als ihre Vorfahren, dehnen die Soloteile nicht mehr endlos aus, verzichten in den Texten auf Geschichten von untergegangenen Königreichen und übertriebene Bühnenshow. Aber im Endeffekt dürfte es nur eine Frage der Zeit sein, bis diese Scheußlichkeiten wieder eingeführt werden.

Ebenso wie sich diese Musik des Heavy Metal pausenlos wiederholt, wird sich seine Geschichte wiederholen. Heavy Metal ist nun mal nicht erfinderisch, auf Veränderung bedacht, sondern konservativ, in sich selbst ruhend, abgeschlossen, perfekt und zeitlos.

Alex Gernandt: Next step im September 1982. Mir war langweilig und ich malte wahllos Logos meiner Lieblingsbands auf ein Stück Karopapier: AC/DC, Motörhead, Maiden, Priest, Venom, Anvil, Accept, Samson, Tygers of Pan Tang, Demon, Killer, Riot ... Dann kam mir die Idee, das zu erweitern. Ich nutzte das Logo-Blatt quasi als Cover und fügte einige Seiten an – ein A-Z der Metal-Bands, die ich bis dato kannte, die »Heavy Metal Liste Vol. 1«. Ich kam auf 202 Gruppen, inklusive Herkunftsland und Discografie, alles in Druckbuchstaben, einigermaßen leserlich. Auf die Idee, meine (mechanische!) Schreibmaschine zu benutzen, kam ich nicht. Das Manuskript kopierte ich vielfach und verschickte es nach einer Kleinanzeige in »Musikernews« gegen Rückporto. Diese »HM Liste« wurde meine erste eigene Metal-Publikation. Das Interesse war überraschend groß, das Feedback Wahnsinn. Man merkte, es gab hierzulande viele Fans, die so was interessierte. Das Ding wurde der Grundstein für mein Fanzine »Shock Power«, das ich im Frühjahr 1983 mit meinem Kumpel Frank Meinel in Lampertheim bei Mannheim gründete.

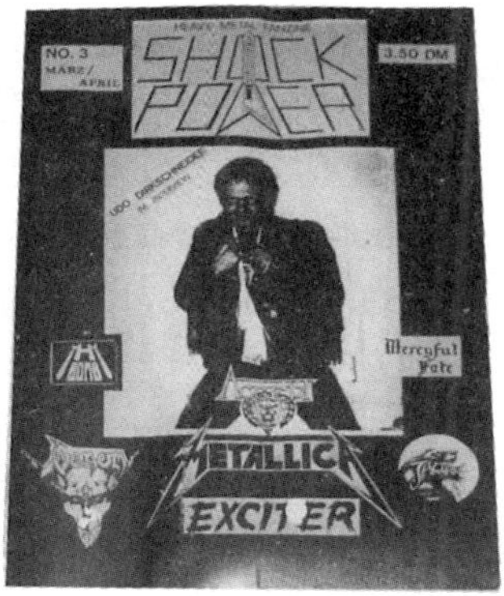

Götz Kühnemund: Der Jürgen Wigginghaus, der den »Metal Hammer« gestartet hat, der hatte vorher ein lokales Heft, das hieß »Musik Szene«, das war eigentlich ein Veranstaltungsheft, und der hat gemerkt, immer wenn er harte Themen reinnimmt, dann läuft das Heft besser. Der wusste also ganz genau, mit einem lokalen Scorpions-Gig kann ich mehr Geld verdienen als mit einem, sagen wir mal, Epitaph-Gig, was es halt damals so im Deutschrock-Bereich gab. Der hat Lunte gerochen. Und es gab in Essen einen Plattenladen, der hieß Earthshaker, das waren die Leute, die den deutschen »Aardschok« gestartet haben, die haben gemerkt, bei uns verkaufen sich Hard-Rock-Platten besser als andere. Dann haben die sich sofort spezialisiert auf Hard Rock, sind nach Holland gefahren, haben dort die Importe gekauft. Das sind zwei Schlüsselfiguren, Jürgen Wigginghaus und Axel Thubeauville, die einfach den Braten gerochen haben. Manfred Schütz in Hannover von SPV und Karl Walterbach in Berlin von Noise müsste man auch noch dazuzählen.

Frank Schäfer: Und Tony Jasper. Was er am Dienstagabend um 22 Uhr in seiner unverzichtbaren, gerade mal einstündigen »Heavy Metal Show« für die Versorgung der angefixten Teens in den 80er Jahren getan hat, ist in vollem Umfang noch gar nicht gewürdigt worden. Vor allem die Landjugend in der norddeutschen Tiefebene hätte ohne Jasper gleich einpacken können. Der Bus zur Schule fuhr gegen sieben. Insofern lief die

»Äitschemshow«, wie sie Jasper selbst immer gern bezeichnete, eigentlich zu spät. Man haute sich tunlichst hin um zehn, um nicht vollends zu verzweifeln an der halb sechs klingelnden Drecksau, aber eben nicht am Dienstag.

TONY JASPER: Ich kann mich nicht genau erinnern, wann ich mit dem Moderieren begonnen habe, das muss 1980/81 gewesen sein. Wann ich aufhörte, weiß ich beim besten Willen nicht mehr. Ich hab den Spaß an der Musik nicht verloren, BFBS stellte die Sendung irgendwann ein, das ist alles. Ich hatte gehört, BFBS sucht nach einem Hard Rock/Metal-DJ, und mich dafür beworben. Ich war zu dieser Zeit bei der BBC, bei Radio 1 und 2, und bei Radio Hallam beschäftigt. Ich kannte mich ganz gut aus im Hard Rock, ich hatte davor schon viele Jahre für die Musikpresse geschrieben.

FRANK SCHÄFER: Jasper wusste ziemlich genau, mit wem er es zu tun bekam. Er beendete jede seiner Sendungen mit der freundlichen Ermahnung: »Don't forget to change your clothes!«

TONY JASPER: Ursprünglich entstand die Phrase, weil man, wenn einer auf dem Weg ins Aufnahmestudio war, im Spaß suggerierte, dass er in der Show ziemlich ins Schwitzen kommen würde. Deshalb der ironische Kommentar. Ich brachte ihn dann ein paarmal am Ende der Show und der saß. Das schien den Leuten zu gefallen.

FRANK SCHÄFER: Er war so etwas wie ein größerer Bruder. Er hatte alles Wichtige gehört, sich aber durch seine stupen-

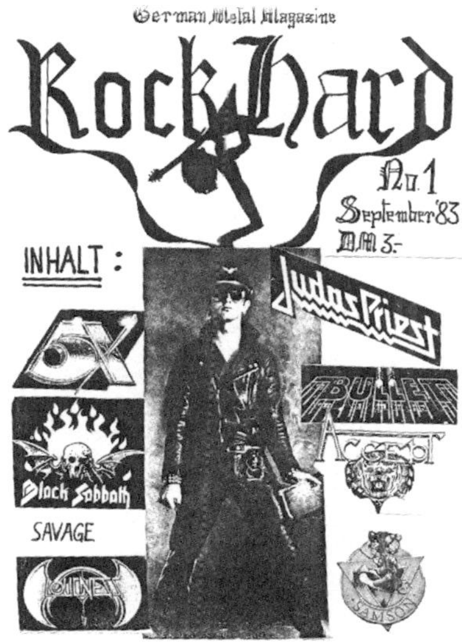

de Kenntnis den juvenilen Enthusiasmus nicht kaputt machen lassen. Er brannte immer noch lichterloh.

Tony Jasper: Ich hatte damals keine Ahnung, dass wir auf dem Festland so beliebt waren. Wir spielten ein paar deutsche Bands wie die Scorpions, aber in der Hauptsache englische und US-Formationen. Ich bemerkte erst, dass ich einen gewissen Einfluss hatte, als ein großes Musikmagazin aus Europa mich zum zweitbesten DJ in der Welt wählte. Ich glaube nicht, dass ich mich besonders um solche Anerkennungen bemühte. Da gab es immerhin einen Tommy Vance auf BBC Radio 1. Wir versuchten, neue Rockmusik zu entdecken, eine neue Musik zu finden, die dem Hörer ein Gefühl von Größe vermittelte. Außerdem war ich natürlich angehalten, Musik zu bringen, die die Jungs von der Armee gerne hörten. Ich wollte musikalisches Theater machen, etwas wirklich Fesselndes. Der beste Witz, jedenfalls so eine Art Witz, war unsere Live-Konzert-Festival-Show. Wir verknüpften kleine Stückchen und Teile von Live-Alben, und ich stand im Hintergrund des Studios und sagte Bands an und improvisierte. Wir bekamen danach sehr viel Post von enttäuschten Hörern, die dachten, sie hätten eine wirkliche Live-Show gehört. Wir waren offenbar ziemlich überzeugend.

Frank Schäfer: Was Jasper überdies zu einem von uns machte, war seine Aufgeschlossenheit gegenüber dem Underground. Bald fing er nämlich auch an Demos zu präsentieren, durchaus solche von eher heikler Soundqualität – Steelers erstes Tape mit »Love For Sale« und »Call Her Princess« etwa. Und spätestens als er irgendwann Steeltower spielte, eine Band aus der nahen Volkswagenstadt, gab sich unsere junge Chaotentruppe, die sich selbst gerade im Übungskeller die Hornhaut an den Fingern erschuftete, gewissen Hoffnungen hin, irgendwann von ihm entdeckt zu werden.

Axel Rudi Pell: Die »Heavy Metal Show« war ja tierisch angesagt damals, die hat jeder gehört, der auf Metal stand. Die haben sich viele Leute aufgenommen. Und dann spielt der uns. Ich hatte so etwas gehofft und einfach mal unser Demo-Tape hingeschickt mit einem netten Brief dabei. Das war noch vor der Platte, und es war auch noch eine ganz andere Besetzung. Dadurch sind natürlich viele Leute auf uns aufmerksam geworden aus der Szene. Die erste Platte war ja auch nicht mehr so weit entfernt, als das lief. Wir bekamen viel Zuspruch, das hat uns sehr geholfen.

Frank Schäfer: Wie unschätzbar wichtig die »HM Show« für die Erweiterung unseres Horizontes und das Aufkäschern unseres Wissensstandes war, offenbaren unzählige Kassettenmitschnitte und ein DIN-A5-Ringordner, in dem ich fein säuberlich die gespielten Songs mitschrieb. Soweit ich verstand, was Jasper da sagte. Das erste Protokoll stammt von Ende 1981. KISS hatten gerade unter der Ägide Bob Ezrins, des neben Jim

Steinman abgefeimtesten Operettenaugusts im Hard Rock, ihr Konzeptalbum »Music From The Elder« veröffentlicht. Eins dieser Alben aus dem Hass-Kanon, das man mit ein paar Jahrzehnten Abstand gerechter zu beurteilen weiß. Damals noch nicht. Jasper spielte die erste windelweiche Singleauskopplung »The World Without Heroes«. Und man sieht hier schon Jaspers Bildungsauftrag. Er mischte immer wieder Einschlägiges aus den Siebzigern und manchmal sogar späten Sechzigern darunter und verwies so auf Kontinuitäten und Zusammenhänge, schuf dadurch ein Bewusstsein für den rockhistorischen Traditionsfluss. Ein Glamrock-Opus wie »The Elder« ist eben nicht vom Himmel gefallen, es gab schon, na ja, »Gary Glitter Part I«. Vor allem aber eröffnete Jasper Optionen zum Umhören, Weitersuchen und -diskutieren. Angesichts des aus heutiger Perspektive sehr überschaubaren Outputs im Heavy-Fach war man ständig auf der Suche nach neuem Stoff. Der durfte ruhig uralt sein.

Eine spätere Sendung, von Anfang 1982, zeigt das noch deutlicher. Mark Storace von Krokus war zu Gast im Studio, und höflicherweise featurete Jasper dessen neues Album »One Vice At A Time« mit drei Songs. Einmal mehr wirft er dann aber einen Blick zurück, um den historischen Kontext zu skizzieren, spielt aber nicht AC/DC, das wäre zu naheliegend und vielleicht auch brüskierend gewesen, sondern die alte Hardblues-Rumpeltruppe Atomic Rooster, »End Of The Day«, und zuvor schon Montrose mit Sammy Hagar. Da passte dann auch Jimmy Page ganz gut, der gerade den ziemlich retrofizierten Soundtrack zum Charles-Bronson-Selbstermächtigungs-Ballermann »Death Wish II« fertiggestellt hatte. Und damit Jaspers Radio-Sprechstunde ihren Namen auch wirklich verdiente, nicht gar zu traditionell geriet, legte er noch schnell die neue Single von Tank auf, »Turn Your Head Around«, die deutlich zeitgenössischer zur Sache gingen. Nämlich richtig!

Ein paar Wochen später, im März 1982, war dann Mick Box von Uriah Heep sein Gast, der gerade mit einer komplett neuen Mannschaft, also auch ohne den Keyboarder und Hauptsongwriter Ken Hensley, an der Metal-Hausse zu partizipieren suchte. »Abominog« klang dann auch nicht mehr nach Seventies-Prog, sondern nach kommerziellem AOR Rock mit deutlicher Foreigner-Affinität. Hier die Liste der Songs, die Jasper an diesem Dienstagabend spielte:

Motörhead – Ace Of Spades
Blue Öyster Cult – I Am The Storm
Frank Marino – Sister Change
Uriah Heep – Time To Live
Uriah Heep – On The Rebound
Uriah Heep – To Scared To Run
Riot – Altar Of The King

Schön zu sehen, wie er Uriah Heep in eine Seventies-Abteilung einbettet, mit BÖC, Marino und einem Stück vom 1971er Heep-Album »Salisbury«, »Time To Live«, um zu zeigen, wie sich die Band mittlerweile verändert hat. Und noch schöner, wie er das dann einrahmt mit zwei Achtziger-Hämmern, Motörhead und Riot. Beide schon nicht mehr ganz frisch, Riots »Fire Down Under«-Album war ein Jahr zuvor erschienen, und Motörheads Klassiker sogar schon zwei Jahre alt, aber diese beiden Piecen hatten Saft, Wums und klangen nach Zeitenwende. Und zeigten auch, dass Box & Co. im neuen Jahrzehnt nicht mehr ganz vorne mitspielen würden.

Bis 1983 das erste deutschsprachige Spartenmagazin »Aardschok« erschien, etwas später dann »Rock Hard« und schließlich »Metal Hammer«, von den vielen liebevoll-handkopierten Fanzines jetzt mal abgesehen, bis sich also langsam so etwas wie eine Metal-Infrastruktur herausbildete, war seine »HM Show« unser Tor zur Welt. Bands wie Spider, Shiva, Picture, Bodine, Acid, Ostrogoth, Diamond Head, Rock Goddess, Tsunami, Hellanbach, Persian Risk, Demon, Waysted, Harlequin, Foghat, Rush, Gamma, Girl, More, April Wine, Samson, Bullet, Hardware, Hughes & Thrall, Trapeze, Stampede, Axe, Raven, Mayday, Heavy Pettin', Jaguar, Tytan, Bow Wow, Manowar, Angel, Blackfoot, Quartz, Nightwing, Rage, Santers usw. usw. hat man bei ihm zum ersten Mal gehört – und danach mitunter sehr lange Zeit nicht wieder.

Götz Kühnemund: Es gab vielleicht die entscheidenden drei, vier Personen mehr im Ruhrpott, die was bewegt haben. Es gab dann noch in Berlin Noise Records, SPV in Hannover, wo der CD Hartdegen damals die Bands gesignt hat. Oder Felix von EMP, der auch in meinem Fan-Club war, der dann anfing Overkill-Platten und -Shirts zu verkaufen, und daraus wurde dann EMP, die größte Merchandise-Firma der Welt heutzutage. Es hat sich alles irgendwie zufällig entwickelt zur selben Zeit, aber dass man das heute so auf den Ruhrpott reduziert, das liegt an »Rockpop in Concert« in der Westfalenhalle 1983. Das wurde bundesweit ausgestrahlt vom ZDF, und das war so etwas wie ein Startschuss, denn das war die erste »Rocknacht« im Fernsehen, bei der durchgängig Heavy Metal lief. Vorher hat man sich den »Rockpalast« angesehen wegen einer Band, und jetzt liefen da auf einmal sechs Bands, die sehr gut waren, die man sehen musste. Daraufhin wurde dann der »Metal Hammer« veröffentlicht, zur Ausstrahlung von »Rockpop in Concert«, und damit war dann auch ein professionell vertriebenes Heft in Deutschland am Start, unsere Fanzines waren ja nur in ein paar Plattenläden erhältlich. Es wurde dann alles sehr schnell professioneller, na ja, aus heutiger Sicht total unprofessionell, aber für die damalige Zeit bewegte sich was.

Frank Schäfer: Wir haben das »Rockpop in Concert« in der Westfalenhalle live gesehen bei meinem Freund Volker, der das auch gleich auf VHS mitgeschnitten hat – zum späteren Auswendiglernen.

Götz Kühnemund: Da kannte man jede Pose der Musiker. Und das ist der Grund, warum man heute denkt, der Ruhrpott war der Brennpunkt der Szene in Deutschland, aber es gab in allen Teilen ähnliche Bewegungen, es gab auch in Süddeutschland viele Fanzines, die parallel zu uns gestartet sind. Das erste war, glaube ich, ein Frankfurter Fanzine namens »Metal Mirror«, es gab zwar nur eine Ausgabe, aber die erschien schon 1982.

Axel Rudi Pell: 1981/82 hat sich alles radikal verändert. Das sah man schon an den Klamotten, da hatten auf einmal alle eine schwarze Motorradjacke an oder eine Jeanskutte, die waren mit Ketten behangen, das war schon alles ziemlich neu und einzigartig.

Matthias Mader: Betrachtet man die Chronologie der deutschen Metal-Publikationen aus dem Printbereich, so drängt es sich geradezu auf, die in der Geschichtswissenschaft gängige Theorie des »Ereignisdrucks« anzuwenden. Der Kulminationspunkt ist das Jahr 1983.

Alex Gernandt: Es kann durchaus Vorteile haben, in der Provinz aufzuwachsen, wo es kaum Abwechslung gibt und man – zumindest in den Achtzigern – nur wählen konnte zwischen Bolzplatz und Eisdiele. Langeweile kann die Kreativität fördern! Bei mir eben in Form von »Shock Power«, benannt nach einem Song der lokalen Rockheroes Trance. Es erschien erstmals im Juli 1983. 25 Seiten, einseitig schwarzweiß kopiert von unseren Vätern in deren Büros und von uns dann mühsam zusammengeheftet, Startauflage 250 Stück. Highlight war ein Bericht vom Aardschokdag in Den Bosch mit Mercyful Fate, Raven, Trance und Headliner Accept. Venom sollten damals auch auftreten, aber ihr Equipment blieb beim Zoll hängen. Die drei erschienen trotzdem und zeigten sich auf der Bühne. Auf dem Parkplatz der Halle konnte ich kurz mit Bandboss Cronos sprechen, er war damals in der Szene eine mythische Figur, kaum einer traute sich an ihn ran. »Shock Power« wurde das erste HM-Fanzine in Deutschland. Ich schickte es sogleich meinen »Pionierkollegen« und Brieffreunden Götz Kühnemund, Holger Stratmann und

Uwe Lerch zu. Götz hatte damals einen HM-Fanclub gegründet, Metal Maniacs Germany, ich wurde Mitglied 002. Und Holger und Uwe waren von »Shock Power« so angetan, dass sie meinten: Das können wir auch – und daraufhin in Dortmund »Rock Hard« gründeten, das bis heute sehr erfolgreich monatlich erscheint. Zu Zeiten der ersten »Shock Power«-Ausgabe waren Metallica übrigens noch kein Thema. Ich hatte zwar das »No Life Till Leather«-Demo kurz zuvor von meinem Brieffreund Brian Lew aus Sunnyvale bei San Francisco bekommen, aber es gab weder nähere Infos noch Fotos. Die sind so schnell, brutal und heavy – die werden sicher nie einen Plattenvertrag bekommen, meinte ich damals. Was für eine grandiose Fehleinschätzung. Das Gegenteil war natürlich der Fall: Metallicas Debüt »Kill 'Em All«, das ein neues Genre, den Thrash Metal begründete, erschien im Sommer 1983, »Shock Power«-Nr.1 war da aber bereits im Umlauf. Der Impact bei Metallica war genau wie drei Jahre zuvor bei Iron Maiden: life-changing! Erst in der zweiten Ausgabe im Herbst 1983 schrieb ich ein einseitiges Review: »Metallica – Metal-Album of the Year«. Neue Bands sprossen nun plötzlich wie die sprichwörtlichen Pilze aus dem Boden. Exciter, Exodus, Megadeth, Overkill, Hellhammer, Voivod, Trouble, Queensrÿche, Savatage, Sodom, Destruction, Kreator, Running Wild und Warlock hatten ihre ersten Printartikel ever damals in »Shock Power«. Fast all diese Bands existieren bis heute. Die Achtziger waren großartige Zeiten für Heavy Metal, echte Aufbruchstimmung. Jede noch so kleine Information über Bands war Gold wert, lange vor Internet und Social Media. Heavy Metal war damals noch lange nicht »salonfähig« wie heute, es war richtige Außenseiter-Musik. Aber damals war es der Beginn der Szene in Deutschland.

MICHAEL RAUHUT: Oberflächlich betrachtet, unterschied sich etwa der Metalhead Marke Ost kaum von seinem westlichen Vorbild. Hinter der Fassade brodelten jedoch die DDR-spezifischen Konflikte. Man provozierte den autoritären Staat, entzog sich dem Egalitätsdruck, entfloh in eine Parallelwelt. Ich habe das selbst erlebt. Um 1980 wurde ich ein »Blueser«, die Ostversion des Hippies. Montags bis freitags ging ich zur Schule und warf dann den Schafspelz ab. Gemeinsam mit Gleichgesinnten trampte ich zu den angesagten Dorfsälen, wo unsere Bands spielten. Das war der totale Kontrast zum grauen Alltag, ein zeitweiser Ausstieg aus den geregelten Verhältnissen der DDR. Von dieser Erfahrung zehre ich noch heute. Ich weiß, dass gute Bedingungen nicht automatisch gute Ergebnisse zeitigen, sondern dass gerade widrige Umstände Energie und Kreativität freisetzen können. Dafür lieferte der Osten ein Paradebeispiel. Mangel macht die Dinge, die knapp sind, kostbar. Das habe ich in der DDR gelernt. Musik, die du nicht einfach im Plattenladen kaufen kannst, die du dir quasi erkämpfen musst, besitzt einen ganz anderen Wert. Ich behaupte, dass diese permanente Knappheit ein besonderes Gemeinschaftsgefühl erzeugt hat. In der DDR gab es eine ausgeprägte Kultur des DIY und des Teilens. Wer die »richtigen« Scheiben besaß, das echte Zeug aus dem Westen, lieh sie zwar nicht unbedingt an andere aus, kopierte sie aber auf Band oder Kassette. Alle sollten die Message empfangen.

Udo Dirkschneider: Dass sich hier langsam eine eigene Szene entwickelt, hat man dann schon gemerkt. Bald kamen dann ja auch Bands wie Running Wild, Helloween, dann gab es Doro. Da konnte man schon sehen, dass die Bands sich plötzlich anders angezogen haben, mit Nieten und Leder, das haben wir ja auch gemacht.

Michael Rauhut: Weil man im Osten in seiner Bewegungsfreiheit eingeschränkt war, wurden die Grenzen zwischen den einzelnen Jugendkulturen nicht immer messerscharf gezogen. Als DDR-Hippie konnte man nicht einfach mal nach Goa pilgern, als Punk nicht nach London, sondern musste sich mit den schmalen Möglichkeiten arrangieren. Deshalb mischten sich die Szenen manchmal in den besonders angesagten Läden oder auf alternativen Festivals. Sie trafen sich auch in der Evangelischen Kirche, die als Schutzraum für die Ausgestoßenen und Unangepassten fungierte. Trotzdem konkurrierte man immer darum, der Coolste zu sein. Ich erinnere mich, wie ich 1982, mit 19 Jahren, meinen US-Parka an den Nagel hängen musste und die Matte einem Igelschnitt opferte – die Armee wartete. Nach 18 Monaten Grundwehrdienst kehrte ich in meine Provinzstadt zurück und war erstaunt: Meine Tramperkumpels hatten sich verändert. Sie trugen keine Bluejeans mehr, sondern Nieten und schwarzes Leder. Auf ihren immer noch langen Haaren thronten seltsame Mützen. Und sie hörten andere Musik. Der Hippie-Sound war abgehakt, out, galt als Gejammer. Sie sehnten sich nach einer neuen Form von Energie, die schiere Kraft. Meine »Blueser« waren zu »Metallern« mutiert.

Frank Schäfer: Wir hatten ja nichts! Jüngeren Metalheads kann man nur mit viel Mühe erklären, was damals alles fehlte. Es gab nicht einmal Metalheads. Headbanger hießen die und bei manch einem Dorftroll mit 5 in Englisch sogar »Hietbääändscha«. Kein einschlägiges Poster an die Wand hängen konnte man, an so etwas verschwendete die sich gerade konsolidierende Szene noch keine Gedanken. Folglich war der Proberaum unserer frisch formierten Nahkampfeinheit mit dem sprechenden Namen Adrenalin orange-braun tapeziert, in einem Muster, dass sich die Quadratur des Kreises vorgenommen hatte. Eine niedersächsische Bauernkalenderversion von Acid Art.

Onkel Adolf hatte beim Bau seiner Ponderosa einen Partyraum vorgesehen und nicht bedacht, dass Partys nicht seine Stärke waren, also durften wir dort unsere Instrumente reinstellen und mit ihnen ungute Dinge anstellen. Unter einer Bedingung: »Wenn ihr Chaoten mir nicht mein Dortmunder Export wegsauft!« »Geht in Ordnung, sowieso, genau!« Ich kreuzte Zeige- und Mittelfinger hinterm Rücken.

Irgendwann nach einem zergniedelten Übungsabend mit ordentlich Gejaller beschwerte sich Knüppel über das unmetallische Interieur und pinnte einen angeketteten David Lee Roth an die Wand, die Beilage zu »Women And Children First«. Der Anfang war gemacht. Bald darauf brachte er ein Heft mit, bei dem unsere erzenen Herzen sofort einen kollektiven Sprung taten – »Aardschok«. Zunächst lernten wir es auswendig, danach nahm ich vorsichtig das Venom-Poster heraus und hängte es hin. Viel Feuer war hier zu sehen, Cronos drohte ernsthaft, einem Totenschädel in die leeren Augenhöhlen zu pieken, und

Mantas schwang ein Samuraischwert. Ausgerechnet dieser motorisch stark benachteiligte Mensch. Unverantwortlich!

»Rock Hard« folgte mit einem aus schlimm kopierten Fotos zusammengestümperten Maiden-Plakat zur »Piece«-Tour. Egal, ran an die Wand damit. Das nächste Heft allerdings beschenkte uns schon mit einem beinahe professionellen Bandfoto von Tokyo Blade. Potz Spandex, Niete und Grimasse. Um die Satan-Story auf der Rückseite war es schade, aber Knüppel kaufte einfach »Court In The Act« und kein Gericht der Welt würde uns schuldig sprechen.

Es passierte also endlich etwas, der Steckrübenwinter ging zu Ende, wenn auch nicht schnell genug. Auch wir wollten härter werden, eingängiger, vor allem komplexer, dabei aber auch den Markt nicht ganz außer Acht lassen. Die Quadratur des Kreises im Hintergrund schien trefflich damit zu harmonieren, nur wurde uns langsam blümerant davon. Um die schmählichen Lücken zu füllen und zur Motivation, sah ich auch ein- oder allerhöchstens zweimal die Zeitschriften meines Onkels durch. Onkel Adolf, muss man wissen, war Junggeselle und infolgedessen ein Freund des komischen Wortes. Er hielt sich so unterschiedliche Mags wie »Praline« und »Wochenend«. »Wegen der astreinen Witzseiten!«, murmelte er. Ich fand ein paar humoristische Poster in der Mitte und erkenne heute das innovative Potenzial unseres Wandschmucks. Wir waren schon Sleaze, da gab es den Begriff noch gar nicht!

Andreas Neuderth: Es sind die ersten drei Jahre in den Achtzigern, in denen so viel passiert ist. Dazu gehört auch die Kultur der Independent-Labels. Ich habe ja als Kind selbst erlebt, dass es regional »solche Bands« gab, wie ich sie von Platten her kannte. Aber man brauchte wohl einen Plattenvertrag und das war in den späten Siebzigern und auch 1980 bis 1981 noch schwierig, da es fast nur die Majors gab. Auch Accept waren im Grunde bei einem Major (Metronome) und Trance bei Rockport, die irgendwie mit der EMI zusammenhingen. Man kann die Gründung der Labels Noise und Steamhammer in Deutschland gar nicht genug würdigen. OK, es wären etwas später Andere auf die Idee gekommen (und es gab ja in der Folge auch Earthshaker, Wishbone, die GAMA-Labels und noch einige andere), aber die Möglichkeiten einen Deal zu bekommen, erweiterten sich für deutsche Bands. Wenn die Großen eine Absage geschickt hatten, dann gingen die Tapes eben an die Kleineren. Weltweit hätte es die Entwicklung von Speed- und Thrash Metal ohne die Indielabels schwer gehabt und sie wäre anders verlaufen. Auch beim German Metal haben die Großen erst reagiert, als es bei den Kleinen gut lief.

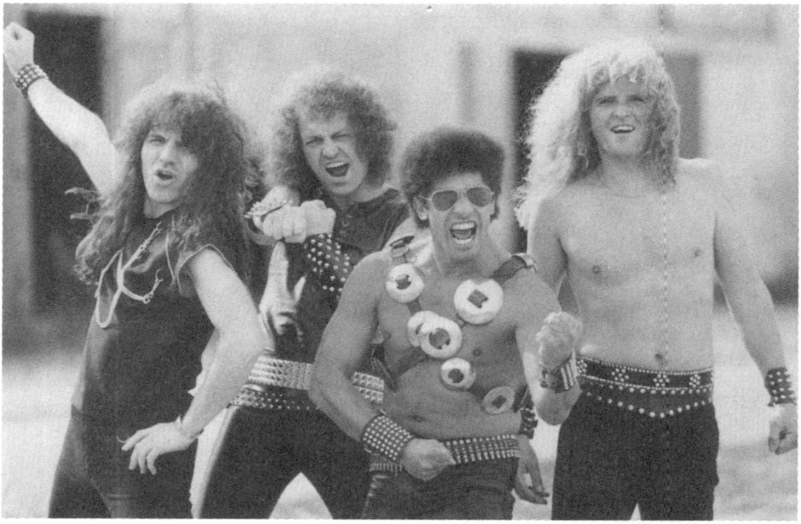

Mass

Die nicht für möglich gehaltene Steigerung

Ulli Meissner: Das letzte Kapitel von Bastard ist eine ganz skurrile Geschichte, da gab es die Band schon gar nicht mehr. Das war 1983, da klingelte bei mir zu Hause das Telefon, da war der Partnerverlag unseres Musikverlags am Apparat. Aus Rom. Wir haben hier einen Musikproduzenten, der braucht zwei Titel für so einen Endzeitfilm. Wollt ihr das machen? Da habe ich schnell geschaltet und nicht gleich gesagt, die Band gibt es gar nicht mehr. Ich habe gedacht, wer weiß, wo das hinführt. Wir sollten nach Rom kommen und die Sachen dort einspielen, und das möglichst gestern. Ich habe dann rumtelefoniert bei den Jungs und gesagt: Hier, ich habe gerade ein Angebot gekriegt, wollen wir das machen? Okay, wir machen das. Ich hab dann in Rom zugesagt, die haben das organisiert, zwei, drei Tage später hatten wir die Flugtickets auf dem Tisch und sind da hingedüst nach Cinecitta, in diese römische Filmstadt. Die haben uns den Streifen vorgeführt und vor allem die Filmteile, die noch Musik brauchten. Es gab schon Musik von Rick Wakeman, Motörhead, Justin Hayward usw., die brauchten noch zwei harte Nummern, und in vier Tagen haben wir dann diese beiden Songs da komponiert und eingespielt. Das war insofern trickreich, als die so ein bisschen die Quadratur des Kreises wollten. Einerseits einen richtigen Song, aber an den Stellen, in denen im Film gesprochen wurde, sollte kein Gesang sein. Das war richtig kompliziert, runde Rocksongs zu machen, die in sich schlüssig waren, aber trotzdem nicht mit den Dialogen kollidieren. Das war eine Sache für den Taschenrechner. Und weil wir auf die Schnelle nicht auch noch vernünftige Texte hinbekamen, wir haben da praktisch Tag und Nacht durchgearbeitet, hat der Filmregisseur die mal eben geschrieben. In einer halben Stunde hatte der die

Texte für die beiden Songs fertig. Daraus hat sich dann aber leider nicht viel ergeben, weil der Film kein Welthit wurde. Das war ein Endzeitfilm, »She«, nach einem Roman von Henry Rider Haggard.

Wir hatten dafür einen Etat von 3000 Dollar, damit musste alles abgedeckt sein, Flüge, Hotel etc. Da waren am Ende noch 500 Dollar übrig, die wir in Lire bekamen und vor dem Rückflug verstecken mussten, weil man damals so viel nicht aus Italien ausführen durfte. Wenn der Film ein Riesenknaller geworden wäre – ursprünglich war auch noch angedacht, eine Soundtrack-LP zu machen –, wer weiß, wo die Reise dann hingegangen wäre. Das sind die Unwägbarkeiten in diesem Geschäft. Wir hatten dann noch etwas Promotion in der hannoverschen Tagespresse, aber das war's dann auch. Wir hatten alle andere Sachen am Laufen. Kalle Rothert machte gerade eine Produktion mit der Band Rated-X, der musste die für uns unterbrechen, um nach Rom zu fliegen. Aber danach war Bastard Geschichte.

Günther V. Radny: Abgesehen von unseren Anfängen, als wir das okkulte Image von Black Sabbath nachgeahmt haben, war unsere Entwicklung ganz unbewusst. Wir haben keinem nachgeeifert. Auch bei den späteren Alben nicht. Als der Metal schneller und härter wurde mit diesem WAWAWARRR-Gesang – so etwas wollten wir nie machen. Man bleibt dann eben doch bei seinen Erfahrungen. Black Sabbath haben mich umgehauen, als ich sie gesehen habe, AC/DC haben mich auch umgehauen. Wir waren wohl zumindest in den Achtzigern ein bisschen altbacken. Am Ende waren wir eben doch keine

Metal-Band, sondern immer eine Hard-Rock-Band. Aber die Journalisten wollen immer gern den neuesten Trend sehen, die Presse hätte uns einfach eine Hard-Rock-Band sein lassen sollen. Bei AC/DC will auch keiner was anderes hören, die sind vom ersten bis zum letzten Ton AC/DC. Aber trotzdem haben wir in den Achtzigern sehr viel mehr verkauft als davor. Kommerziell gesehen, waren die Achtziger viel erfolgreicher für uns.

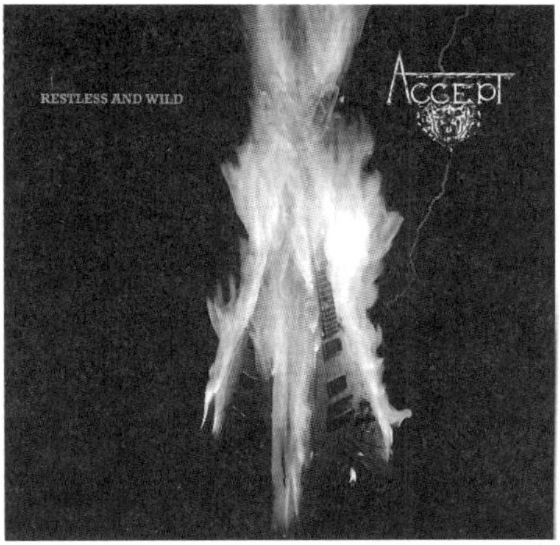

Stefan Kaufmann: Ich erinnere mich noch, als wir »Restless And Wild« aufgenommen hatten, dass es von da ab schwierig wurde, parallel einen Job zu haben. Du musstest so viel Zeit in die Band stecken, dass du nicht mehr nebenbei arbeiten konntest. Zu dem Zeitpunkt hatten wir auch schon Gaby Hauke als Managerin. Das »Restless And Wild«-Album ist ja bei Dierks entstanden, wobei man sagen muss, dass Dieter Dierks das alles vorfinanziert hat. Das heißt, wir konnten dort Demos machen im Studio usw. Und bei der »Restless«-Tour, da wurde kein Geld verdient, aber wir konnten eben nicht mehr arbeiten nebenher, da ist der Dieter Dierks hergegangen und hat gesagt: Okay, ihr müsst jetzt professionell arbeiten, ich zahle jedem von euch, keine Ahnung, 1200 oder 1500 Mark, damit ihr professionell arbeiten könnt. Und er hatte damals drei Studios, zwei große und ein kleines, und das kleine hat er uns dann auch noch zur Verfügung gestellt für Monate. In diesem Studio und parallel natürlich in unserem Proberaum ist dann »Balls« entstanden. Nur durch Dieter und seine Produktionsfirma Breeze Music und Schacht, den Verlag, waren wir in der Lage, davon zu leben, das muss man heute ehrlich sagen. Das war 1982, als er uns dieses monatliche Salär gezahlt hat, das ging nicht ewig, etwa anderthalb Jahre, denn nach »Balls« mit den großen Tourneen konntest du natürlich davon leben. Dieser Übergang wurde finanziert von Dierks. Das hat der uns nicht geschenkt, das muss man auch sagen, das ist über die Lizenzen dann natürlich zurückgeflossen, aber nichtsdestotrotz, er hat uns die Möglichkeit gegeben. Wir haben uns morgens um 11 im Proberaum getroffen, und zwar jeden Tag, und haben an dem Album und an unserer Performance gearbeitet. Man kann also sagen, dass wir so ab 1983 Vollprofis waren. Ist dann auch so geblieben.

Matthias Mader: »Restless And Wild« war tatsächlich die nicht für möglich gehaltene Steigerung gegenüber dem Ausnahmewerk »Breaker«. Ohne Zweifel war »Restless And Wild« international eine der populärsten HM-Scheiben des Jahres 1982, noch wahrscheinlicher aber die beste deutsche HM-Platte der Geschichte!

Udo Dirkschneider: Das war der erste Speed-Metal-Song, was wir damals auch nicht wussten. Ich weiß noch, als »Restless And Wild« erschien, war ich drüben bei Michael Wagener in Amerika, und Mick Mars von Mötley Crüe sagte mir: Was ist das denn? Er meinte natürlich »Fast As A Shark«. Ich habe nur gesagt, das wissen wir selbst nicht so richtig. Diese Double-Bass … Eigentlich muss man Stefan Kaufmann diese Nummer zugutehalten, der kam damit an, da haben wir erst mal gedacht: Boah, ja, wollen wir so was wirklich machen? Das ist aber, puh, weiß ich auch nicht … Na ja, und dann haben wir es gemacht.

Das ist das gleiche wie mit dem Song »Princess Of The Dawn«, da gab es nur diesen Riff, da haben wir auch erst gesagt: Tja, Mensch, der Riff ist zwar gut … Aber kein Mensch wusste was damit anzufangen. So nach und nach ist dann im Studio diese Nummer entstanden. Mach doch mal ne Melodie da drauf, ja, okay, das können wir nehmen. Und irgendwann kam dann dieser tiefe Chor dazu, »princess of the dawn«. Und wir haben dann gesagt: Okay, wir tun den Song ganz zum Schluss aufs Album, mal gucken. Und der war dann, keiner hat das verstanden, sechs Wochen Nummer 1 in einer VIP-Disco in München, die Nummer ist gelaufen wie bekloppt. Und das ist auch heute noch so. Wenn ich alte Accept-Nummern spiele oder als Dirkschneider unterwegs bin, das geht gar nicht ohne »Princess«. Das ist schon eine verrückte Nummer, denn eigentlich ist die ja langweilig, eigentlich passiert nicht wirklich was, aber da ist so eine Atmosphäre in dem Song. Es gibt Sachen, die kann man nicht erklären. Das ist dann einfach so. Mit »Restless And Wild« hatten wir in Deutschland und in Europa erreicht, was wir wollten. Und dann kam »Balls«.

Stefan Kaufmann: Die herkömmliche Musikpresse war uns damals überhaupt nicht wohlgesonnen. Wir waren ja tendenziell eher Underground, Magazine wie »Kerrang!« oder »Aardschok«, die haben uns schon früh abgefeiert. Das Lustige ist, dass sich das tatsächlich gewandelt hat, als wir kommerziell erfolgreich wurden. Da hat uns die Underground-Presse verrissen, mit »Balls« wurden wir wirklich verrissen, aber bei der etablierten Presse, damals gab es auch schon »Metal Hammer«, waren wir auf einmal wohlgelitten. Das war sehr lustig. Sobald du davon leben kannst, bist du bei denen unten durch, das ist ganz einfach. Man muss gefälligst unter der Brücke pennen, um Heavy Metal zu machen, ansonsten wurde man nicht ernst genommen.

Andreas Neuderth: Die ersten Bands, die rückblickend nach Scorpions, Accept und Trance wichtig waren, dürften wohl Warlock, Running Wild und Helloween gewesen sein. Das mit dem Speed und Thrash ging in Deutschland ja schon recht früh los. Leider wurden Acts, die mit typischem German Metal weitergemacht haben, gefühlt aussortiert. Thrash hat meistens in einem gewissen Rahmen funktioniert, auch bei den kleinsten Labels, aber Hair Metal à la USA hat von deutschen Bands niemand gebraucht. Das hat man rund um München und im Raum Stuttgart bis heute noch nicht kapiert. Trotzdem wurden diese Extreme in den Heften bevorzugt und Traditionalisten wie zum Beispiel Sudden Death aus Berlin einfach schon 1988 als »überholt« beschimpft. Gut, dass das heute viele junge Fans und auch die Szenen in Ostblockländern und in Südamerika anders sehen. Dort, und teils auch bei uns, werden solche Underdogs heute zu Helden. Das finde ich gut. Junge Bands beziehen sich wieder offen auf den German Metal der Achtziger – inklusive Schnauzbart und Streifen-Stretchhosen.

Matthias Mader: Während Bands der New Wave of British Heavy Metal und auch des US-Metal über die ganzen Jahre hinweg ein hohes Ansehen bei den Fans und der Presse genossen, seien sie teilweise auch noch so durchschnittlich gewesen, hatten hiesige Hard Rock/HM-Vertreter vom ersten Tag an gegen arge Vorurteile anzukämpfen. Wie ein roter Faden zog sich die Verspottung von Bands wie Mass bis hin zu Running Wild oder Sodom in den etablierten HM-Printmedien durch die frühe Geschichte des Genres.

Uli Jon Roth: Speziell in Deutschland gibt es viele kritische Stimmen. In den USA gar nicht. Die Deutschen neigen auch sehr zum Nörgeln. So ist das eben beim Propheten im eigenen Lande. Ich kriege das auch immer ab. Ich hatte jahrzehntelang so ein Stigma, weil ich anders bin als andere deutsche Künstler, in keine Schublade passe. Teilweise wird es akzeptiert, aber es gibt natürlich immer Leute, die das nicht wechseln können. Das ist nun mal so. So gern ich in Deutschland bin, aber die Deutschen haben schon dieses Beamtennörgeln im Kopf. Und wenn etwas besonders erfolgreich ist, dann fangen die an rumzukritteln. Und ich glaube, das gefällt vielen einfach nicht, dass die Scorpions so erfolgreich sind.

Günther V. Radny: Unser Sound kam bei den Leuten, die auf dem Konzert waren, immer riesig an. Wer uns nicht mochte, war die Musikpresse. Wir wissen auch nicht warum. Vielleicht haben wir da mal jemanden aus dem Backstageraum geschmissen, weil der unseren Whisky gesoffen hat, ich weiß es nicht. Es kommt aber noch was hinzu. Ein anderer Grund war sicher auch, dass wir aus Bayern kamen. Wären wir aus Hamburg oder Frankfurt gewesen, hätten wir weniger Probleme gehabt. Die Bayern sind ja immer ein bisschen als Hinterwäldler angesehen worden. Und, jetzt kommt's, traurig aber wahr, es lag wohl auch daran, dass wir einen Schwarzen als Sänger hatten. Ich habe Presseberichte, darin steht »El Bimbo, der schielende Neger von Mass«. Das war offensichtlicher Rassismus. Mit dem hatten wir wirklich zu kämpfen. Und dieser Scheiß kam vor allem aus der Metal-Presse. Das hat schon wehgetan. Im Publikum hatten wir auch mal so einen Vorfall, das war schon in den Achtzigern, da haben ein paar andere dem was aufs Maul gehauen und dann war Ruhe. In den Siebzigern war das noch anders. Da gab es auch mal eine Dumpfbacke im Bierzelt, irgendwo muss der Scheiß ja hergekommen sein, den wir hier jetzt wieder haben, aber die Siebziger waren eigentlich ein harmloses Jahrzehnt in dieser Hinsicht. In der Hippie-Bewegung waren die Menschen toleranter, diesen Rassismus gab es dort nicht. Aber plötzlich ging das in den Achtzigern wieder los, wie gesagt, vor allem in der Metal-Presse. Das hat wahrscheinlich auch dafür gesorgt, dass der Jack so abgestürzt ist. Da war immer was im Hintergrund. Der hat darunter sehr gelitten.

HOLGER STRATMANN: In Süddeutschland mögen Mass ja die Kings sein, aber hier im Westen hat sich die Welt halb totgelacht, als sich Mass als Opening-Act für Loudness versuchten!

Nun, »War Law« ist sicher keine schlechte Platte, aber trotzdem möchte ich vom Kauf abraten, denn hier ist wirklich alles Durchschnitt (Sound, Stücke, Gitarre usw.), bis auf den Gesang – der ist nämlich darunter. Give up, Boys, hat doch keinen Zweck!

Frank Schäfer: Darunter dann ein Foto von Jack E. Burnside mit freiem Oberkörper, Bildunterschrift: »El Bimbo (MASS)«. Es ist einigermaßen unhistorisch, mit dem Wissen von heute Äußerungen aus dem Jahre 1985 zu verurteilen. Was damals als schlechter Witz durchging, ist mittlerweile zu Recht verpönt. Aber eine solche Injurie war auch für 1985 over the top. Und Frank Trojans ehrabschneidende Polemik gegen die Band, ebenfalls im »Rock Hard«, in der Burnside als »schielender Jimmy-Hartwig-Verschnitt« bezeichnet wird, stellt gezielt dessen Blackness aus, um ihn zu verunglimpfen. Das alles zeichnet kein so schönes Bild von der frühen Metalszene. Es ist schon eine sehr weiße und männliche Veranstaltung.

Holger Stratmann: Ein definitiv dunkles Kapitel der Rock-Hard-Historie. Allerdings sollte man vorausschicken, dass wir ein Fanzine mit einer 1000er-Auflage waren und teilweise noch Teenager. Es gab weder Computer, noch Schluss- oder Chefredakteur. Damals wurden einige Musiker, die eine Angriffsfläche boten, von uns per Schreibmaschine beleidigt, so auch anerkannte Größen wie Udo Dirkschneider oder Tom Warrior. Uwe und Frank waren Fans von Mother's Finest und Thin Lizzy und zum gleichen Zeitpunkt wurde über Sound Barrier oder Hirax sehr positiv geschrieben, mit Rassismus hatte das Ganze also weniger zu tun. Mass legten insgesamt ein vergleichsweise clowneskes Auftreten im Vorprogramm von Loudness, den technisch beflissenen Japanern, an den Tag. Dazu der prahlerische Titel »Kick Your Ass« und ein sexistisches Plattencover, das nicht zu der biederen Musik passte. Das rechtfertigt keinerlei Beleidigungen, heute hätte man das ganz anders formuliert, aber damals wurden Fanmeinungen ungefiltert veröffentlicht. Auch wenn ich es nicht selbst geschrieben habe, tut mir die Häme heute sehr leid. Die Band hatte jedes Recht ihre Bühnenshow so zu gestalten, wie sie möchte, aber es gab etliche Hard-Rock-Bands, die es mit dem Metaller-Image zu der Zeit übertrieben und dafür im »Rock Hard« abgekanzelt wurden, so unter anderem auch Mötley Crüe oder Krokus.

Uli Jon Roth: Ich empfinde Deutschland nicht als Gitarrenland. Wenn ich in Amerika spiele, gehe ich aufs Ganze, hier spiele ich immer etwas knapper. Die Deutschen fliegen nicht so mit den Gitarren. Ich empfinde das deutsche Denken als sehr exakt, sehr bodenständig, aber auch ein bisschen ängstlich und klein. Alles, was wild ist und frei, wird immer sofort in einen Käfig getan, eingetütet und verpackt, damit jegliche Schadensbegrenzung gewährleistet ist. Die E-Gitarre ist das Gegenteil davon. Und ich meine jetzt nicht unbedingt das Revoluzzertum, obwohl auch das mit drinsteckt. Aber die Gitarre, wie ich sie sehe, bietet die ultimative künstlerische Freiheit. Kein Instrument, und ich spiele viele Instrumente, Geige, Klavier und noch ein paar mehr, kein Instrument bietet so viel künstlerische Freiheit wie die E-Gitarre und ist vor allem auch noch so unerforscht. Jeder Gitarrist klingt völlig anders, auch wenn du ihm das gleiche Instrument in die Hand drückst, beim Klavier ist das lange nicht so, selbst bei der Geige ist das nicht so. Das ist das Gegenteil von Deutschland.

Stefan Josefus: Ich habe mal Eric Burdon live erlebt. Den wollte ich sehen, weil »House Of The Rising Sun« damals ein Beat-Hit war, der hat nach uns gespielt, und wir sind noch etwas dageblieben, aber der war so fertig. Der musste sich zwischen den Songs mit so einem Spray auf Trab bringen, damit da überhaupt noch was rauskam. Und da habe ich mir geschworen, so möchte ich nicht enden, dann trittst du lieber gar nicht mehr auf. Wir haben unseren Job immer vernünftig erledigt, weil er uns auch unheimlich viel Spaß gemacht hat. Das heißt nicht, dass wir Mönche waren. Natürlich haben wir nachher auch mal ordentlich ein paar Bier gezischt, aber nicht vorher.

Uli Jon Roth: Durch Deutschland zieht sich eine Beamtenmentalität, ich weiß, dass es Beamte geben muss, aber hier muss alles durch ein Formular belegt, jeder Atemzug gerechtfertigt werden, dem Individuum wird überhaupt keine Freiheit gelassen. Der Mensch wird prinzipiell kleingemacht, schon mit sechs Jahren geht das los in der Schule, dadurch funktionieren die Deutschen so gut, deshalb sind die auch so erfolgreich, weil das System so stark ist. Ähnlich wie in Japan, aber die Japaner sind noch viel extremer. Jeder Deutsche hat natürlich ein Individuum, aber das wird ihm schon sehr früh rausgeprügelt, und so wird aus ihm ein guter Befehlsempfänger, und wenn er das nicht ist, versagt er in diesem System. All das ist für mich genau das Gegenteil von dem, was die elektrische Gitarre bietet. Ich kenne viele deutsche Gitarristen, viele talentierte Gitarristen, aber es gibt kaum einen, der wirklich zeigt, was man aus der Gitarre alles rausholen kann. Die Deutschen verlieren sich sofort in Technik und glauben, je schneller sie die Finger bewegen können und je gerader der Takt ist, desto besser spielen sie. Das ist aber weit gefehlt. Wenn du das Gefühl der Leute erreichen willst, musst du auch um den Takt herumspielen können, da musst du Pirouetten drehen können im freien Fall, da musst du die Töne anders setzen können, anders phrasieren, nicht genau auf den Punkt, sondern ein bisschen davor oder mal ein bisschen dahinter, ganz gezielt. Das können Deutsche überhaupt nicht, weil bei ihnen das kleine deutsche Denken sich im Rhythmus abbildet. Deshalb komme ich auch mit deutschen Schlagzeugern meistens nicht klar. Ich finde keine Leute, die das haben, was ich möchte. Die können alle gut im Takt spielen und haben eine Wahnsinnstechnik, aber was ich suche, ist dieses Extrafeuer, dieses Sichgehenlassen, wenn du unter Feindesbeschuss bist, und dann durchzukommen und etwas zu machen, was du vorher noch nie gemacht hast. Das sehe ich in Deutschland nicht. Und deshalb ist Deutschland für mich kein Gitarrenland.

MICHAEL RAUHUT: Mit den Jahren gewöhnte sich der Staat an die Rockmusik. Man hatte sich stillschweigend mit dieser Ästhetik, die eindeutig aus dem Westen kam, abgefunden. Anders sah es mit den sozialen Phänomenen aus. Die galten bis zum Schluss als politische Bedrohung und riefen die Stasi massiv auf den Plan. Auch in der DDR bildeten sich unter dem Stern des Rock spezielle Jugendkulturen. Der Sinn war eindeutig: Man nutzte die Musik, um seine Identität zu schärfen. Das galt in der DDR als hochgradig brisant, denn der Staat hatte ein anderes Menschenbild, die »sozialistische Persönlichkeit«. Er träumte von einem kollektiven Wesen, das sich der politischen Vision unterordnete, Individualität war suspekt. »Vom Ich zum Wir«, forderte die Propaganda.

Jutta Weinhold: Wir haben mal eine Promotour durch die Staaten gemacht für die BMG. Die haben über uns geschrieben: »Fasten your intellectual seat belt.« Weil wir eben nicht bloß Rock'n'Roll gespielt haben. Da sind sie die Meister, das muss man immer bedenken. Wir haben da die Plattenfirma besucht und sind von einer Radiostation zur nächsten gefahren. Heutzutage machst du das mit Skype. Wir waren eine Woche in New York und eine Woche in Los Angeles. Wir haben uns ein paar Clubs angeschaut, aber ich bin auch nicht so interessiert am Sightseeing. Mich interessiert nur, wo wir eventuell mal spielen können. Wir waren auch im Rainbow. Da spielen die Bands 20 Minuten, pay to play. Das hat mir nicht gefallen. Da wurden die richtig abgekocht.

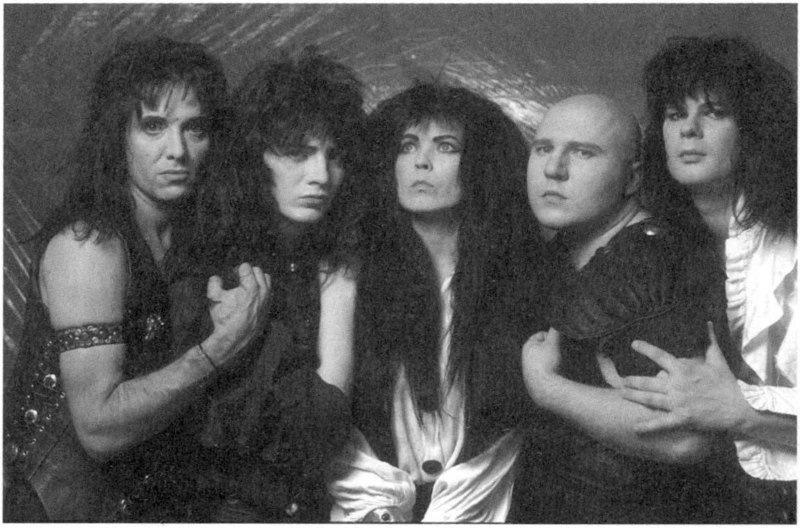

Zed Yago

Die haben nicht mehr dran geglaubt

JUTTA WEINHOLD: Irgendwann kam der Anruf von Fargopeter aus Hannover: Hey, Jutta, was machst Du? Wir haben da so eine Live-Show … »Rock Zirkus« hieß das Projekt. Ob ich da nicht mitmachen wolle. Victory würden mich begleiten und ich könnte da ein paar Songs singen. Klar mache ich da mit. Damals begann ich gerade, mich mit Rainbow, mit Ronnie James Dio und diesen Sachen zu beschäftigen. Okay, ich singe von Led Zeppelin »Rock'n'Roll« und »Long Live Rock'n'Roll« von Rainbow, dann noch einen dritten Song, aber der ist nicht wichtig, denn bei »Long Live Rock'n'Roll« sind die Leute ausgerastet. Die Jungs vor der Bühne, lange Haare, schweißnass, die haben das so abgefeiert, da dachte ich: Boaah, genau das ist das Publikum, für das ich Musik machen will. Das war für mich die Entscheidung, dass ich in jedem Fall in die Metal-Ecke will. Und dann habe ich mit Fargopeter gesprochen, und der meinte: Du bist doch eine super Sängerin, du musst mal wieder in die Gänge kommen. Ich meinte: Ich habe gerade keine Band. Und Peter sagte: Ich organisiere dir eine. Peter kann sehr gut organisieren. Er hat dann Pitter Schwaar, Mario Timme, Fritz Randow, Kalle Bösel und sich selbst an den Start gebracht, ich bin dann regelmäßig nach Hannover gefahren. Wir haben Stücke eingeübt, Songs geschrieben, arrangiert. Und in der Zwischenzeit hab ich versucht, mir ein Konzept zu suchen. Mein Vater hat viel Opern gehört, vor allem Wagner, und ich kannte die also in- und auswendig. Da fiel mir »Der fliegende Holländer« ein. Ich habe dann die Geschichte von Heinrich Heine gelesen. Und dann dachte ich: Der kriegt jetzt eine Tochter verpasst, und die nenne ich Zed Yago. Und die kommt auf die Erde, um die verlorene Fantasie zu suchen, denn ohne Fantasie stirbt die Seele, und ohne Seele stirbt der Mensch. Das war mein roter Faden. Wir hatten dann fünf Songs auf Demo, und Fargopeter meinte: So, jetzt hast du dein Konzept, jetzt gehst du zurück nach Hamburg und suchst dir eine Band. Ich habe zuerst Musiker gesucht, hab sie dann auch gefunden. Wir haben die Platte produziert. Ich hatte eine kleine PA, die habe ich verkauft. Ralf hat Sachen verkauft. Wir haben die erste Platte selbst finanziert. Und das hat auch geklappt, Kalle Bösel hat uns einen coolen Preis gemacht, sodass wir uns das leisten konnten. Und dann habe ich versucht, eine Plattenfirma zu suchen. Und keiner hat angebissen. Es war keiner so richtig interessiert daran. Es war schon etwas anders als die damalige Achtziger-Musik.

Frank Schäfer: Der legendäre Artist-&-Repertoire-Manager CD Hartdegen hatte uns einbestellt. CD Hartdegen, schon dieser Name war Heavy Metal. Unser Trupp aus musikalischen Poltergeistern hatte ihm ein Demo geschickt, mit dem wir beim NDR-Hörfest landen konnten. Der Umstand, es in die Endrunde eines Talentwettbewerbs geschafft zu haben, sicherte uns seine Aufmerksamkeit. Heute müssen alle Beteiligten lachen bei dem Wort »Talent«, damals aber fanden wir es nur gerecht, dass Hartdegen uns ganz groß rausbringen wollte. Er ließ uns in seinem Büro Platz nehmen. Ein cooler, aber freundlicher Typ, der unsere Sprache verstand. Wir tauschten Faves aus, klopften Präferenzen ab, gingen Neuigkeiten durch, die ganz normale Nerdkontrolle, die das befriedigende Ergebnis zeitigte, zur selben Szene zu gehören. Nach einer guten Viertelstunde kam er zur Sache und schrieb den Namen unserer Band auf, SALEM'S LAW, um ihn danach zweimal zu unterstreichen. Mir wurde ganz warm ums Herz. Noch nie hatte uns jemand zweimal unterstrichen! Der Vertrag war in Sack und Tüten.

Jutta Weinhold: Wir wollten natürlich einen Major-Deal, aber zum Schluss hat es SPV/Steamhammer genommen. Manfred Schütz hat es umsonst gekriegt. Wir wollten einfach nur noch die Veröffentlichung. Und dann ist folgendes passiert. England hat Importe geordert aus Deutschland, auch von SPV, und die haben die Zed-Yago-Platte bekommen, und BMG/RCA-England hat zu BMG/RCA-Deutschland gesagt: Wir haben hier eine Platte bekommen von einem Indie-Label, seid ihr bescheuert, warum habt ihr die nicht gemacht? Und dann haben die Deutschen aus England die Ansage gekriegt, befasst euch mal mit dieser Gruppe. Wir haben die vorher schon mal zu einem Showcase im Logo eingeladen. Und da hat der Chef noch gesagt: Live ist das ja gut, aber auf Platte sehen wir das nicht. Und dann bekommen sie von der Mutter aus England die Ansage, ihr müsst die zeichnen. Kauft dem Indie das ab und macht das mit der Band. Und so kamen wir dann zu BMG/RCA, und die haben dann das nächste Album gemacht, »Pilgrimage«, und die haben dann auch das Video zu »Black Bone Song« finanziert. Die waren wirklich großzügig. Wir haben jeden Monat Geld gekriegt, das war so ein richtig fetter Plattendeal, von dem alle heute träumen. Wir haben einige Tourneen gemacht, im Ausland mit Deep Purple und WASP, aber auch in Deutschland mit Sinner und anderen, die waren alle von der Plattenfirma gesponsert.

Frank Schäfer: Jetzt ging es nur noch um die groben Feinheiten. Wir hatten ein vollständiges Album eingespielt im

Whiteline-Studio zu Braunschweig. Unsere Herzen hatten volle zwei Wochen auf Magnetband geblutet und anschließend hörten sie gar nicht wieder auf, als wir die Studiorechnung sahen. Wir schufteten bei VW im Rohbau, was musikalisch nur adäquat erschien, besuchten mal wieder unsere Großeltern und fuhren in die Spielbank, um Hartdegen schließlich den Roughmix aushändigen zu können. Er tippte gleich beim ersten Song den Rhythmus mit. »Geht ja ganz gut zur Sache«, sagte er wohlwollend und wir schmolzen dahin. Ich erklärte ihm, was wir uns vorstellten. Einen Bandabnahmevertrag nämlich. Bequeme Sache für ein Label, das nur das Geld für das Tape abschmücken, eventuell ein neues Master anfertigen musste und schon konnte die Pressmaschine lospulvern. Hartdegen sah das genauso.

»Was soll der Spaß kosten?«

Tja. Hmmmm. So dumm es klingt, aber wir saßen hier im Zimmer eines der relevanten deutschen Metal-Labels und hatten uns darüber noch keine Gedanken gemacht. Räuspern, Rumdrucksen, Schulterzucken. Ein paar Provinzpfosten wurden sich auf einmal klar, dass sie nicht annähernd darauf vorbereitet waren, was sie erwarten würde. Nur um dieses peinliche Schweigen zu unterbrechen, meldete ich mich schließlich zu Wort.

»Die Aufnahmen haben 6000 Mark gekostet, die wollen wir gern wiederhaben«, sagte ich ganz der Wahrheit verpflichtet.

Hartdegen machte ein drolliges Gesicht, als wolle er einem kleinen Racker einen Lutscher schenken, schrieb sich eine 6000 auf den Zettel und kreiste die Zahl dick ein.

Wir hörten noch eine Weile ins Demo hinein, unterhielten uns und Hartdegen machte sich Notizen, keine Ahnung, was er da noch alles zu protokollieren hatte, sein Stift jedenfalls war ständig in Bewegung.

Wir waren kaum draußen und atmeten die süßlich schwere, kohlenmonoxidgeschwängerte Luft des Molochs Hannovers, da platzte es auch schon aus uns heraus.

»Wir waren zu billig!«

»Ja, verdammt …«

Alle waren sich einig. Zum ersten Mal. Wir rechneten jetzt ganze vier Wochen täglich damit, dass Hartdegen uns glucksend anrief oder gleich einen Vertrag schickte, aber nichts passierte. Nie. Selbst halb geschenkt waren wir noch zu teuer.

Nach all der Zeit kann man darüber lachen, damals aber hörte die Niederlage auf den Namen CD Hartdegen. Er ritzte uns sein großes H ins Selbstvertrauen.

Jutta Weinhold: Ich habe damals gedacht, alle sind schnell, alle machen Flitzefinger, so ein schnelles Schlagzeug habe ich immer Hasenfickbeat genannt. So was machen wir nicht, wir machen langsame, schwere Sachen. Ich habe damals viel Wagner gehört, der macht ja langsame Musik, jeder Ton, jede Harmonie hat Zeit zu wirken, das hat mir auch für Zed Yago vorgeschwebt. Dass man Zeit hat, sich auf jeden einzelnen Ton einzulassen. Das war die Idee dafür, diesen schweren Beat zu machen. Langsam und dramatisch sollte es sein. Also haben wir angefangen, und kaum dass wir angefangen hatten, war es auch schon wieder vorbei. Wie gewonnen, so zerronnen. 1985 fing ich an mit Fargopeter, 1986 folgte die Band, 1987 die erste Platte, 1988 die zweite Platte, 1989 dann eine super Tour mit Deep Purple, dann in England mit WASP, Festivals, alles Mögliche. Und dann kam der große Krach. Die üblichen Rock'n'Roll-Egos. Jede Band hat einen Querulanten, der stören möchte. Es gibt Menschen, die haben dieses Störungsgen. Wir hatten auch so einen in der Band, da gab es ständig Probleme, da wurden Leute ausgetauscht. Und dann meinte er irgendwann: Kannst du das nicht umschreiben, wir haben Probleme uns mit einer weiblichen Figur zu identifizieren. Da war viel Neid im Spiel. Frauen in der Rockmusik, das ist schwierig, sie sind immer das Aushängeschild. Sie stehen immer im Mittelpunkt. Ich habe deshalb immer gefragt: Jungs, ist das okay für euch? Die werden mich fragen, die werden mich fotografieren, könnt ihr damit leben? Und die haben zwar gesagt, das wissen wir, das klappt schon, aber es hat dann eben doch nicht geklappt. Es gab Neid und Missgunst. Das ist wie so ein Krebsgeschwür, das größer wird und das du nicht heilen kannst. Ich wollte dann mit anderen Musikern weitermachen, ich hatte gute Leute im Hintergrund, hab auch eine Produktion angefangen, immer noch bei der BMG unter Vertrag, bin auch mit denen auf Tour mit Sinner im Herbst 1990, und mitten auf der Tour bekomme ich eine einstweilige Verfügung vom Gericht, ich darf den Namen Zed Yago nicht benutzen. Ich hab ja kein privates Copyright dafür gehabt, wir hatten damals eine Scheiß-GbR, und alles was man in eine GbR einbringt, bleibt bei der Mehrheit der GbR, und ich war in der Minderheit, also habe ich das Recht verloren, den Namen zu benutzen. Und damit war mein Baby tot. Ich konnte nichts machen. Wir haben dann weitergetourt und ich hatte gerade einen Songtext im Kopf, »Velvet Viper«, also habe ich mir gedacht, ich nenne das jetzt Velvet Viper. Die nächste Platte musste dann natürlich auch so heißen. BMG hat das Album noch gemacht, aber die haben nicht verlängert. Ich bin mit Tränen aus dem Büro raus, als die mir gesagt haben, sie verlängern nicht. Ich habe denen gesagt: Kommt, ich verzichte auf alles, ich will keinen Vorschuss, nichts, lasst es doch weiterlaufen! Ich habe so viele Ideen, ihr könnt euch auf mich verlassen. Die Verkaufszahlen waren nicht so gut, und wenn Probleme kommen, lassen dich alle fallen wie eine heiße Kartoffel. Eine so große Firma will natürlich Geld verdienen, und die haben nicht mehr dran geglaubt. Die haben auch nicht an mich geglaubt. Die kannten mich nicht, wenn sie mich gekannt hätten, hätten sie gewusst, dass ich das wiedergutmache.

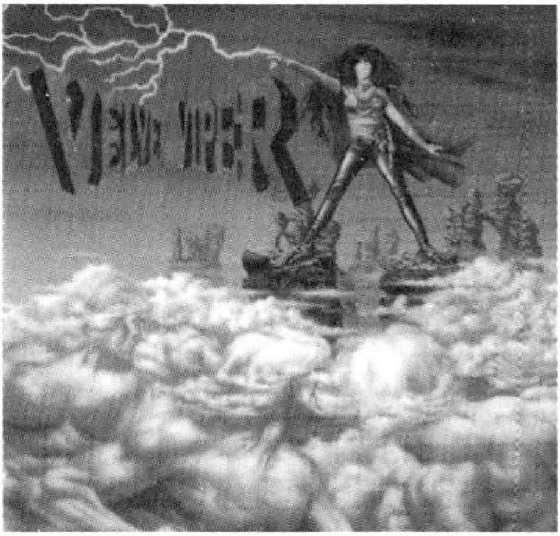

FARGOPETER KNORN: Tommy Newton und ich hatten irgendwann die Vorstellung von einem anderen Sänger. Tommy und ich hatten dann Kontakt zu Pedro Schemm, den die Band Zeno herangeholt hatte, ein mächtiger Typ, mit dem wir supergut klarkamen, sehr pflegeleicht, und der klang manchmal wie Robert Plant. Der konnte richtig losjohlen, das fanden wir geil. Dann habe ich mir 10.000 Mark geliehen von Herman Rarebell und damit sind wir dann in das Horus-Sound-Studio gegangen. Im Vorfeld hat uns Herman einen Produzenten vorgeschlagen, einen Typen namens Ric Browde, der hatte Studio-Erfahrung mit Ted Nugent und anderen. Ric kam also nach Hannover, alle Sachen aufgebaut, Backings eingespielt, und dann sollte der Gesang folgen. Pedro war zu aufgeregt und Ric hat ihn gequält. Pedro, go to the Piano, A, ding ding. Pedro stand da mit seiner Zigarette, er war Kettenraucher, und hat sich einen abgebrochen. Uns hat das so leidgetan, ganz furchtbar. Irgendwann kam Ric und sagte, er oder ich. Okay, sage ich, hast du einen Vorschlag? Ja, hab ich, Charlie Huhn. Der rief gleich vom Studio aus bei ihm an. Hi Charlie, ich habe hier eine Band, die Scorpions investieren in die ... Was natürlich völliger Quatsch war, Herman Rarebell hatte mir Geld geliehen, das war alles. Aber Charlie war ja schon immer ein Gierlappen, die Scorpions waren eine riesige Nummer in den USA damals, also hat Tommy eine Gitarre verkauft und somit hatten wir das Geld für den Flug von Charlie. Charlie kam nach Hannover, hat dann binnen zwei Tagen das ganze Album eingesungen, hammermäßig, wir hatten keine Fragen mehr. Dann habe ich eine Tour veranstaltet zusammen mit einer Band aus Ingolstadt, Cacumen, aus denen später Bonfire wurden. Zehn Tage, acht oder neun Konzerte, und in Hamburg war ein gewisser Bernd Marx von der Metronome, und der rief dann an bei mir zu Hause, wusste aber nicht genau, mit wem er spricht. Er dachte, ich sei der Manager der Band. Und dann sagte Bernd: Ich war in Hamburg in der Markthalle bei eurem Gig, dieser geile Sänger, und dann dieser Bassist, der aussieht wie ein Vatermörder, das war schon geil. Wer bist du jetzt eigentlich, bist du der Manager? Nee, ich bin der Bassist. Oh! So hat sich das ergeben.

GÜNTHER V. RADNY: Die Tournee mit Loudness ist richtig gut gelaufen für uns. Es gab eine Anfrage, dann haben wir geschaut, wie man es finanziert, und dann haben wir es gemacht. Es gab aber auch so viele Touren, die dann nicht stattgefunden haben, mit Mercyful Fate, mit Manowar, Quiet Riot, da liefen sogar die Anzeigen in den Zeitungen schon, es gab Verträge. Die wurden einfach abgesagt. Bei Mercyful Fate zum Beispiel ist der Sänger ausgestiegen, der King Diamond. Bei Quiet Riot konnte der Sänger nicht mehr, weil er nur noch gesoffen hat. Was bei Manowar war, weiß ich gar nicht mehr. Das war jedenfalls schade. Da hätten wir es noch einmal rumreißen können ins richtig Positive.

Wir wurden schon in den Siebzigern gerne gebucht von großen Bands, weil man mit uns super klarkam und wir hatten etwas: Wir haben jedes Publikum angeheizt. Als Vorband musst du das können. Dass du rausgehst und die Leute heißmachst. Wir haben wirklich mit allen gespielt, Golden Earring, Thin Lizzy, UFO, und auch wenn das keine ganzen Touren waren, sondern manchmal nur ein, zwei Gigs, die waren immer mit uns zufrieden. Oft haben die Bands dem Veranstalter gesagt: Wir hätten gern eine Vorgruppe. Und wenn der uns kannte, hat er uns dazugebucht. Und wenn die gesehen haben, dass es funktioniert, wie bei UFO, dann haben die uns über 20 Jahre lang immer mal wieder geholt. Die letzte UFO-Tour, die wir gemacht haben, das war ein Gefangenentransport, der Sänger und der Bassist waren zwei Vollalkoholiker, und die haben sie eingesperrt. Die haben extra einen eingestellt vor der Bühne, der den Phil Mogg auffängt, wenn er runterfällt. Das war unglaublich. In der Garderobe haben sie ein Wasserglas ausgespült mit Whisky, den Whisky ausgeschüttet und die Cola rein, dann hat der Phil Mogg dran gerochen, war beruhigt und hat es getrunken. Der war so besoffen, der hat nicht gemerkt, dass da kein Whisky drin war. Es war dramatisch.

Tom Gabriel Warrior: Mass aus Regensburg hinterließen bei uns einen bleibenden Eindruck. Auch sie sahen wir als unangekündigte Vorgruppe. Ihre Musik war äußerst primitiv, aber es war wohl einfach der richtige Abend und das richtige Publikum. Ich konnte danach nicht anders und eilte am nächsten Tag zu dem von mir in der Zwischenzeit entdeckten Plattenladen Musicbox, der von einem Punk namens Ivan geführt wurde und deshalb ein nicht zu kleines Angebot an harter Musik führte. Dort kaufte ich mir von meinem kargen Ausbildungsgeld das damals neueste Mass-Album »Angel Power«, welches dann sogar noch primitiver klang. Doch die Magie des erlebten Konzerts – und überhaupt die für neuen Metal extrem offene Zeit und noch nicht in Unterbereiche

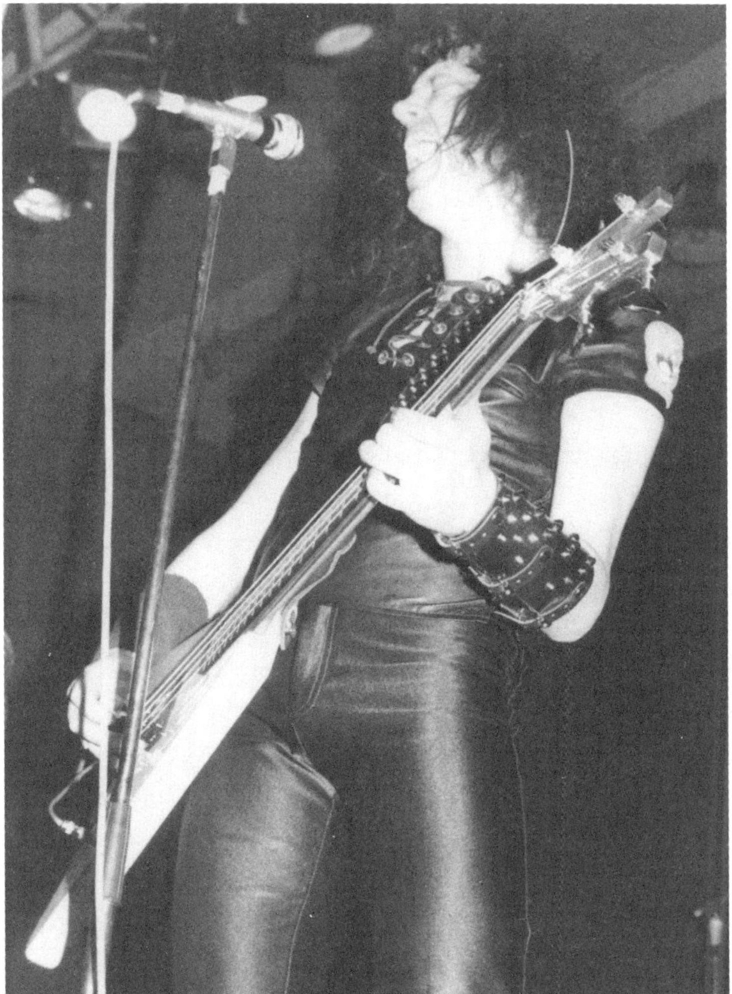

Günther V. Radny, Mass

fragmentierte Szene – ermöglichte es uns, dieses Album ohne Vorurteile jahrelang enthusiastisch zu Tode zu spielen.

GÜNTHER V. RADNY: Wir haben auf jeden Fall beim Tom Warrior Eindruck hinterlassen. Der schreibt mir auch noch heute. Der war auf einem Konzert in Zürich, wo wir mit Rose Tattoo gespielt haben, und der hat sich an uns erinnert und nicht an Rose Tattoo. Aber wir waren natürlich nicht so böse wie Celtic Frost, mit denen wir auch mal getourt sind. Wir waren eigentlich fehl am Platz, wir haben unser Hard-Rock-Ding gemacht und die ihren Death Metal. Wir hatten schon unseren Spaß auf der Tour, aber das hat nicht so richtig zusammengepasst, ich will es mal so sagen, das Publikum hat uns mit Interesse begutachtet. Wir haben da mit Beast, Celtic Frost und noch einer Band gespielt, und Sieger nach Punkten war eindeutig Celtic Frost, das muss man schon sagen. Wir hatten natürlich auch unsere Fans dabei. Wir hatten ein paar Gigs, die richtig gut waren, aber es waren auch ein paar dabei, wo du merkst, du bist da, aber du kommst nicht an. Du versuchst alles, aber du merkst, diese Leute sind nur wegen Celtic Frost da. Die waren uns nicht böse, wir waren denen nicht böse, aber die Zusammenstellung war nicht das Gelbe vom Ei. Es war ein Versuch, wir mussten das probieren, es hätte ja auch anders laufen können. Mit den Bands gab es dabei überhaupt keine Probleme. Die einzigen, die unangenehm aufgefallen sind, waren mal wieder die Herren Journalisten, die sind in die Garderobe gekommen, haben unseren Whiskey gesoffen und irgendwann haben wir sie rausgeschmissen. Aber dann kommt natürlich hinterher etwas raus, das so nicht stattgefunden hat. Weißt du, ich kann hinterher schreiben, die Band wurde abgelehnt, oder ich kann schreiben, die Band wurde mit Interesse aufgenommen, aber riss das Publikum nicht zu Beifallsstürmen hin.

FARGOPETER KNORN: Peter Ladwig war damals sehr unzufrieden, wie sich das entwickelt hat mit Fargo, er und Tommy Newton kamen nicht klar. Einer mochte den anderen nicht, das kennt man ja. Einige Dinge ändern sich nie. Das war alles etwas unglücklich damals. Und die Musik, die uns dann vorschwebte mit Victory, war sowieso nicht Ladwigs Welt. Mir hat es dann auch gelangt, nachdem Fernando Garcia nicht mehr dabei war. Victory mit dem Sänger Charlie Huhn, das war legitim. Das war der Einstieg, erste Amerika-Tournee, Festivals usw. Dann kam die Ära mit Fernando, die zweite Amerika-Nummer. Die beiden Sänger sind ja nicht mal ähnlich. Das waren zwei unterschiedliche Dinge. Als wir den letzten Versuch von Victory hinter uns hatten, und das war ja eigentlich schon eine Farce, finde ich, habe ich meinen Bass beiseitegelegt und wollte ihn eigentlich dem Rockmuseum in Gronau spenden, dazu ist es aber nicht gekommen. Aber ich hatte jahrelang schon nicht mehr Bass gespielt und mich voll und ganz aufs Musikmanagement konzentriert. Und damit war ich auch zufrieden, bis mich irgendwann dieser Gedanke gar zu sehr belästigte, ich sollte das mal aufschreiben, was in meinem Leben musikalisch passiert ist.

GÜNTHER V. RADNY: Wir waren ein paarmal in England. Da hat uns zweimal die Plattenfirma hingeschickt, um Rockstar zu lernen. Wir sollten in der Szene sein, um vor Ort zu schauen, wie man es machen muss. Wenn wir nicht ständig so besoffen gewesen wären in den letzten zwei, drei Jahren, dann wären wir noch weit gekommen, davon bin ich überzeugt, aber es ging einfach nicht mehr. Wir waren nicht mehr wir. Wenn einer für vier Jahre in den Alkoholentzug geht, dann weißt du, wie wir drauf waren. Es ging nicht mehr. Es gab zwei Möglichkeiten: Wir hören auf oder wir sind tot. Das klingt hart, aber so war es. Und dann, das muss man auch dazu sagen, war bald die Teldec tot. Also die Leute, die uns gefördert haben, waren irgendwann nicht mehr in der Firma. Wir hatten mit Leuten zu tun, die wir nicht kannten und zu denen wir auch kein Vertrauen hatten, und das ist nicht gerade förderlich, wenn du selbst so kaputt bist. Mit den alten Leuten bei Teldec hätte man das vielleicht noch reparieren können, aber so ist das eben nicht passiert. Und so war Schluss.

Michael Rauhut: Als die Mauer fiel, brach das Rockbiotop der DDR zusammen. Wie ein Kartenhaus. Eingespielte Infrastrukturen verschwanden, soziale Sicherheiten und die finanzierende Hand des Staates, man konnte endlich die Westbands sehen. Doch nicht nur etablierte Acts stürzten ins Bodenlose, sondern auch die alternative Szene. Ihr kam mit einem Schlag der »Feind« abhanden, das Gegenüber, an dem man sich rieb und das für die eigene Selbstdefinition unerlässlich war. Alte Hard-Rock-Helden wagen gelegentlich ein Revival und verschwinden dann wieder ins Nirgendwo. Es fehlt die Relevanz. Auch die Metal-Szene kann davon ein Lied singen. Die Fans wollten nach 1989 endlich die »echten«

Heroes erleben und nicht deren Stellvertreter. Der Alltag pulverisierte in vermeintlich »unbegrenzte Möglichkeiten«, der Kitt der Gegenwelt, der früher alles zusammenhielt, löste sich auf. Ein klassischer Fall von Ironie des Schicksals.

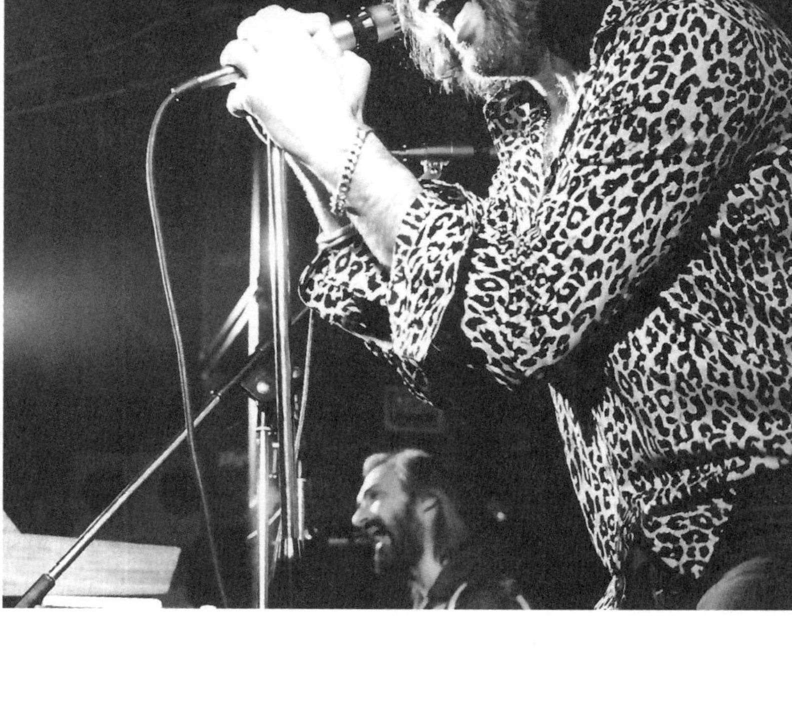

Mike Starrs (Lucifer's Friend)

Outro: Es gibt gute und schlechte Zeiten

Ulli Meissner: Ich bin mir ziemlich sicher, wenn wir durchgehalten und es geschafft hätten, musikalisch mehr auf eine Linie zu kommen, und vielleicht zwei, drei Jahre später als gereifte Band noch einmal an einen Vertrag zu kommen, das hätte bestimmt was werden können. Die Substanz war da, Kalle war ein überragender Sänger, Günther Gruschkuhn war die Rhythmusgitarre in die Wiege gelegt, der hatte ein Rhythmusgefühl und ein Timing, das habe ich heute noch nicht, diese kleinen Timingverschiebungen, das Mikrotiming, das hatte der auch im Studio beim Doppeln total drauf. Der war einfach ein Talent.

Udo Dirkschneider: Touren, neue Alben machen, Songs schreiben, das macht einfach Spaß. In dieser Corona-Zeit komme ich mir vor wie ein Rentner. Ich werde wahnsinnig. Wenn das die Perspektive ist, ich wüsste gar nicht, was ich machen sollte. Nur zu Hause rumsitzen, ja, schöner Tag heute, erst mal gehe ich einen Kaffee trinken und dann gucke ich, was die Blumen machen. Nee, das ist nicht mein Ding. Ich brauche mich eigentlich nur drei, vier Tage vor den Fernseher zu setzen, irgendwelche politischen Diskussionen oder man guckt einfach nur die Nachrichten, da habe ich eigentlich schon genug Ideen. Ich sage aber auch nicht, Leute, ihr müsst euch unbedingt mit den Texten beschäftigen. Wer das machen will, schön. Wenn nicht, dann eben nicht. Ich bin nicht Bob Dylan oder Bruce Springsteen, nach dem Motto, ich muss die Welt verbessern. Wäre ja schön, wenn ich das könnte, aber dann hätte ich wohl einen anderen Beruf erlernen müssen.

Axel Rudi Pell: Ich kann nicht still sitzen, wenn ich auf der Gitarre klimpere und mir fällt ein Riff ein, dann nehme ich das auf. Als wir aus dem Studio gekommen sind, ich war gerade zu Hause, habe ich meine Gitarren ausgepackt und ein bisschen gespielt, und schon hatte ich wieder einen Riff. Ich hab jetzt schon wieder drei, vier Riffs für die nächste Scheibe. Ich schreibe dauernd, und ich möchte auch schreiben, das macht mir tierisch Spaß. Wenn das jetzt nur ein Job wäre, ich bin ja jetzt Musiker und muss mir was für die nächste Platte ausdenken, dann könnte ich auch gleich aufhören. Ich sammle Riffs, Gesangs- und Chorusmelodien und setze die dann irgendwann zusammen.

Udo Dirkschneider: Die Gitarristen und der Bassist kommen mit ein paar Ideen um die Ecke, und dann mache ich da meinen Hänschen-Klein-Gesang drauf, versuche also irgendwelche Melodien zu kreieren. Was meistens auch funktioniert. Ich hab dabei im Kopf schon Ideen für Lyrics. Das erste, worauf ich achte: Passt die Hookline zum Riff. Das ist meine Grundvoraussetzung. Und dann ergibt sich die Sache einfach Stück für Stück. Normalerweise gehen wir, wenn wir genügend Ideen beisammenhaben, in einen Rehearsal-Room, ein kleines Studio, wo wir Aufnahmemöglichkeiten haben, und dann wird face to face an den Songs herumarrangiert.

Günther V. Radny: Wenn wir nicht das Saufen angefangen hätten, glaube ich, dann würde es uns heute noch geben, in derselben Besetzung. Der Jack, unser Sänger, war vier Jahre auf Alkoholentzug, das musst du dir mal vorstellen, vier Jahre.

Der hat nicht nur ein bisschen getrunken, verstehst du, der war wirklich alkoholkrank. Unser Drummer Johannes Eder hatte einen Schlaganfall, der sitzt in einem Pflegeheim und kann nicht mehr sprechen, nicht mehr laufen, das ist tragisch. Als SPV ein paar Alben von uns wiederaufgelegt hat, da haben wir ja über eine Reunion gesprochen. Aber Jack ist da gerade vom Entzug nach Hause gekommen, er hat sich das stimmlich nicht mehr zugetraut und hatte auch Angst, dass er dann gleich wieder anfängt mit dem Saufen. Ich hätte es schon gern gemacht, aber was nicht geht, geht eben nicht.

Udo Dirkschneider: Man wird immer wieder gefragt: Mensch, ihr müsst doch Tonnen von alten Songideen in der Schublade haben. Nee, haben wir nicht. Wir haben uns bei U.D.O. und auch schon bei Accept immer gesagt: Neues Album, neues Glück. Wenn du Songs nimmst, die bei früheren Alben übrig geblieben sind, dann passt das auf einmal nicht, dann kriegst du das nicht rund, dann stimmt da was nicht. Deshalb Mülleimer auf und weg damit. Das ist bei U.D.O. immer noch so. Was davor war, interessiert nicht. Wir fangen neu an, das macht die ganze Sache auch interessanter. Denn bei jedem neuen Album bist du in einer anderen Stimmung, bist anders drauf, da können in der Zwischenzeit tausend Sachen passiert sein, die dich vielleicht aggressiver machen oder glücklicher, und das spiegelt sich ja in der Musik wider.

Jutta Weinhold: Ich habe vor ein paar Jahren den Holger Marx kennengelernt, und mit dem hat es noch einmal neu angefangen mit dem Songschreiben und dem Plattenmachen. Das läuft gut mit ihm. Ich bin ja so ein alter Rockindianer, alter und junger Indianer, das passt gut zusammen. Ralf, mein Mann, hat »Cosmic Healer« produziert, der hat auch Zed Yago damals produziert. Wir haben nur ganz wenige Overdubs gemacht, wir wollten es möglichst natürlich belassen, und das ist bei den Leuten auch genauso rübergekommen. Wir haben so viele gute Kritiken gekriegt. Auch in den großen Zeitschriften. Wir wollten das Album live vorstellen, aber dann kam die Seuche.

Andreas Neuderth: Junge Fans haben heute einen angenehmen Respekt gegenüber denen, die aktiv in den Achtzigern schon am Start waren. Das merke ich oft, wenn wir mit Trance spielen. Vielen Kids ist klar, dass Markus Berger mehr als nur ein Gitarrist ist, sondern für die Entwicklung eines Genres mitverantwortlich ist, ganz egal ob vehement oder nur in einem kleinen Rahmen. Ob das in anderen Musikrichtungen ebenso ist, kann ich nicht beurteilen. Auf jeden Fall ist die Masse an Reunions im Metal-Bereich, die es seit Mitte der Zweitausender gibt, schon sehr aussagekräftig. Und einigen Fans wird auch langsam bewusst, dass sie sich diese Helden, von der A-Liga bis zur Z-Liga, besser heute als morgen anschauen. Als wir mit Manilla Road langsam richtig in Fahrt kamen, hörte man die ersten Nörgler schreien, dass wir zu präsent wären. Und dann ist Mark Shelton 2018 plötzlich gestorben und die Band wurde aufgelöst. In diesem Moment.

Uli Jon Roth: Um diese frühen Scorpions-Sachen zu spielen, braucht man schon einen bestimmten Biss, das ist nicht so filigran, aber es hat schon etwas, das man nicht bei Rewe kaufen kann. Ich finde das inspirierend, und nachdem wir ein paar Tourneen mit diesem Thema gemacht hatten, wollten das immer mehr Veranstalter haben. Und mich hat zunächst gewundert und dann berührt, wie das Publikum darauf reagierte – und zwar in jedem Land. Diese alten Songs sind dann doch irgendwie Bestandteil der Historie. »In Trance« damals und heute, das ist ein Unterschied. Ich weiß nicht, warum, der Song ist der gleiche, aber wir kommen jetzt besser an damit. Wir waren gerade in Spanien und da standen doch sehr viele junge Leute vor der Bühne, die den Song und den Text kannten. Das geht tief bei denen, das hat mich gewundert.

ANDREAS NEUDERTH: Früher gab es ja erst mal nur den »Metal Hammer« und ich erinnere mich, dass die letzten vier oder fünf Seiten immer den Alten gewidmet waren. Die meisten waren da sogar noch aktiv. Nur Zeppelin gab es nicht mehr, was die Großen angeht. Aber dennoch waren das solche Bandhistory-Berichte, die ich als Teenager auch immer cool fand. Heute leben manche Rockmagazine, die das Wort Rock auch im Titel haben, von diesen Rückblicken, da die Zielgruppe gerne immer wieder neue Aspekte von bereits bekannten Umständen liest.

JUTTA WEINHOLD: Schade bei dieser jungen Generation ist, dass sie mit dieser Musik nichts mehr anfangen kann. In den Clubs sehe ich sie jedenfalls nicht. Es ist nicht unsere Klientel. Die haben nichts mit uns am Hut. Bei uns kommen nur die Altmetaller, die noch rausgehen. Im Schnitt sind die bei uns Ü40. Das sind die Leute, die mit uns etwas anfangen können. Auf Festivals hören uns schon mal junge Leute, und die finden es auch gut. Eine schöne Geschichte. Wir haben da auf einem kleinen Festival gespielt, und da kam so ein 17-/18-Jähriger auf mich zu: Darf ich dir mal was sagen? Klar. Weißt du, ich finde dich so klasse und ich wünschte, meine Oma wäre auch so wie du. Ich fand das so charmant. Er hat das ganz ehrlich gemeint. Manche kucken dann ja auch bei Wikipedia nach. Wie alt ist die eigentlich? Und die kommen dann wieder rein und haben keinen Wunsch mehr. Die sind völlig von der Rolle und können es nicht verstehen. Aber man dringt nicht richtig durch zu dieser jungen Generation, das ist ein bisschen schade.

Ulli Meissner: Wir hatten eigentlich sehr gute Bedingungen, einen Major-Deal über drei Platten, einen Musikverlag, der viel für uns getan hat. Da hätte was draus werden können, vielleicht sogar müssen. Rückblickend muss ich sagen, man hat uns zu wenig reingeredet. Man hat uns im Grunde zu sehr an der langen Leine gelassen. Uns hat ein Produzent gefehlt, der dafür gesorgt hätte, bei der zweiten LP nicht so die Linie zu verlieren. Aber wir haben uns mit dem Klaus Bohlmann gut verstanden, ein Supertyp, total kompetent natürlich, aber wenn wir so einen Produzenten gehabt hätten wie den dritten Young-Bruder bei AC/DC, der in eine Richtung denkt, der ein ganz klares Konzept hat, der wäre in unserem Fall wesentlich besser gewesen.

Udo Dirkschneider: Man ist schließlich da, um das Publikum zu unterhalten. Give the people what they want. Das ist das gleiche mit Accept-Songs. Warum sind denn auf dem Bulgarien-Live-Album jetzt plötzlich wieder Accept-Songs drauf?

Man hat uns einfach darum gebeten. Klar, hab ich mal gesagt, ich spiele mit U.D.O. keine Accept-Songs mehr. Das war auch nicht verwunderlich nach drei Jahren und fast 300 Shows mit Dirkschneider. Nee, Kinder, jetzt ist mal Schluss. Aber Deep Purple können auch nicht ohne »Smoke On The Water« von der Bühne gehen. Das ist nun mal die eigene History. Die Leute wollten die Originalstimme hören, deshalb hat Dirkschneider auch so gut funktioniert, das hatten wir nicht so geplant. Das war ein Selbstläufer. Wir haben gedacht, was passiert denn hier gerade? Amerika zum Beispiel, da kann ich ganz offen drüber reden, da hat der Booker für die Tour im nächsten Jahr extra das Management angerufen und gesagt: Ich kriege hier die Verträge nicht zusammen, wenn Udo nicht wenigstens »Balls To The Wall« spielt. Das ist eine harte Nummer. In Amerika geht es nicht ohne »Balls«. Aber mein Gott, so ist es eben, das bringt mich jetzt auch nicht um. Die Leute sollen glücklich nach Hause gehen, das ist das wichtigste an der Sache. Ich habe mich lange mit Dio darüber unterhalten und ihn gefragt: Sag mal, die ollen Kamellen, macht dir das noch Spaß? Das Proben nicht unbedingt, hat er gesagt, aber wenn du auf die Bühne gehst und »Man On The Silver Mountain« spielst und herunterguckst, weißt du genau, warum du da oben stehst. Genau so ist die Nummer.

Jutta Weinhold: Wir haben einen Booker, aber wir haben meistens nur Einzelgigs oder mal ein Wochenende. Mit einer Tour ist es schwierig. Heutzutage gibt es nur ganz wenige Clubs, die noch eine feste Gage zahlen, wenn du nicht gerade in der ersten Liga spielst. Es gibt Unmengen von Hobbybands, und die können alle umsonst spielen, weil sie ihren Beruf haben. Da können wir nicht mithalten. Wir können nicht umsonst spielen. Und wir können auch nicht auf Hut spielen. Dafür bin ich zu lange dabei, das ist peinlich. Solche Sachen gehen einfach nicht. Also kriegst du nur ein paar Gigs, auch mal das eine oder andere Festival, und die können wir dann auch machen. Das ist sehr schade, ich würde gerne mal wieder eine Tour machen, ich würde auch gern mit einer anderen Band zusammen losziehen, aber als Opener musst du bezahlen, 500 bis 1000 am Tag. Ich kenne das noch anders. Wir waren ja mal mit Deep Purple auf Tournee, da mussten wir nichts bezahlen. Ritchie Blackmore fand Zed Yago einfach gut, diese Idee mit Wagner, der stand da voll drauf. Und 1989 waren wir mit W.A.S.P. in England auf Tournee, auch da mussten wir nichts bezahlen, das hat die Plattenfirma geregelt, und da hast du natürlich gute Karten. Aber heute gibt es schon genügend Clubs, die du selber anmieten musst, da bist du selbst der Veranstalter und musst auch selbst abkassieren am Eingang. Es ist gruselig. Gut, ich kann da gelassen sein, ich habe nicht mehr den Druck im Nacken, aber was machen die jungen Bands? Ein Talent muss die Freiheit haben, davon leben zu können, auch wenn es ein sparsames Leben ist. Als Künstler bist du dazu bereit. Ich war auch nicht anspruchsvoll in den Siebzigern. Ich habe einfach nur versucht klarzukommen mit der Musik, aber es ging damals, weil es viele Clubs gab, in denen man spielen konnte, und die haben ein Honorar gezahlt! Heute bekommen die Jungen Unterstützung von den Eltern oder ihren Partnern oder sie haben Jobs. Ich glaube, dass der Gesellschaft dadurch eine ganze Menge verloren geht.

Peter Hesslein: Als James Last 2015 starb und das Orchester auseinanderbrach, meldete sich John Lawton wieder. Ich wollte schon immer ein Lucifer's-Friend-Comeback vorschlagen, jetzt hast du Zeit, jetzt können wir das doch machen. Ich dachte, im Grunde genommen hat er ja recht. Ich wusste immer, wie viel Arbeit das ist, weil die alten Musiker nicht mehr alle zur Verfügung standen, ich musste neue Mitspieler organisieren und mich um das ganze Programm kümmern, also für jeden die Noten zusammenstellen und natürlich das Programm richtig einüben. Ich habe Tag und Nacht geschrieben, dann einen Übungsraum organisiert, schließlich kam dann John für ein paar Tage aus England rüber, und so haben wir wieder zueinandergefunden. Unser Ziel war das »Sweden Rock Festival«, das war gleich unser erster Gig vor 40.000. Und danach ging das los, da kamen die Angebote, meistens von Festivals. Da haben wir auch Gagen aufgerufen, dass jeder was übrighatte. Das lief gut. So nach zwei Jahren waren wir wirklich eine tierische Gruppe. Dann kam das zweite »Sweden Rock Festival«, die wollten uns noch mal dahaben, und dort spielten Toto, die Scorpions und so weiter. Die haben uns gefeiert, das war mir schon richtig peinlich. Da habe ich Opeth gehört, die fand ich richtig gut, und ich dachte, der Stil, die Songs, das ist wie unser zweites Album. Und hinterher erzählt die Band, »Where The Groupies Killed The Blues« war ihr größter Einfluss. Dream Theater fand ich auch gut. Aber die Festivalcrew, die Stage-Manager usw. haben alle gesagt, wir sind die besten gewesen. Das war für uns persönlich ein großer Erfolg. Und dann kam die Japan-Tournee. Die haben die Stücke mitgesungen. Ich war richtig gerührt. Wir haben einen Song auf »Mean Machine«, der heißt »Fire And Rain«. Als wir den spielen, singt die Halle: »Feiäl änd Läin!« Das hat mich sehr bewegt. Das denkt man ja nicht unbedingt, dass man fast 40 Jahre später noch so gemocht wird.

Uli Jon Roth: Weil alles noch eine Oktave darüberliegt, haben die Japaner viel größere Sehnsucht nach dem ganz anderen. Sie wollen das haben, was sie nicht kriegen können in ihrer reglementierten, streng hierarchischen, sogar die Gefühlswelt konditionierenden Kultur. Das fing an in den Siebzigern, da kamen die Westbands rüber und verkörperten eine anarchische Freiheit, die waren wie Götter, die nennen das Kami, das kennt man ja von Kamikaze, wie die Götter werden. Das ist nicht unüblich im Shintō, ihrem Glauben, da werden Menschen wie Götter verehrt. Entsprechend sind die großen Gitarristen in Japan Kami. Davon gibt es jetzt noch etwa zehn, die meisten sind schon tot. Deshalb ist es für Michael Schenker und mich nicht so schwer in Japan eine große Halle zu füllen. Wir haben diesen Status, weil wir noch aus dieser Zeit kommen.

Mit dieser Verehrung muss man umgehen können. Das ist eine Falle, manche fallen da hinein und bleiben drin. Die glauben alles, was in der Zeitung über sie steht. Ich habe meine Lektion mit 15 Jahren gelernt. Als ich anfing Gitarre zu spielen, ging das gleich rapide nach oben, alle in Hannover erzählten mir, wie toll ich bin, und ich hab das geglaubt, und das stieg mir zu Kopf. Irgendwann hat mich dann ein Freund zur Seite genommen und mich gefragt, was mit mir los ist. Das hat mir zu denken gegeben. Aber viele sogenannte Stars tappen in diese Falle und bleiben drin. Das ist dann meistens nicht so leicht für die Umwelt.

Udo Dirkschneider: Es ist die Art, wie man rüberkommt. Es gibt Schauspieler, die springen dich an von der Leinwand, und bei anderen sagt man: Ja, war nett. Das ist auch bei Sängern so. Entweder hast du dieses Ding oder du hast es eben nicht. Ich scheine irgendwas zu haben, das auf der Bühne funktioniert. Vielen Dank, kann ich dazu nur sagen. Stefan Kaufmann hat mir bei den Aufnahmen zum letzten Album gesagt: Das begreife ich nicht, deine Stimme, du kommst auf einmal wieder in Höhen wie beim »Breaker«-Album. Das ist eigentlich untypisch für einen Sänger in deinem Alter. Ich sag: Stefan, keine Ahnung. Das ist ganz eigenartig. Ich wärme mich ja auch nicht auf, wenn ich auf die Bühne gehe. Ich gehe da raus, und dann geht es los.

Axel Rudi Pell: Ich bin Steamhammer treu geblieben, weil ich da machen kann, was ich will. Das heißt, mir redet da keiner rein. Wenn du bei einer anderen, vielleicht noch größeren Plattenfirma bist, musst du erst mal Demos abliefern. Und dann kommt die Frage: Wo ist die Hitsingle? So geht das da los. Das brauche ich bei SPV nicht, da herrscht blindes Vertrauen. Da kommt keiner vorher vorbei. Da will keiner vorher ein Demo hören. Und wenn ich sage, dann und dann gehen wir ins Studio, dann ist das so. Die Plattenfirma hört auch das Album erst, wenn es fertig ist. Da kommt keiner zwischendurch vorbei: Das geht aber so nicht, der Song ist schlecht, der ist super. Das macht keiner. Zum Glück. Ich hab meine absolute Freiheit, und das ist gut so. Außerdem kommt noch dazu, dass die Leute da unheimlich nett sind, die sind selber Metal-Fans. Von daher passt das super.

Jutta Weinhold: Ich habe die ganzen Jahre keine Zed-Yago-Songs singen können, das hat mir zu weh getan, aber 2012 kam dann Bubi der Schmied zurück, und mein Buch kam heraus, in dem ich die ganze Geschichte der Figur Zed Yago erzähle. Der Andreas Barthel von Independent Entertainment hat mir geholfen, das Buch herauszubringen bei Books on Demand. Und als ich das in der Hand hatte, ist bei mir der Knoten geplatzt. Zed Yago from the twilight zone, jetzt mache ich das wieder, jetzt habe ich den Bubi dabei, jetzt können wir den Spirit wieder entfachen. Das ging lange gut. Und 2015 sollten wir auf dem »Keep It True«-Festival spielen, aber Gunnar, mein Gitarrist, bekam eine ganz schlimme Rückenmarkserkrankung. Ich hatte für die Buch-CD damals fünf Zed-Yago-Songs neu aufgenommen mit einem Gitarristen aus Hannover, Holger Marx, und an den erinnerte ich mich wieder. Ich rief ihn also an: Holger, kannst du dir das schnell draufschaffen, der Gig ist am Samstag. Und er sagte: Okay, ich mache das. Wir haben uns dann einmal vorher getroffen, er war super vorbereitet. Wir haben das gespielt, es war gut, wir haben uns verstanden, und da dachte ich: Ey, mit dem Holger können wir vielleicht noch mal richtig loslegen. Mit neuen Songs, eigenen Stücken, und so entstand die erste Platte nach langer Zeit, »Respice Finem«. Ich bin ja kein Produzent, also habe ich meinen alten Freund Kai Hansen gefragt, ob er nicht Lust hat, uns ein bisschen auf die Sprünge zu helfen. Und er hat zugesagt. Mit ihm haben wir dann vieles zusammen gemacht, die Stimmen, die Chöre, die Keyboards, er hat einfach unglaublich geholfen, diese Platte herzustellen.

Ich wollte die Band eigentlich Respice Finem nennen, aber Kai Hansen meinte dann: Das wird schwierig, wieder mit einem völlig neuen Namen in der Szene Fuß zu fassen, hast du nicht noch was anderes. Ja, ich hab da noch so eine alte Schlange im Hintergrund, Velvet Viper, lass uns die Band wieder so nennen. Das kam dann noch bei einem schwedischen Label heraus, und 2018/19 habe ich angebandelt mit Massacre, da haben wir mit Tommy Newton »The Pale Man Is Holding A Broken Heart« aufgenommen und ab März hatten wir dann nichts mehr zu tun wegen der Pandemie, und da haben wir gesagt, machen wir mal eine neue Platte, und das ist »Cosmic Healer«. Ich finde das schon spannend mit über 70 noch so ein Ding zu machen. Das ist ein gutes Beispiel, ich kann da gut vorweggehen und den Leuten zeigen, dass auch in dem Alter noch was geht. Es geht immer. Ich habe auch keine Einschränkungen, ich kann immer noch alles singen, und das liegt an meinem Chor, den ich seit Jahren leite. Ich bin total im Training und mache auch Exercises mit den Mädels. Ich habe mittlerweile eben auch die Technik. Atmen, all die Dinge, die man machen muss, um stimmlich am Ball zu bleiben. Das kommt mir unheimlich zugute, dass ich das jeden Dienstag mache. Ich mache weiter, bis ich irgendwann mal beim zweigestrichenen C platze. Dann wars das.

Peter Hesslein: Das nächste Album ist fast fertig, John hätte es nur einsingen müssen, aber er wollte noch damit warten, bis die Pandemie vorbei ist und dann ist er leider im letzten Jahr gestorben. Und damit ist das Kapitel Lucifer's Friend vorbei. Meine dritte Soloplatte soll auch erscheinen, darauf singt noch einmal Mike Starrs einen Song. Das habe ich extra gemacht, als so eine Art Abschluss. Ich will nicht mehr spielen. Bei den virtuosen Sachen auf dem Album hätte ich jetzt schon meine

Probleme. Die Leute wollen das immer, aber warum soll ich auf die Bühne gehen, wenn ich das nicht mehr so hinkriege. Zu mir kommen sowieso meistens Musiker, und die will ich nicht enttäuschen.

ULI JON ROTH: Wenn ich jetzt auf der Bühne stehe, passiert es selten, dass ich da ein zehnminütiges, blitzschnelles Gitarrenfeuerwerk abbrenne, das habe ich früher gemacht. Jetzt ist es schon so, dass ich Songs spiele, meine neuen Sachen sind melodiös. Ich lege es prinzipiell immer darauf an, ans Herz zu gehen, aber ich habe in letzter Zeit sehr wenig veröffentlicht. Was sich ändern wird, denn ich habe sehr viel komponiert. Rocksongs ist vielleicht nicht ganz das richtige Wort dafür. Meine Songs sind immer eher wie eine musikalische Reise. Die sind hybrid. Es beginnt wie ein Song, entwickelt sich dann aber zu einem kleinen Spielfilm. Das ist mein Ding. Und oft übersetzt sich das auch gut auf eine Bühne, aber man kann nicht zu viele davon machen, das wird zu anstrengend, weil jeder Film sehr intensiv ist. Aber ich habe ja noch nie Songs geschrieben, die einem bestimmten Schema gehorchen. Nimm nur mal »Sails Of Charon«. Das fängt an mit dem klassischen Thema, dann sofort ein blitzschnelles Gitarrensolo auf einem Flamenco-Riff, was eigentlich gar nicht geht. Ich habe bei jedem Song die Regeln des Songwritings gebrochen, und das tue ich auch heute noch. Ich weigere mich, nach einem Schema zu arbeiten, ich will auch selbst überrascht werden, wenn ich was höre. Es soll unter die Haut gehen, und jedes Musikstück muss seine eigene Identität haben.

Andreas Neuderth: Der Heavy Metal hat ab den Neunzigern im Grunde nur noch »krampfhafte« Möchtegern-Entwicklungen erlebt. Hard Rock, Metal, Thrash, Death und dann die volle Dröhnung – im Grunde war danach alles Neue nur ein Mix mit artfremden Stilrichtungen. Industrial, Punk, Funk, Folklore und so weiter. Sorry, aber das ist für mich keine Entwicklung, sondern eine Abzweigung. Somit ist der Unterschied zwischen einem Album aus dem Jahr 1984 und einer aktuellen Scheibe im ähnlichen Stilsegment, wenn die trendfrei gehalten ist, meistens nur die Klangästhetik. Der Blues macht das schon seit vielen Jahren mit und immer wieder gibt es Topseller. Aktuell Joe Bonamassa. Das ist ja in der Theorie dann noch gestriger.

Udo Dirkschneider: Alter spielt keine Rolle, wenn das live irgendwie funktioniert, wenn da was rüberkommt, wenn das die Leute da unten erreicht. Und das Metal-Publikum ist ein sehr empfindsames Publikum. Die merken ziemlich genau, kommt da jetzt was oder kommt da nix. Die interessiert das Aussehen nicht so. Bei einer Boygroup wirst du ausgewechselt, wenn du über 30 bist. Im Metal ist das wie bei einem Wein. Je älter, desto besser.

Peter Hesslein: Das letzte Lucifer's-Friend-Album habe ich noch etwas verändert, und das wird jetzt das Soloalbum vom Uriah-Heep-Sänger Bernie Shaw. Die Texte schreiben ihm Mick Box und der Keyboarder Phil Lanzon. Das hat mich auch enttäuscht, als Sänger muss man doch seine eigenen Themen finden, über die man singt, das ist eigentlich Pflicht. So habe ich das immer gesehen. Aber mir war das klar, dass die sich da wieder reindrängeln. Das haben sie bei John Lawton damals auch gemacht. Der war unheimlich sauer, er hatte einen Titel geschrieben, den die aufgenommen haben für ihn, und dann kam Mick Box an und sagte: Nee, da muss ein anderer Gitarrenakkord rein. Der hat den da also gespielt und meinte hinterher: Wir müssen uns die Komposition teilen, das ist ein ganz wichtiger Akkord. Und danach ging dann auch bei John nichts mehr. Das sind diese typischen Spielchen. Na ja, mir ist das eigentlich scheißegal, Hauptsache, das Ding wird gemacht. Ich habe da so ein bisschen die alten Lucifer's Friend wiederaufleben lassen und das mit Uriah Heep vermischt, deshalb fanden die Heep-Typen das auch ganz gut. Ich habe die in Japan kennengelernt. Bernie ist ziemlich gut, auch der Schlagzeuger, aber Mick Box kann ich mir nicht angucken. Dieses Posing, ein Bein auf dem Monitor vorne, die andere Hand in die Luft, und dann spielt er nur mit der Greifhand, das fand ich in den Siebzigern schon immer so peinlich. Ich denke immer, kann er nicht einfach versuchen, vernünftig zu spielen. Und wenn nichts mehr geht, kommt das Wah-Wah-Pedal zum Einsatz. Es gab keine Pause fürs Wah-Wah-Pedal. Genauso ein Vertreter ist das. Da haben eigentlich alle gelästert, aber er ist nun mal der Chef. Er ist der letzte von der Originalmannschaft, der hat förmlich alles in der Hand und bekommt am meisten Geld.

Uli Jon Roth: Ich habe so viel geschrieben, meine Schubladen sind voll, voll, voll. Es ist nur so, meine Platten sind ziemlich aufwendig. Und irgendwann hat sich das überhaupt nicht mehr gerechnet, die Produktionskosten waren höher als die Erlöse. Platten aufzunehmen wurde fast zu einem teuren Hobby, und ich musste mir überlegen, ob ich mir ein solches Hobby leisten konnte. In Wahrheit konnte ich es mir nicht leisten. Für mich ist eine Platte ein ziemlicher Aufwand, weil ich sehr perfektionistisch unterwegs bin, ich gehe nicht einfach ins Studio und nehme zehn Songs auf, ich kämpfe immer bis aufs Messer.

JUTTA WEINHOLD: Es gibt gute und schlechte Zeiten. Viele Musiker hängen jetzt in der Corona-Zeit finanziell ziemlich durch, das kann mir nicht passieren. Ich habe mal sehr gut verdient, und hab das angelegt und aufgepasst, dass immer was da ist. Ich bin ein Bauernkind, da hast du von klein auf gelernt, sparsam zu sein. Ralf auch, und so haben wir immer gut gewirtschaftet. Ganz ehrlich, für mich gibt es nichts Schlimmeres, als dem Staat auf der Tasche zu liegen. Ein Leben lang Rock'n'Roll zu machen und dann zu sagen, jetzt musst du mich ernähren, das ist ein No-Go, da würde ich mich umbringen. Da würde ich nicht mehr leben wollen. Das wäre für mich ein Versagen auf ganzer Linie, da käme ich mir wie ein Heuchler vor. Wie ein Versager und Betrüger.

Nachwort

In den dunklen Coronamonaten unternahm ich mit dem Herrn Verleger einen Waldspaziergang, um neue Bücher einzutüten. Ich würde das sehr viel öfter tun, aber der gute Mann will unbedingt noch andere Autoren verlegen. Das ist einer der wenigen Streitpunkte in unserer funktionierenden Geschäftsbeziehung. Egal.

Mir schwebte ein Buch vor wie »Please Kill Me«, die in mehrerlei Hinsicht große Oral History der US-Punkszene von Legs McNeil und Gillian McCain. Jürgen Teipel hatte deren Collage-Methode erfolgreich adaptiert und so die Entstehung von Punk, New Wave, Neue deutsche Welle hierzulande nachgezeichnet. Danach fand das Verfahren viele Nachahmer. Originell war es also längst nicht mehr, aber vermutlich geeignet, um die sich langsam konsolidierende und ausdifferenzierende deutsche Hard-Rock-Szene in den Siebzigern zu beschreiben.

Ich wollte die damals wichtigen Bands nach ihrer Sicht der Dinge fragen. Wie fühlte es sich an, in den Siebzigern durch die Clubs zu tingeln, Platten zu produzieren und avancierten Krach zu machen? Dabei sollte das individuelle Profil der Interviewten erkennbar bleiben und nicht, wie es bei »Please Kill Me« oft genug der Fall ist, im großen Chor untergehen. Die Chaos-Ästhetik ist sicher adäquat für eine Punk-, aber nicht unbedingt für eine Metal-Doku. Ich wollte daher das Stimmengewirr etwas stärker akzentuieren, indem ich mich auf ein paar exemplarische Figuren beschränkte, die dafür häufiger und länger zu Wort kamen.

Das war noch aus einem anderen Grund sinnvoll. Es ging mir nämlich nicht bloß um die Ausleuchtung einer Szene, die Erzählung in die Breite, sondern eben auch in die Tiefe. Ganz nebenbei suchte ich nämlich Antwort auf eine Frage, die mich umtreibt, seitdem ich in den späten Siebzigern und frühen Achtzigern die Genese des Heavy Metal vom Genre zur Subkultur sozusagen live miterlebte. Die Frage lautet: Wie, verdammt noch eins, konnte es nur dazu kommen?

Als dreizehn-, vierzehn-, fünfzehnjähriger Fan war man viel zu geplättet von dem, was da plötzlich auf einen musikalisch einhagelte, um sich über irgendetwas anderes Gedanken machen zu können als über die reine Gegenwart. Man war schon überfordert vom bloßen Erleben und hatte dieses behagliche, aber auch ein bisschen dumm machende Gefühl, Teil einer Jugendbewegung zu sein. Einer übel beleumdeten noch dazu. Das machte es nicht weniger interessant.

Ich kann mich noch sehr gut daran erinnern, dass Motörhead von vermeintlichen Musikkennern als »schlechteste Band der Welt« verunglimpft wurden, die dafür übrigens nie ihren Redaktionsschreibtisch räumen mussten. Und wenn man zugab, Iron Maiden zu hören, und zwar durchaus mit enormem Lustgewinn, galt man in gewissen Kreisen als nicht mehr zurechnungsfähig. Aber kurioserweise war einem das plötzlich vollkommen egal, weil man sich wie ein Sektenmitglied im Besitz der einzigen Wahrheit wähnte. Und genügend andere Sektenmitglieder kannte. Drei oder vier. Als sich nach einer Weile herumsprach, dass man mit den anderen drei oder vier in einer Band spielte – »so irgendwie AC/DC-mäßig«, was nicht stimmte, aber sie kannten halt nichts anderes –, war man zwar nicht rehabilitiert, aber sie wussten jetzt, dass sie das nicht mehr einfach so abtun konnten. Sie fingen an zu zweifeln, ob sie nicht möglicherweise gerade etwas verpassten. Dachten wir jedenfalls.

Wie gesagt, man war zu sehr mit sich selbst beschäftigt, man erlebte viel zu viel zur gleichen Zeit, als dass man Muße gehabt hätte, auch nur einen Gedanken daran zu verschwenden, warum und wie das alles passierte. Es passierte, und das war genug, das forderte unsere volle Aufmerksamkeit.

Aber selbstredend gab es auch damals schon Anzeichen für ein Davor, die man nicht einfach so ignorieren konnte. Die Plattensammlung meines Bruders zum Beispiel, die sich mit Slade, Sweet, Black Sabbath, Led Zeppelin, UFO und Deep Purple schmückte und damit den Beweis erbrachte, dass unsere Musik nicht aus heiterem Himmel kam. Es gab Kontinuitäten. Wer Whitesnake und Rainbow hörte, wusste natürlich auch von Deep Purple, und wer auf die Michael Schenker Group stieß, kannte UFO und die Scorpions.

Ohnehin kannte jeder die Scorpions. Aber kaum eine andere deutsche Band aus der Prähistorie. Dabei gab es eine sehr lebendige deutsche Szene in den Siebzigern, die ja auch außerhalb der Landesgrenzen wahrgenommen wurde. Nicht nur die Scorpions. Aber von den anderen sprach man selten, und mit ihnen schon gar nicht, dabei wäre es doch interessant zu hören, wie sie sich historisch verorteten, wie sie ihren Einfluss auf die Entwicklung des German Metal einschätzten und was ihnen alles so widerfahren ist. Während ich also auf unserem Spaziergang meinen Verleger zu überzeugen versuchte, überzeugte ich mich erst mal selber, dass es sich lohnen könnte, ein solches Buch zu schreiben. Wobei es mit dem Schreiben so eine Sache war, denn erzählen mussten es meine Gewährsleute schon selber. Meine Aufgabe konnte es nur sein, die einzelnen Geschichten so zu arrangieren, dass eine mehr oder weniger schlüssige Gesamterzählung dabei herauskam.

Also habe ich mich zunächst mal bei Birth Control, Lucifer's Friend, Mass, Scorpions, Fargo, Franz K., Breslau, Bastard und Accept um Audienzen bemüht. Frühe Szenegänger, Diehard-Fans und die Metaljournaille sollten deren Erzählungen ergänzen. Erfreulicherweise zeigten sich fast alle interessiert. Ich führte lange Skype-, Zoom- und Telefoninterviews, Jutta Weinhold besuchte ich an einem schönen Sommertag in ihrem niedersächsichen Kaff und Fargopeter Knorn empfing mich im Steamhammer-Hauptquartier. Zwei, drei Mailwechsel habe ich ebenfalls ausgewertet. Und wenn ich während der Recherche auf eine bereits gedruckte Äußerung stieß, die passend erschien, habe ich die auch noch in den narrativen Flickenteppich eingewoben. Ich selbst habe mich mit Kommentaren zurückgehalten. Das ist mir sehr schwergefallen. So schwer, dass ich die Askese irgendwann wieder aufgegeben und mich schließlich doch ein ums andere Mal zu Wort gemeldet habe. Nicht weil ich glauben würde, es besser zu wissen, nein, ich will einfach nur mitreden.

Die Liste der Bands, mit denen ich Interviews führen wollte, war ursprünglich länger. Beast, Bullfrog, Straight Shooter, Faithful Breath, Rated X und Viva standen ebenfalls noch drauf, und mit ziemlicher Sicherheit hätten diese Bands mindestens genauso spannende, witzige, kuriose Geschichten zu erzählen gehabt. Allein, ich hatte den Eindruck, mit stetig wachsender Menge der O-Töne das Buch zwar dicker, aber nicht unbedingt gewichtiger zu machen. Die Geschichten, das ist wohl so, wenn man sich in einem geschlossenen Soziotop bewegt, ähnelten sich irgendwann. Und wenn es überhaupt etwas gibt, das man einem Jahrhundertbuch wie »Please Kill Me« vorwerfen kann, dann ist das eine gewisse Redundanz. Aber wie ich mich kenne, werde ich über kurz oder lang natürlich doch bei ihnen vorstellig und schreibe einfach einen zweiten Teil. Man müsste einfach mal wieder mit dem Verleger spazieren gehen.

Danksagung

Ganz großer Dank geht an die handelnden Personen dieses Doku-Dramas, die mir bereitwillig Auskunft gaben und mir erlaubten, sie zu zitieren. Auch bei der Beschaffung von Illustrationsmaterial waren viele aus diesem Kreis in einer Weise behilflich, die über das herkömmliche Maß an Kollegialität weit hinausgeht.

Alina Veersmann hat ein Wochenende drangegeben für die Transkription eines Interviews. Andreas Reiffer und Martin Willems haben großen Anteil daran, dass aus dem Manuskript ein Buch geworden ist.

All diesen Menschen möchte ich das Diktum eines Freundes mit auf den Weg geben, den ich neulich frühmorgens aus der Ausnüchterungszelle geholt und nach Hause gefahren habe, und der seine Dankbarkeit kaum in Worte fassen konnte: »Wenn irgendwann mal was sein sollte, wenn du mal Hilfe brauchst oder was auch immer, bitte ruf mich nicht an!«

Kurz vor Toreschluss stieß ich auf den Song »Sieben Meter Seidenband« der DDR-Band Prinzip von 1975, und während mir Ignoranz und Dünkel zuvor noch einflüsterten, auf die Ostzone großzügig verzichten zu können, belehrten mich Prinzip eines Besseren. Der Song konnte mit der zeitgenössischen Westkonkurrenz spielend mithalten. Ein Freund brachte Michael Rauhut, den Ostrock-Kenner und Professor für populäre Musik in Kristiansand, ins Spiel, und Michael deckte diese weit offene Flanke. Er erklärte mir nicht nur in wohlgesetzten Worten den spezifischen ostdeutschen Kontext, sondern telefonierte auch noch mit Dieter »Maschine« Birr, der ein bisschen aus dem Nähkästchen plauderte. So viel ist klar, Michael Rauhut würde ich zu jeder Tages- und Nachtzeit aus der Ausnüchterungszelle abholen.

Zitierte Literatur

Lester Bangs: Heavy Metal. In: Rolling Stone-Bildgeschichte der Rockmusik. Reinbek bei Hamburg 1979. Bd. 2, S. 293ff.

Wolfgang Bauduin: Accept – ABC-Alarm aus Solingen. In: Musikexpress. Heavy Metal Special. Mai 1981, S. 68ff.

»Cat« the Cat: Was Heavy Metal war, ist und nicht ist ... In: Musikexpress. Heavy Metal Special. Mai 1981, S. 4ff.

Günter Ehnert: Rock in Deutschland. Lexikon deutscher Rockgruppen und Interpreten. Hamburg 1979.

Ernst Hofacker: Die 70er. Der Sound eines Jahrzehnts. Ditzingen 2020.

Heinz Peter Hofmann: Beat-Lexikon: Interpreten, Autoren, Sachbegriffe. Berlin (Ost) 1977.

Heinz Peter Hofmann: Rock. Interpreten, Autoren, Sachbegriffe. Dritte, veränderte und erweiterte Auflage. Berlin (Ost) 1983.

Manni Hüther: Vergessene Perlen: Lucifer's Friend. https://www.rocktimes.info/Archiv/gesamt/l/lucifers_friend/lucifers_friend_same.html

Uwe Kalwar: Lucifer's Friend: Lucifer's Friend (Philips, 1979). In: Frank Schäfer (Hg.): Hear 'Em All. Heavy Metal für die eiserne Insel. Mainz 2018, S. 25ff.

Tibor Kneif: Hard'n'Heavy. In: Tibor Kneif (Hg.): Rock in den 70ern. Jazzrock, Hardrock, Folkrock und New Wave. Reinbek bei Hamburg 1980, S. 111ff.

Peter Knorn: Bis hierhin und so weiter. 20 Jahre Rock'n'Roll. Ein- und Ansichten eines Bassisten. Hannover 2016.

Peter Knorn: Fargo-Peterchens Mondfahrt. Ein Blick nach vorn und zwei zurück. Hannover 2021.

Jürgen Legath (Hg.): Sounds. Platten 66–77. Hamburg 1979.

Matthias Mader, Otger Jeske, Arno Hofmann u.a.: Heavy Metal – Made in Germany. Berlin 1998.

Holger Stratmann: MASS – War Law. Macho/Teldec. In: Rock Hard 10, Februar/März 1985, S. 33.

Diskografie

Eine Auswahl

Accept
Accept (Brain 1979)
I'm A Rebel (Brain 1980)
Breaker (Brain 1981)
Restless And Wild (Brain 1982)
Balls To The Wall (RCA 1983)

Babylon
Geisterstunde / Wir rocken los (Single, Amiga 1986)
Dynamit (Amiga 1988)

Bastard
Back To The Nature (Nova 1977)
Tearing Nights (Strand 1978)
Live And Alive (Lava 1980)

Beast
Beast (CBS 1982)
Like Living In A Cage (Mausoleum 1985)
The Letter (Metal Enterprises 1987)

Berluc
Reise zu den Sternen (Amiga 1979, Teldec 1981)
Hunderttausend Urgewalten (Amiga 1982)
Rocker von der Küste (Amiga 1985)

Birth Control
Birth Control (Metronome 1970)
Operation (Ohr 1971)
Hoodoo Man (CBS 1972)
Rebirth (CBS 1974)
Live (CBS 1974)
Plastic People (CBS 1975)
Backdoor Possibilities (Brain 1976)
Increase (Brain 1977)
Titanic (Brain 1978)
Live '79 (Brain 1979)
Count On Dracula (Ariola 1980)
Deal Done At Night (Ariola 1981)
Bäng! (Ohr Today 1982)

Breslau
Volksmusik (Harvest, EMI Electrola 1982)

Bullfrog
Bullfrog (Sky 1976)
High In Spirits (Sky 1977)
Second Wind (Nash 1980)

Cindy & Bert
Holly Holy / Der Hund von Baskerville (Single, Cornet 1971)

Electra
Electra-Combo (Amiga 1974)
Adaptionen (Amiga 1976)
Electra 3 (Amiga 1980)
Die Sixtinische Madonna (Amiga 1980)
Ein Tag wie eine Brücke (Amiga 1981)

Augen der Sehnsucht (Amiga 1985)
Tausend und ein Gefühl (Amiga 1987)

Electric Sun
Earthquake (Brain 1979)
Fire Wind (Brain 1981)
Beyond The Astral Skies (EMI 1985)

Epitaph
Epitaph (Polydor 1971)
Stop Look And Listen (Polydor 1972)
Outside The Law (Membran 1974)
Return To Reality (Brain 1979)
See You In Alaska (Brain 1980)
Live (Brain 1981)
Danger Man (Rockport 1982)

Faithful Breath
Fading Beauty (FB Music 1974)
Back On My Hill (Sky 1979)
Die Mörderbiene (Maxi-Single, Sky 1981)
Rock Lions (Sky 1981)
Hard Breath (Sky 1983)
Gold'n'Glory (Mausoleum 1984)
Skol (Ambush 1985)
Live (Noise 1986)

Fargo
Wishing Well (Crystal 1979)
No Limit (Crystal 1980)
Frontpage Lover (Harvest 1981)
F (Harvest 1982)

Formel 1

18 Jahre sein / Mach keine Wellen (Single, Amiga 1985)
Live im Stahlwerk (Amiga 1986)

Franz K.

Sensemann (Philips 1972)
Rock in Deutsch (Zebra 1973)
Wir haben Bock auf Rock (Aladin 1977)
Geh zum Teufel (Aladin 1978)
Gewalt ist Schitt (Aladin 1979)
Trotzdem hart (Aladin 1980)
Wilder Tanz (Aladin 1981)
Bock auf Rock – Live (CBS 1982)
Schöne Aussichten (CBS 1983)

Joco Dev Sextett

Joco Dev 1969–1973 (Not On Label 2007)

Klaus Renft Combo

Cäsars Blues / Zwischen Liebe und Zorn (Single, Amiga 1972)
Flüsse und Tränen / Wandersmann (Single, Amiga 1972)
Ketten werden knapper / Lied auf den Weg (Single, Amiga 1973)
Chilenisches Metall / So starb auch Neruda (Single, Amiga 1973)
Klaus Renft Combo (Amiga 1973)
Ich und der Rock / Was mir fehlt (Single, Amiga 1974)
Mama / Ermutigung (Single, Amiga 1974)
Renft (Amiga 1974)
Live Rock aus Leipzig (Originalaufnahmen 1972–75) (Taraxacum Buchversand 1980)

Klosterbrüder

Klosterbrüder/Magdeburg – Die größten Hits (Sony BMG 2007)

Lucifer's Friend

Lucifer's Friend (Philips 1970)
Where The Groupies Killed The Blues (Vertigo 1972)
I'm Just A Rock'n'Roll Singer (Vertigo 1973)
Banquet (Vertigo 1974)
Mind Exploding (Vertigo 1976)
Good Time Warrior (Elektra 1978)
Sneak Me In (Elektra 1980)
Mean Machine (Elektra 1981)

Mass

Back To The Music (United Artists 1977)
Rock'n'Roll Power At 25th Hour (Hot Stuff 1978)
Slaughter House (Strand 1979)
Angel Power (Strand 1980)
Swiss Connection (Strand 1981)
Metal Fighter (Strand 1983)
War Law (Macho 1984)
Kick Your Ass (GVR 1986)

Prinzip

Feuerrock (Amiga 1978)
Der Steher (Amiga 1980)
Wir reiten mit dem Sturm (Amiga 1983)
Phönix (Amiga 1988)

Puhdys

Die Puhdys (Amiga 1974)
Puhdys 2 (Amiga 1975)
Sturmvogel (Amiga 1976)
Rock'n'Roll Music (Amiga 1976)
Perlenfischer (Amiga 1977)
10 wilde Jahre (1969–1979) (Amiga 1979)

Puhdys Live (Amiga 1979)
Heiß wie Schnee (Amiga 1980)
Puhdys 10: Schattenreiter (Amiga 1981)
Far From Home (Amiga 1981)
Puhdys 11 (Computer-Karriere) (Amiga 1983)
Das Buch (Amiga 1984)
Puhdys 13 (Live in Sachsen) (Amiga 1984)
Ohne Schminke (Amiga 1985)

Rampage
Victims Of Rock (Hafenklang 1981)
Love Lights Up The Night (Hafenklang 1983)

Rated X
Rock Blooded (Noise 1983)

Scorpions
Lonesome Crow (Brain 1972)
Fly To The Rainbow (RCA Victor 1974)
In Trance (RCA Victor 1975)
Virgin Killer (RCA Victor 1976)
Taken By Force (RCA Victor 1977)
Tokyo Tapes (RCA 1978)
Lovedrive (Harvest 1978)
Animal Magnetism (Harvest 1980)
Blackout (Harvest 1982)
Love At First Sting (Harvest 1984)

Set
Huscha / Ich sah ein Mädchen (Single, Amiga 1975)
Laß das, denn ich haß das / Wer ist das Mädchen (Single, Amiga 1977)
Knock out / Seit ich dich kenn (Single, Amiga 1978)

Steeler
Steeler (Earthshaker 1984)
Rulin' The Earth (Earthshaker 1985)
Strike Back (Steamhammer 1986)
Undercover Animal (Steamhammer 1988)

Straight Shooter
Get Straight (Sky 1978)
My Time – Your Time (Sky 1980)
Flyin' Straight (Sky 1981)
Rough 'N Tough (Sky 1982)
5 (Sky 1983)

Trance
Break Out (Rockport 1982)
Power Infusion (Rockport 1983)
Victory (Rockport 1985)

Velvet Viper
Velvet Viper (RCA 1991)

Victory
Victory (CBS 1985)
Don't Get Mad ... Get Even (Metronome 1986)
Hungry Hearts (Metronome 1987)
That's Live (Metronome 1988)
Culture Killed The Native (Metronome 1989)

Viva
Born To Rock (Aves 1980)
What The Hell Is Going On (CBS 1981)
Dealers Of The Night (Brain 1982)
Apocalypse (Macho 1984)

Zed Yago
From Over Yonder (Steamhammer 1988)
Pilgrimage (RCA 1989)

Zeltinger Band
De Plaat im Roxy und Bunker Live (Ariola 1979)
Schleimig (Ariola 1980)
Der Chef (Ariola 1982)

Bildnachweis

S. 7 Nova / Archiv Ulli Meißner
S. 10 Unbekannt / Archiv Stefan Kaufmann
S. 12 Pickwick Records
S. 13 Warner / Reprise Records
S. 14 F. van Geelen / Omroepvereniging VARA
S. 17 more19562003
S. 22 Warner Bros. Records
S. 28 Vertigo Records
S. 36 Unbekannt / Archiv Michael Rauhut
S. 38 Unbekannt / Archiv Michael Rauhut
S. 40 Andreas Hub / Archiv Peter Hesslein
S. 41 Philips
S. 47 Unbekannt / Archiv Peter Hesslein
S. 50 Unbekannt / Archiv Jutta Weinhold
S. 53 Unbekannt / Archiv Stefan Josefus
S. 59 Unbekannt / Archiv Fargopeter Knorn
S. 62 Unbekannt / Archiv Fargopeter Knorn
S. 68 Unbekannt / Archiv Peter Föller
S. 73 Unbekannt / Archiv Peter Föller
S. 76 Unbekannt / Archiv Günther V. Radny
S. 78 Unbekannt / Archiv Jutta Weinhold
S. 81 Unbekannt / Archiv Fargopeter Knorn
S. 90 Teldec / Archiv Jutta Weinhold
S. 92 Teldec / Archiv Ulli Meißner
S. 96 Aladin / EMI Electrola / Archiv Stefan Josefus
S. 100 Unbekannt / Archiv Peter Föller
S. 109 Udo Alf Ohmsen / Archiv Ulli Meißner
S. 112 Unbekannt / Archiv Fargopeter Knorn
S. 116 WEA
S. 117 Vertigo Records
S. 123 Andreas Hub / Archiv Peter Hesslein

S. 126 Kai Tamm / elektra
S. 138 Hardy Schiffler / Jazzarchiv / picture-alliance
S. 139 Brain
S. 150 Unbekannt / Archiv Fargopeter Knorn
S. 153 Unbekannt / Archiv Jutta Weinhold
S. 156 Heike Hustedt
S. 161 Crystal / SWP Musikverlage
S. 162 Peter Jurrat / Archiv Ulli Meißner
S. 176 Foto-Dieckmann / Archiv Michael Rauhut
S. 181 Unbekannt / Archiv Michael Rauhut
S. 187 Unbekannt / Archiv Stefan Josefus
S. 191 Unbekannt / Archiv Stefan Kaufmann
S. 194 Rudi Keuntje / Geisler-Fotopress / picture alliance
S. 195 Brain
S. 206 Secret Management / Verlagsarchiv
S. 208 Unbekannt / Promo
S. 210 Aarschok
S. 213 Musikexpress
S. 214 Enfer Magazine
S. 217 Shock Power
S. 219 Rock Hard
S. 232 Teldec / Archiv Günther V. Radny
S. 235 RCA
S. 246 Unbekannt / Archiv Jutta Weinhold
S. 253 CBS
S. 257 Archiv Günther V. Radny
S. 262 Andreas Hub / Archiv Peter Hesslein

Autor und Verlag haben großen Wert auf die korrekte Fotorecherche und -lizensierung gelegt. Sollten sich dabei trotzdem Fehler eingeschlichen haben, bitten wir um großzügige Nachsicht und eine freundliche Kontaktaufnahme mit dem Verlag. Ferner bitten wir die altersbedingte Qualität einiger Abbildungen zu entschuldigen.

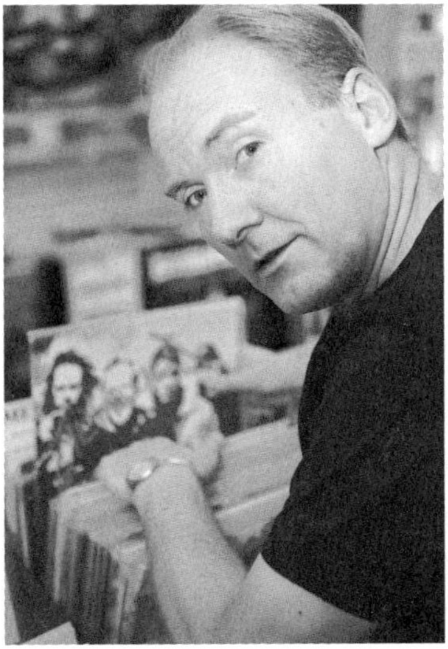

Foto: Moritz Thau

FRANK SCHÄFER, 1966 geb., Dr. phil, lebt als Gonzo-Kritiker, Metallarbeiterdichter und ewiger Leadgitarrist von Salem's Law in Braunschweig Rock City. Ist gern lesend unterwegs, allein oder mit dem literarischen Powertrio Read Em All.
Diverse einschlägige Publikationen. Zuletzt erschienen: »Die Neuerfindung des Rock'n'Roll« (Verlag Andreas Reiffer) und »Krachgeschichten« (Zweitausendeins).

Kathrin Brigl und Siegfried Schmidt-Joos

Rock'n'Rau

Wie der Konzertveranstalter Fritz Rau zum Buchhalter der Träume wurde

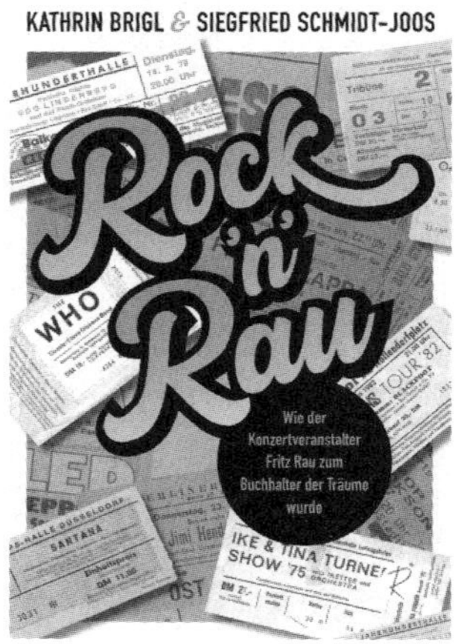

Fritz Rau (1930–2013) wächst in einfachen und nicht unkomplizierten Verhältnissen auf, dennoch hätte er eine große Karriere als Jurist vor sich gehabt. Er entscheidet sich dagegen, denn er hat eine andere Mission: Als Konzertpromoter und Tourneebegleiter bringt er Jazz, Blues, Soul und Rock auf die europäischen Konzertbühnen.
Zusammen mit seinem Partner Horst Lippmann (1927–1997), der gleich nach dem Krieg erste Jazz-Konzerte veranstaltet, organisiert Rau Tourneen für Duke Ellington, Ella Fitzgerald, Miles Davis, John Coltrane, Ray Charles, Aretha Franklin, B. B. King, Jimi Hendrix, The Doors, James Brown, Frank Zappa, Led Zeppelin, Bob Dylan, ABBA, Johnny Cash und die Rolling Stones. Mit vielen Künstlerinnen und Künstlern entwickeln sich tiefe Freundschaften – Joan Baez, Marlene Dietrich, Udo Lindenberg, Peter Maffay und David Bowie. Mick Jagger setzt ihm mit dem Ausspruch »Rock'n'Rau Forever!« ein Denkmal.
Kathrin Brigl und Siegfried Schmidt-Joos haben mehr als fünfzig Stunden O-Ton von Fritz Rau auf Tonband gebannt, in denen der Konzertimpresario unverstellt Auskunft über seine Musikleidenschaft, seinen Kosmopolitismus und seine kulturpolitischen Überzeugungen gibt. Das ursprünglich 1985 entstandene Manuskript wurde für das vorliegende Buch redigiert und ergänzt.

Kathrin Brigl und Siegfried Schmidt-Joos: Rock'n'Rau
Mit zahlreichen Fotografien
Hardcover 14 x 21,5 cm, 400 Seiten, ISBN 978-3-910335-30-1